Friedrich Schröder

Das Drama der Dreiecksbeziehung

Bibliografische Information der Deutschen Nationalbibliothek
Die Deutsche Nationalbibliothek verzeichnet diese Publikation in der
Deutschen Nationalbibliografie; detaillierte bibliografische Daten sind
im Internet über http://dnb.d-nb.de abrufbar
© 2018 by opus magnum, Stuttgart (www.opus-magnum.de)
Version 1.02
Umschlaggestaltung, Grafik und Layout: Dr. Lutz Müller
(mit Verwendung eines Fotos von Iulian Valentin, shutterstock 144754981)
Herstellung: Book on Demand GmbH., Norderstedt
Alle Rechte vorbehalten
ISBN: 978-3-95612-009-1

Friedrich Schröder

Das Drama der Dreiecksbeziehung

Dargestellt am grimmsche Märchen
„Die drei Schlangenblätter"
und
Henrik Ibsens Schauspiel
„Die Frau vom Meer"

mit tiefenpsychologischen, religionsgeschichtlichen,
literaturwissenschaftlichen und volkskundlichen
Aspekten der Interpretation

opus magnum

Foto: Thomas Gotschlich

Dr. phil. Friedrich Schröder
Literaturwissenschaftler, Kulturhistoriker,
Erwachsenenpädagoge, Märchenforscher
und tiefenpsychologischer Interpret. Er lebt in Mannheim.

Märcheninterpretationen bei opus magnum:

Hänsel und Gretel
Die Nixe im Teich
Die weiße Schlange

Weitere Veröffentlichungen siehe
www.opus-magnum.de

Inhalt

Danksagung

Das Buch ging aus fünf Vorträgen hervor, die ich zwischen 2014 und 2016 im Gemeindesaal der Heilig-Geist-Kirche in Mannheim gehalten habe. Allen Menschen, die mich dabei begleitet und mir auf irgendeine Weise geholfen haben, sei hier mein persönlicher Dank zum Ausdruck gebracht.

Für finanzielle und praktische Unterstützung, aber auch für geistige und seelische Ermutigung danke ich vor allem Frau Eva Arimond, Frau Beatrice Balke, Frau Annemarie Berthold, Herrn Dr. Rainer Funk, Herrn Dr. Klaus Hölzer, Herrn RA Peter Hofmann, Herrn Dek. Karl Jung, Frau Gisela Kerntke, Herrn Klaus Klimmer, Frau Ute Kränzlein, Frau Dr. Ricarda Lukas, Herrn Gerhard Obermeier, Herrn Dr. Eckhart Pilick, Frau Prof. Dr .Dr. Ingrid Riedel, Herrn Prof. Dr. Bernd Rieken, Herrn Georg Spindler und Herrn Pfr. Theophil Spoerri.

Mein besonderer Dank gilt Herrn Prof. Dr. Lutz Müller, der großzügig die Publikation des Buches ermöglicht hat, Frau Christiane Schmidt, die das Typoskript gründlich korrigiert und mit mir ausführlich darüber gesprochen hat, Frau Inge Stumpf, die das Manuskript unermüdlich und zuverlässig abgetippt hat, und Herrn Pfr. Dr. Klaus von Zedtwitz, der geduldig und produktiv mit mir über meine Arbeit diskutiert und mir dabei wichtige Impulse gegeben hat.

1. Das grimmsche Märchen „Die drei Schlangenblätter"

1.1 Einleitung

2013 legte der Verfasser eine Deutung der grimmschen Erzählung „Die weiße Schlange" vor und schloss dabei am Ende viele Mythen ein, die von Apfel, Baum und Schlange handeln und in der Verbindung dieser Symbole auch um die Frage nach dem Sinn des Lebens kreisen. Grundlage für dieses Vorgehen war der positive Schluss des Märchens, der Mann und Frau durch das gemeinsame Essen eines goldenen Apfels vom Baum des Lebens zusammenbringt und dadurch von tiefer Liebe erfüllt sein lässt.

Ermutigt durch dieses Ergebnis, wollte sich der Interpret einer zweiten grimmschen Erzählung zuwenden, die das Ursymbol der Schlange im Titel erwähnt, musste aber mit Erschrecken feststellen, dass diese eine ganz andere Struktur hat. Thematisiert die erste Geschichte Mitgefühl, Eros und Weisheit, so akzentuiert die zweite Grab, Tod und Strafe als Schwerpunkte der Handlung.

Führt „Die weiße Schlange" die Menschen immer mehr ins Licht der Liebe, verhängt das Märchen „Die drei Schlangenblätter" über seine zentralen Gestalten ein düsteres Schicksal, das letztlich nur gnadenlose Verurteilung und tragische Vereinsamung kennt. Verena Kast, Ingrid Riedel und andere Autoren haben sich mit tiefenpsychologischen Interpretationen um diese grausige Erzählung bemüht und dabei alles Wichtige angeführt, was vom psychotherapeutischen Standpunkt dazu gedeutet werden konnte. Der Verfasser will sich nun nicht einfach diesen Auslegungen anschließen, sondern auch die literaturwissenschaftlich-volkskundlichen Forschungsergebnisse in Betracht ziehen. Hier ergeben sich auch wieder Unterschiede zwischen den beiden Märchen.

„Die weiße Schlange" besitzt eine unkomplizierte Textgeschichte, die relativ klar überliefert ist, während die Erzählung von den „drei Schlangenblättern" etliche unterschiedliche Vorläufer und Variationen hat, die ein sehr vielfältiges Bild mit einigen Brechungen abgeben.

Die Beschäftigung mit diesen Erkenntnissen könnte nach Auffassung des Interpreten dazu beitragen, etwas Genaueres über die Ursachen und Hintergründe des negativen Bildes der Frau und der Schlangenkraft in dieser merkwürdigen Geschichte zu erfahren. Zur geistesgeschichtlichen Dimension des Märchens haben die bisherigen, in sich schlüssigen tiefenpsychologischen Interpretationen, deren Tiefe und Konsequenz auf dieser Ebene kaum noch übertroffen werden können, nichts oder nur sehr wenig beigetragen.

Von diesem Befund aus bietet sich ein etwas anderes methodisches Vorgehen als bei der Deutung von „Die weiße Schlange" an. Die Darstellung der märchenkundlichen Aspekte des grimmschen Textes soll nun breiteren Raum als vorher einnehmen und die Erörterung der Auslegung nach dem therapeutischen Ansatz von C. G. Jung sich im Wesentlichen auf die Nachzeichnung von Interpretationsstrukturen konzentrieren, die von den bisherigen Studien zur Erzählung herausgearbeitet wurden. Literaturwissenschaftlich-volkskundliche und tiefenpsychologische Analysen ergeben dann nach Auffassung des Verfassers zwei gleichberechtigte Seiten eines Ganzen, die vom jeweiligen Blickwinkel aus auf verschiedenen Ebenen die komplexe Einheit der Grundstruktur des Märchens erschließen. Nun werden zunächst die Ergebnisse der erstgenannten und danach der zuletzt erwähnten Methode jeweils einzeln vorgestellt. Anschließend muss eine Zusammenfassung vor allem der differenzierten Darstellung aller märchenkundlichen Aspekte erfolgen, um die Entwicklung, die sich unterschwellig durch die einzelnen Vorläufer der „Schlangenblätter"-Erzählung zieht, deutlich werden zu lassen.

Auf dieser Basis ergeben sich Exkurse in die indische und arabische Religionsgeschichte, weil sich hier bestimmte Varianten des Märchens besonders intensiv herausgebildet haben. Am Schluss sollen diese Erörterungen wieder mit der tiefenpsychologischen Interpretation verbunden werden, um dadurch Grundlinien einer Gesamtdeutung der Erzählung zu entwerfen. In einem dritten Teil der Abhandlung stellt der Verfasser dem destruktiv geprägten Märchen das positiv endende Schauspiel „Die Frau vom Meer" des norwegischen Dramatikers Henrik Ibsen gegenüber. Beide Werke enthalten die gleiche personale Dreieckskonstellation, die sich aber jeweils ganz unterschiedlich entwickelt. Für den Interpreten ist die übergreifende Frage reizvoll und interessant, warum die Erzählung negativ verläuft, das Stück aber nach dramaturgischer Zuspitzung eine konstruktive Lösung erhält. Die Brüder Grimm veröffentlichten ihr Märchen 1819, Ibsen sein Schauspiel 1888. Dies könnte ein Beleg dafür sein, dass sich die psychohistorischen Voraussetzungen vom Beginn bis zum Ende des 19. Jahrhunderts verändert haben. Der Verfasser will nun auch auf dieses Problem am Schluss noch einmal eingehen und es zu einem Kriterium der Unterscheidung für die Gegenüberstellung von grimmscher Erzählung und Ibsens Drama auf tiefenpsychologischer Grundlage machen.

1.2 Literaturwissenschaftlich-volkskundliche Interpretation des Märchens

In der Erstausgabe der „Kinder- und Hausmärchen" von 1812 erschien als Nr. 16 der vom Dragonerwachtmeister Johann Friedrich Krause aus Hoof stammende Text „Herr Fix und Fertig". Dieser aber wurde in der Zweitauflage von 1819 durch die Erzählung „Die drei Schlangenblätter" ersetzt und nur in der Anmerkung zu KHM 62 („Die Bienenkönigin") verkürzt wiedergegeben.

Die Brüder Grimm gaben 1819 der neuen Geschichte ebenso wie der vorhergehenden die Nr. 16 und versahen sie mit folgender Notiz: „Nach zwei Erzählungen, die nur in unbedeutenden Dingen abweichen, die eine aus den niederhessischen Dorfe Hof am Habichtswald, die andere aus einem Dorfe im Paderbörnischen". Die Fassung aus Hoof, der heutigen Gemeinde Schauenburg, hat vermutlich ebenfalls der schon erwähnte Wachtmeister Krause beigesteuert, die andere aus der Nähe von Paderborn wohl die Familie von Haxthausen.

Das 1819 publizierte Märchen „Die drei Schlangenblätter" dürfte wohl eine Kontamination aus den beiden Versionen sein und wird im weiteren Verlauf der Interpretation als KHM 16 bezeichnet. Im Verzeichnis der Märchentypen von Antti Arne und Stith Thompson, dessen letzte Ausgabe unter dem Titel „The Types of the Folktale" 1961 in Helsinki erschien, wird es als eigener Erzähltyp geführt. Dieser heißt englisch „The Three Snake-Leaves" und hat die Nummer AaTh 612. Seine Normalform umfasst mehrere Episoden, besteht aber grundsätzlich aus zwei Teilen. Der erste thematisiert „die Treue des Ehemannes" und verläuft folgendermaßen:

Der Held muss seiner Braut versprechen, sich mit ihr begraben zu lassen, falls sie vor ihm sterben sollte. Dies geschieht bald nach der Hochzeit. Im Grabgewölbe wird der junge Witwer von einer Schlange angegriffen, die er tötet. Mit Hilfe eines Krauts wird diese von einer Artgenossin wiederbelebt. Nun wendet der Mann dasselbe Mittel bei seiner Frau an und holt sie so wieder ins Leben zurück. [1]

Das sog. Lebenskraut gilt als die mächtigste der magisch heilenden Pflanzen und ist im Vorderen Orient schon sehr früh bezeugt. Im sumeri-

11

schen Mythos von „Inannas Gang zur Unterwelt" aus dem 18. vorchristlichen Jahrhundert wird es erstmals erwähnt. Hier steigt die Himmelsgöttin zu ihrer Schwester Ereschkigal hinab, um sie vom Thron zu stoßen und
ihr Reich zu erobern.

Der Versuch misslingt, und die Herrin der Unterwelt tötet ihre Gegnerin, indem sie diese „als ein Stück Fleisch" an einen Pflock hängt.
Der Weisheitsgott Enki bildet darauf aus dem Schmutz unter seinen
Fingernägeln zwei Wesen, die bei Ereschkigal durch das Kraut und das
Wasser des Lebens Inanna wieder lebendig machen. Die Herrscherin
des Himmels und der Erde kehrt wieder in ihr Reich zurück. Allerdings
muss ihr Geliebter Dumuzi als Ersatz für sie in die Unterwelt gebracht
werden. In der akkadischen Version des Mythos aus dem siebten vorchristlichen Jahrhundert werden Inanna Ischtar und Dumuzi Tammuz
genannt. Die Wiederbelegung erfolgt hier nur noch durch das Lebenswasser ohne Erwähnung des Krautes, das jetzt offenbar nicht mehr
gebraucht wird. [2]

Das Motiv der Verbindung von Heilpflanze und Schlange taucht in der
Weltliteratur zum ersten Mal in der altbabylonischen Geschichte von Gilgamesch auf, die in ihrer akkadischen ninivitischen Fassung als „Zwölfta-
fel-Epos" von einem Dichter namens Sinlege-unninni um 1200 v. Chr.
niedergeschrieben wurde und die der assyrische König Assurbanipal um
650 v. Chr. in ihre letzte vollständige Form bringen ließ.

Der Held macht sich hier auf den Weg zur fernen Insel jenseits des
Todesmeeres am Ende der Welt, um Unsterblichkeit zu erlangen. Auf seiner Suchwanderung muss er fast unlösbare Aufgaben bewältigen, wobei
er auch immer wieder Hilfe durch andere erfährt. Schließlich erhält Gilgamesch Kenntnis von der Existenz des Lebenskrautes, das mit Namen
„Jung wird der Mensch als Greis" im unterirdischen Wasser Apsu wie eine
Rose wächst. Er findet diese Pflanze, holt sie aus der Tiefe herauf und will
mit ihr in seine Vaterstadt Uruk zurückkehren.

Als er unterwegs in einem kühlen Brunnen badet, stiehlt ihm eine
Schlange das Lebenskraut, frisst es und verjüngt sich, indem sie sich häu-
tet. Durch diese Geschichte wird sie zu einem Symbol der Wandlung und
Erneuerung, aber auch zur Gegnerin der Unsterblichkeit des Menschen.
Der gelehrte aitiologische Mythos erklärt, warum ihr ewiges Leben gege-
ben, ihm jedoch das Schicksal des Todes auferlegt ist. Die Häutung gilt

seither als Zeichen der Verjüngung, Abstreifen des Alters und Bewahrung der Lebenskraft. In Ägypten wurde die Schlange daher zum Sinnbild sowohl der ewigen Jugend als auch der Gesundheit.[3]

Die Wiedererweckung eines Toten durch das Heilkraut einer Schlange wird zum ersten Mal in der altgriechischen Sage von Glaukos und Polyeidos thematisiert. Dieser Mythos von der Insel Kreta dürfte das älteste Vorbild für den oben erwähnten ersten Teil von KHM 16 sein und wurde zuerst in den beiden mythologischen Handbüchern „Bibliothecas" (III, 3, 1) und „Fabulae" (136) aufgezeichnet.

Das erste, fälschlicherweise dem griechischen Gelehrten Apollodoros zugeschriebene Werk stammt aus dem ersten oder zweiten nachchristlichen Jahrhundert, das zweite Buch war eine Sammlung von Erzählungen des römischen Schriftstellers Hyginus wohl aus der Zeit zwischen 100 und 200 n. Chr.

In der Geschichte fällt Glaukos, der kleine Sohn des Königs Minos, beim Spielen in ein Honigfass und stirbt dabei. Der Seher Polyeidos findet ihn, kann ihm aber nicht das Leben zurückgeben. Der enttäuschte Vater lässt ihn darauf mit dem Leichnam in dessen Grabkammer einschließen. Hier erblickt der lebendig Eingesperrte auf einmal eine Schlange, die sich dem toten Kind nähert, und erschlägt sie aus Furcht mit einem Stein oder Schwert. Bald darauf erscheint ein zweites Reptil, sieht das andere leblos herumliegen, verschwindet wieder und kommt im Maul mit einem Kraut zurück, das es auf das Getötete legt. Damit kehrt die Schlange wieder ins Leben zurück und schleicht mit der zweiten davon. Polyeidos ergreift nun schnell die magische Pflanze und macht mit ihr auch Glaukos wieder lebendig.[4]

Nach einer kretischen Sage soll nicht der Seher, sondern der Halbgott Asklepios den Sohn des Minos vom Tod befreit haben. Dazu habe er ein gewisses Kraut benutzt, das ihm eine Schlange in einem Grab gezeigt hätte. Hierbei dürfte es sich um die Mistel gehandelt haben, deren heilende Kraft sowohl in Polyeidos als auch in Asklepios personifiziert gewesen sei.

Der Sohn von Apollon, den die Römer Aesculap nannten, trägt in einer Erzählung Ovids noch Züge eines Urzeitmonsters und erscheint in Darstellungen auf der Insel Kos als Drache. Asklepios war ursprünglich ein in Thessalien lebender Erdgeist, der aus der Tiefe Heilung von Krankheiten und Kenntnis der Zukunft heraufsandte. Kraft seiner chthonischen Natur

13

besaß er die Seher- und Orakelgabe und hauste als Schlange in unterirdischen Höhlen.

Aus der Erde steigen nach altgriechischem Glauben die Träume, die Heilung und Linderung von Krankheit und Not prophezeien, ebenso wie aus diesem Bereich alle Kräuter, Pflanzen und Säfte kommen, die als Heilmittel dienen. In dieser Sphäre lebt die Schlange, die wie keine andere Tiergattung mit dem von ihr beherrschten Boden verwachsen ist. So kennt und verkörpert sie auch alle geheimen und mächtigen Kräfte, die das Erdinnere birgt.

Bis in die historische Zeit hinein wurde Asklepios noch mit der Schlange identifiziert. Erst dann wurde er anthropomorphisiert und erhielt das Reptil, das ihn früher selbst repräsentierte, jetzt nur als Attribut, Diener und Helfer. Wie der Halbgott Tote wieder zum Leben erwecken kann, so wurde auch der Schlange nach dem allgemeinen Volksglauben diese Fähigkeit zugeschrieben.

Als Symbol der Heilkraft und Erneuerung ist das kluge, allwissende Tier bis auf den heutigen Tag die „Wappengestalt" des Ärzteberufes, die sich um den Stab des Asklepios windet. So steht das Reptil, das um die Wunder der Natur und des Lebens weiß, auch für die Weisheit des Instinktes, der Intuition und des lebendigen Unbewussten. [5]

Das Motiv von der heilenden Energie des tierischen Erdgeistes taucht besonders häufig dann im neugriechischen Märchen auf. Diese Erkenntnis ist hauptsächlich dem deutschen Konsul Johann Georg von Hahn zu verdanken, der 1864 seine Sammlung „Griechische und albanische Märchen" in Leipzig veröffentlichte und ihr zum ersten Mal in der Erzählforschung einen Katalog von „Märchen- und Sagformeln" voranstellte.

Die Nummer 29 dieser Liste trägt den Titel „Schlangenkraut". Sie verläuft nach dem Schema: a) Eine Schlange legt ein Kraut auf eine getötete und belebt sie dadurch wieder. b) Ein Mensch nimmt diese magische Pflanze und ruft mit ihr einen Toten ins Leben zurück. In Hahns Sammlung endet eine Variante zum Märchen „Von den drei dankbaren Tieren" aus Agia Anna auf Euböa damit, dass eine Mutter auf dem Weg zu ihrem toten Sohn unterwegs eine Schlange tötet. Diese wird durch ein Kraut wiederbelebt, das ein anderes Reptil auf sie legt. Die Mutter steckt die Pflanze zu sich und erweckt damit ihren Sohn zum Leben.

14

Die griechische Version der Erzählung vom „starken Hans" aus Syra enthält das Motiv des Lebenswassers, von dem ein Schäfer einige Tropfen auf den toten Helden sprengt, worauf dieser aufsteht und von einem schweren Schlaf spricht. Eine Variante zu diesem Märchen stammt aus Witza und trägt den Titel „Janni, des Priesters Sohn". Darin suchen die Eltern ihren toten Sohn und sehen unterwegs, wie zwei Schlangen kämpfen und die eine die andere tötet. Auf den Rat des Priesters deckt seine Frau das liegen gebliebene Reptil mit Blättern zu und macht es dadurch wieder lebendig. Nun stecken die Eltern das Kraut in ihre Taschen und erwecken damit Janni zum Leben.

In einer anderen Variante aus Syra tötet im Kampf ebenfalls eine Schlange eine andere, die in zwei Stücke zerspringt. Die beiden getrennten Teile wickeln sich in ein Kraut ein, das in der Nähe steht, und wachsen dadurch wieder zusammen. Dies sehen die drei Schwäger des toten Helden, nehmen die Heilpflanze mit, bestreichen mit ihr die Schnittstelle zwischen dem abgeschnittenen Kopf und dem restlichen Rumpf des Leichnams und erretten so den Jüngling vom Tod. [6]

Auf Lesbos hat sich die Geschichte von Glaukos und Polyeidos mit einer Märchenvariante bis ins 20. Jahrhundert erhalten. In der Hauptstadt Mytilene zeichnete Paul Kretschmer die entsprechende Erzählung auf und veröffentlichte sie unter dem Titel „Die Schlange" 1919 als Nr. 1 seiner Sammlung „Neugriechische Märchen" in Jena.

Felix Karlinger nahm sie in seine Bände „Inselmärchen des Mittelmeeres" von 1960 und „Märchen griechischer Inseln und Märchen aus Malta" von 1979 wieder auf, nannte sie aber nun „Die Prinzessin und die Schlange" und publizierte sie als Nr. 6 in der ersten Sammlung und als Nr. 22 in der zweiten. Darin wird die Heldin zusammen mit dem von ihr getöteten Königssohn in einem Grab eingemauert. Mit ihren Holzschuhen bringt sie dort auch junge Schlangen um, die in die Nähe des Leichnams kommen. Deren Mutter holt ein Kraut, macht ihre Kinder damit wieder lebendig und kriecht mit ihnen davon. Die Heldin sammelt die Blätter der Schlange, reibt den Toten damit ein und erweckt ihn so zu neuem Leben. Beide verbringen dann ihr Zusammensein im Grab bis zu ihrer Befreiung wie Geschwister. [7]

Die Wiederbelebung eines Erschlagenen durch Heilkraut oder Lebenswasser spielt auch eine große Rolle im Erzähltyp AaTh 303, der von zwei

Brüdern handelt. Dabei tötet aus Eifersucht der eine den anderen, der ihn gerade aus der Versteinerung erlöst hat. Der ermordete Retter wird, als sich bald darauf seine Unschuld herausstellt, durch ein Wundermittel wieder ins Leben zurückgerufen.

Dieses Motiv taucht zum ersten Mal in der Märchensammlung „Pentamerone" des italienischen Dichters Giambattista Basile auf, die zwischen 1634 und 1636 in Neapel veröffentlicht wurde. In der siebten Erzählung des ersten Bandes, „Der Kaufmann" („Lo mercante"), kämpft Cienzo, der ältere von zwei Brüdern, gegen einen Drachen, der seinen Hals an einem Kraut reibt und dem dadurch sogleich wieder der abgehaute Kopf anspringt. Doch er erringt trotzdem den Sieg und nimmt danach die magische Pflanze mit.

Nachdem sein jüngerer Bruder Meo später ihn vom Zauberbann einer jungen schönen Hexe befreit und ihm mitgeteilt hat, dass er bei seiner Schwägerin Menechella geschlafen habe, schlägt ihm Cienzo aus rasender Eifersucht das Haupt ab. Als ihn darauf seine Frau aufklärt, dass der Getötete in der Nacht zwischen sich und sie ein Betttuch gelegt habe, bereut der zornige Ehemann seine Tat, reibt den Hals seines Bruders mit dem Drachenkraut ein, lässt ihn mit dem Kopf zusammenwachsen und macht so Meo wieder lebendig. [8]

Die Brüder Grimm publizierten in der Zweitauflage ihrer Sammlung von 1819 den Erzähltyp AaTh 303 als KHM 60 unter dem Titel „Die zwei Brüder". Darin schläft nach erfolgreichem Drachenkampf der jüngere Zwilling erschöpft ein. Ein betrügerischer Marschall haut dem Wehrlosen mit dem Schwert den Kopf ab. Das kleinste der Tiere des Toten holt von einem Berg die Lebenswurzel, steckt sie seinem Herrn in den Mund und holt ihn so zweimal ins Leben zurück. Das Ende der Geschichte verläuft ähnlich wie bei Basile. Der ältere Zwilling schläft bei seiner Schwägerin im Bett und legt zwischen sie und sich ein zweischneidiges Schwert. Darauf tötet ihn sein jähzorniger Bruder, der ihn aber bald danach durch die Wurzel seines Hasen zusammenwachsen und heilen lässt.

In zwei Varianten von KHM 60 erscheint als Wundermittel einmal das Wasser des Lebens und dann der Saft einer Eiche. Johann Georg von Hahn erwähnt in seiner Sammlung von 1864 das aus Negades stammende Märchen „Die Zwillingsbrüder", in dem am Ende die gleiche Konstellation geschildert wird. Hier holt die Schwägerin ein Fläschchen mit Lebenswasser hervor, gießt davon einige Tropfen auf den Toten und macht ihn damit wieder lebendig.

In der litauischen Erzählung „Von den Räubern und der Prinzessin, die einem Drachen versprochen war", die von August Schleicher 1857 in Weimar veröffentlicht wurde, gibt es keinen Zwillingsbruder, sondern nur eine verräterische Schwester, die einen vom Helden schwer verwundeten Räuber mit Kräutern und der Milch einer Wölfin und einer Löwin heilt. Der betrogene Bruder rächt sich an den beiden und trifft auf seiner Wanderung in die Welt zwei Schlangen, die sich im Kampf gegeneinander schwer verletzen, dann von einem Strauch Blätter abpflücken, diese auf sich legen und davon wieder gesund werden.

Später tötet der Held mit seinen vier Tieren einen neunköpfigen Drachen und wird danach von einigen Dienern im Schlaf heimtückisch umgebracht. Nach drei Jahren finden die animalischen Begleiter des Ermordeten den Leichnam und graben ihn aus. Der kleinste von ihnen, das Häschen, holt vom Strauch die Schlangenblätter und legt sie zusammen mit den anderen drei Tieren auf den toten Helden, der bald darauf wieder lebendig wird. [9]

Das Motiv des heilenden Schlangenkrauts ist nicht nur auf die Zeit der heidnischen Antike und die Phantasiewelt des Märchens beschränkt, sondern taucht auch in der Epoche der beginnenden christlichen Missionierung Europas wieder auf. Die Geschichte der heiligen Notburga ist eine Mischung aus Ortssage und legendenartiger Erzählung, die als geographischen Fixpunkt das badische Dorf Hochhausen im Neckar-Odenwald-Kreis erwähnt und in der das Übernatürliche als Gotteswunder wirkt. Sie wurde zum ersten Mal in einer erhaltenen Notariatsurkunde von 1517 anlässlich der Öffnung des Grabes der Sancta Notburga durch Bischof Reinhard von Worms schriftlich fixiert und 1631 vom kaiserlichen Rat Reinhard von Gemmingen-Michelfeld in seinem Buch über den „Stammbaum" seines Geschlechtes und dessen Besitzungen als „Mährlein" aufgezeichnet. Die Brüder Grimm gaben die Erzählung im ersten Band ihrer 1816 publizierten „Deutschen Sagen" als Text Nr. 351 in drei verschiedenen Versionen heraus. [10]

Nach der letzten Variante ist Notburga die Tochter des fränkischen Merowingerkönigs Dagobert, der als historische Persönlichkeit wirklich existierte und von 623 bis 639 regierte. In der Legende hält dieser Herrscher zu Mosbach Hof und will bei dieser Gelegenheit die christlich erzogene Prinzessin zwingen, den heidnischen Wendenfürsten Samo zu heiraten. Notburga entzieht sich dieser Zumutung durch Flucht und lebt von da an in einer Höhle auf dem Gebiet von Hochhausen als Einsiedlerin.

Der Vater wird über ihren Aufenthaltsort informiert und stellt dort seine Tochter zur Rede. Dabei kommt es zu einer Auseinandersetzung, bei der Dagobert gewalttätig wird und Notburga einen Arm ausreißt. Er rennt verschreckt weg, sie bleibt ohnmächtig blutend am Boden liegen. Als sie erwacht, sieht sie eine Schlange, die ein Kraut im Maul trägt. Die Einsiedlerin nimmt die Pflanze und legt sie auf die Wunde, die schnell heilt. Dann betet sie mit lauter Stimme, und das Reptil schaut ihr dabei freudig zu.

Der Mythos von Asklepios war dem Christentum ursprünglich fremd, dürfte aber durch den Einfluss des Schlangenkults der römischen Kaiser in die germanischen Gebiete gelangt sein. In der Notburga-Sage wird nun die heilende Bedeutung des heidnisch verehrten Tieres entscheidender Bestandteil des göttlichen Wirkens und damit auf positive Weise in das christliche Weltbild integriert. [11]

In den bisher erwähnten Erzählungen ist es immer eine Schlange gewesen, die das magische Kraut kennt und anwendet. Es gibt auch einige Märchen und Sagen, in denen dafür andere Tiere auftreten, wie z.B. Vögel, Eidechsen, Salamander, Spinnen, Frösche und Mäuse. Das literarisch bekannteste Beispiel für diese heilende Ersatzfunktion ist jedoch das Wiesel.

Obwohl das kleine Säugetier im Volksglauben einerseits als Todfeind des Reptils gilt, besitzen beide andererseits eine übergreifende Gemeinsamkeit: Als Wesen, die der Mensch häufig in Erdlöchern verschwinden sieht, werden sie allgemein als chthonische Seelentiere empfunden.

Die Vorstellung, dass die Psyche des Verstorbenen in einer Tiergestalt weiterlebt, ist uralt und findet in den Grabreliefs und Grabskulpturen der griechischen Antike ihre erste künstlerische Darstellung. Ausgangspunkt für diese weit verbreitete Auffassung bildet immer die Erde, aus der die Menschen kommen und in die sie wieder zurückkehren. Ihre animalischen Dämonen verkörpern daher auf der einen Seite die Seelen der Toten und kennen auf der anderen Heilpflanzen, die aus der Tiefe wachsen.

Auf dieser Grundlage sind Schlange und Wiesel wesensgleich und in dieser Funktion austauschbar. In einer Tiroler Sage erscheinen die Säugetiere sogar als Rächer der getöteten Reptilien. Mittelalterliche Autoren wie Hildegard von Bingen, Alexander Neckam u. a. thematisieren in ihren Schriften die Heilkraft des Wiesels. Die isländische „Völsunga-Saga", eine nordische Variante des mittelhochdeutschen „Nibelungenliedes", erwähnt ein „hreysi-köttr". Das Wort kann sowohl Wild- oder Buschkatze als auch Wiesel bedeuten. Folglich übernehmen Kommentatoren entweder die eine oder die andere Übersetzungsmöglichkeit. Schon früh wurde das kleine Säugetier im Haus gehalten und nach seiner Nachfolgerin auch „wilde Katze" genannt. Im altfranzösisch Lai „Eliduc" von Marie de France taucht „une musteile" auf, das im lateinischen Schrifttum als „mustela" bezeichnet wird. Beides bedeutet auf deutsch eindeutig „Wiesel". [12]

„Lais" gehören zur Gattung der mittelalterlichen Kurzerzählung in Frankreich und bezeichnen ursprünglich die von bretonischen Spielleuten vorgetragenen Lieder, die Stoffe des keltischen Sagenkreises um König Artus zum Inhalt hatten. Marie de France (ca. 1130 – ca. 1200) dichtete ihre zwölf Versnovellen wohl zwischen 1155 und 1170. In ihnen verbindet sie märchenhafte Elemente der bretonischen Sagenwelt mit der Schilderung des Abenteuers als Existenzform des ritterlichen Menschen und der Darstellung des Eros als einer meist tragisch endenden Liebesbeziehung.

„Eliduc" ist der überlieferten Handschrift nach der letzte und längste Lai, der das Motiv der Doppelehe oder des Mannes zwischen zwei Frauen behandelt. Das Dreiecksverhältnis bringt die Beteiligten in einen Konflikt zwischen Eros und christlicher Moral. Dabei wird das Problem am Ende durch eine Haltung der Agape, des Verzichts und des Opfers positiv im Sinne des Glaubens gelöst.

Ausgangspunkt ist die Verbannung des Helden aus seiner bretonischen Heimat wegen Verleumdungen und seine Überfahrt nach England. Eliduc lässt dabei seine Ehefrau Guildeluec zurück und verliebt sich nach einiger Zeit an seinem neuen Aufenthaltsort in die junge Königstochter Guilliadun. Als seine Geliebte bei ihrer Entführung erfährt, dass er verheiratet ist, fällt sie in eine todesähnliche Ohnmacht. Die Gattin des Helden findet die Scheintote in einer Kapelle aufgebahrt und sieht dabei, wie ein totes Wiesel durch eine rote Blume, die ein zweites herbeischafft und dem ersten in den Mund steckt, wieder zum Leben erweckt wird. Guildeluec lässt den beiden Tieren die Wunderpflanze abjagen und wendet ihre Heilkraft bei Guilliadun an, die aus ihrer Leichenstarre erwacht. Danach verzichtet sie aus Barmherzigkeit auf ihren Ehemann und wird Nonne. Eliduc heiratet nun seine Geliebte und widmet nach einiger Zeit des gemeinsamen weltlichen Glückes zusammen mir ihr sein Leben Gott.

Guilliadun zieht zu Guildeluec ins Kloster, und der Held erbaut sich in der Nähe ein eigenes. Alle drei finden so durch Gebet und spirituelle Entsagung ihren Seelenfrieden. Die beiden Wiesel werden hier durch ihr Heilkraut zu den eigentlichen Katalysatoren für die Zuspitzung des Konflikts und den glücklichen Ausgang des Geschehens. In der mittelalterlichen Symbolik repräsentieren sie auch den Schlangen tötenden Christus oder zumindest alttestamentliche Propheten, die das Kommen des Messias vorhersagten.

Der Lai „Eliduc" ist die einzige Versnovelle von Marie de France, in der die Moral der Kirche eindeutig über den Eros triumphiert. Das aufgesetzt wirkende positive Ende der Erzählung dürfte daher auch eine Konzession der Dichterin an die religiösen Anschauungen ihrer Zeit sein. Denn ansonsten thematisieren die Lais insgesamt auf kunstvolle Weise die Liebe als Schicksalsmacht, die bestimmend in das Leben der Menschen eingreift und der diese nicht entrinnen können. [13]

Unter „Sagas" versteht man altnordische, größtenteils isländische, meist aus dem Mittelalter stammende erzählende Prosageschichten. Der heroische Nibelungenstoff aus der Völkerwanderungszeit gelangte schon früh von seinem südgermanischen Entstehungsbereich nach Skandinavien und wurde dort in der „Lieder-Edda" tradiert, die in der Handschrift des „Codex Regius" enthalten ist.

Diese Heldenlieder fanden ihre Prosaumsetzung vor allem in der schon erwähnten „Völsunga-Saga", der Geschichte des Geschlechts der Völsungen, die vermutlich um 1260 entstand und zur Gattung der sog. „Vorzeitsagas" gehört.

Im Mittelpunkt des ersten Abschnitts der Erzählung stehen das Zwillingspaar Sigmund und Signy sowie der aus ihrer inzestuösen Verbindung stammende Sinfjötly. Das beherrschende Motiv der drei Hauptfiguren ist ihre Rache am ungeliebten habgierigen Schwager und Ehemann Siggeir für die Ermordung ihres Vaters Völsung. Nur der Spross des geschwisterlichen Beilagers erweist sich letztlich als geeigneter gnadenloser Vollstrecker des Vergeltungsplanes. Signy gibt dafür diesen Sohn ihrem Bruder zur Erziehung für dieses Ziel in den Wald. Dort erschlagen und berauben Sigmund und Sinfjötly Männer, um kühne Taten zu verrichten. Sie verwandeln sich dabei in Wölfe, die ihre Opfer anfallen und töten.

Als der Sohn sich rühmt, mehr Männer als sein Vater umgebracht zu haben, beißt ihn dieser aus Eifersucht in die Kehle und verwundet ihn dadurch schwer. Dann sieht Sigmund eines Tages, wie ein Wiesel ein anderes auf die gleiche Weise verletzt, dann aus dem Wald ein Blatt holt und es auf die Wunde legt. Sogleich springt das Tier auf und ist geheilt. Ein Rabe erscheint als Bote des obersten Gottes Odin und fliegt mit dem Heilkraut auf den Vater zu, der es auf seinen verwundeten Sohn legt, worauf dieser schnell wieder gesund wird.

Bald darauf vollziehen die beiden die Vaterrache am Mörder Siggeir. Signy treibt sie rücksichtslos dazu an und geht freiwillig mit ihrem Mann in den Tod, weil der Sinn ihres Lebens damit erfüllt ist. Sinfjötly und Sigmund sterben auch nicht lange danach, der eine durch das Gift seiner Stiefmutter, der andere in der Schlacht durch Odin. [14]

Das Motiv des Heilkrauts mit den beiden Wieseln hat hier nur die Funktion, die Handlung in Gang zu halten, sonst aber keine tiefere Bedeutung. Der Verfasser des Völsungenstoffes dürfte es aus dem Lai „Eliduc" übernommen haben, der zusammen mit anderen Versnovellen von Marie de France auf Veranlassung des norwegischen Königs Hakon Hakonarson um die Mitte des 13. Jahrhunderts ins Altnordische übersetzt wurde.

Das ursprünglich antike und dann christlich überformte Thema der Heilkraft einer magischen Pflanze besitzt keine Chance und keinen Platz in der wilden, grausamen Welt des archaischen germanischen Mythos, die von Verrat, Rache, Verwüstung, Tod, Untreue und Inzest beherrscht wird und weder tiefe Liebe noch echte Humanität kennt.

Hier kann die Schlange ihre positive heilende Funktion nicht entfalten, sondern erscheint nur wie der Wolf als verschlingendes Ungeheuer, das Chaos und Zerstörung bringt. [15]

Der anfangs erwähnte Erzähltyp AaTh 612 mit dem englischen Titel „The Three Snake-Leaves" hat als Ausgangspunkt die Forderung der Ehefrau, dass der Gatte ihr ins Grab folgen solle. Dieses merkwürdige Verlangen spiegelt möglicherweise die indische Witwenverbrennung und ähnliche Bräuche auf indonesischen Inseln wider. Literarisch findet es seinen ersten Niederschlag in der Geschichte des Carudatta, die einen Abschnitt aus dem mittelindischen Prosatext "Vasudevahindi" („Vasudevas Irrfahrt") des Jaina-Dichters Sanghadasa darstellt und wahrscheinlich noch vor 600 n. Chr. verfasst wurde.

Das Lebendigbegraben des überlebenden mit dem toten Ehepartner erscheint dann als eindrückliches Motiv vor allem in der Erzählung „Sindbad der Seefahrer", die vermutlich aus dem Bagdad des späten neunten Jahrhunderts stammt. 1701 stieß der französische Orientalist Antoine Galland auf eine arabische Handschrift der Geschichte, übersetzte sie ins Französische und stellte den Seefahrerzyklus 1704 an den Anfang des dritten Bandes seiner Ausgabe von „Tausendundeine Nacht", der er den Titel „Les Mille et une Nuit" gab.

Darin gelangt Sindbad auf seiner vierten Reise in ein Land, in dem ihn der König mit einer reichen, vornehmen Frau verheiratet. Als diese stirbt, wird er nach Landessitte zusammen mit der Leiche in eine Höhle hinabgelassen und dort lebendig begraben. Er überlebt jedoch, indem er die Ehepartner der nachfolgenden Verstorbenen erschlägt und deren Proviant an sich reißt. Damit fährt er auch fort, als er durch ein wildes Tier einen Ausgang findet, durch den er ins Freie gelangt. Dann nimmt er noch Schmuck und andere Kostbarkeiten den Toten weg und wird von einem vorbeikommenden Schiff gerettet. Gewissensbisse wegen seiner Schandtaten hat er nicht. So verschweigt er seine Grausamkeiten und kehrt problemlos und reich nach Hause zurück.

Hier rettet sich der Ehemann ohne die Hilfe des Heilkrauts der Schlange oder eines anderen Tieres durch seinen eigenen Überlebenswillen, verliert aber dabei jede moralische Substanz und wird zur unmenschlichen Bestie, die vor nichts zurückschreckt, um sich durchzuschlagen. [16]

Mit Sindbads vierter Seereise erreicht das Motiv der gemeinsamen Grablegung von totem und überlebendem Ehepartner einen Tiefpunkt humaner Ethik, der literarisch kaum noch überboten werden kann. Gleichwohl nimmt der Erzähltyp AaTh 612 auch einen sehr destruktiven Verlauf, allerdings in eine andere Richtung als die Geschichte des Seefahrers. Sein zweiter Teil thematisiert „die Untreue der Ehefrau" und weist folgende Handlungsstruktur auf:

Der Held übergibt das heilende Schlangenkraut einem treuen Diener. Während einer Schiffsreise verliebt sich seine wiederbelebte Gattin in den

22

Kapitän und wirft mit dem Liebhaber ihren Mann ins Meer. Aber sein Untergebener findet den Leichnam und verhilft mit der Wunderpflanze seinem Herrn zu neuer Vitalität. Dieser enthüllt nun die Schandtat des verbrecherischen Paares, das am Ende zum Tod verurteilt wird.

Die Heilkraft der Schlange verwandelt hier die Frau nicht in eine gütige, reife Persönlichkeit, sondern löst in ihr eine mörderische Bösartigkeit aus, die sich maßlos und unmotiviert gegen ihren eigenen Gatten und Wohltäter richtet. In dieser negativen Wendung der Geschichte zeigt sich eine Feindschaft gegen das weibliche Geschlecht oder Misogynie, die auf eine alte männlich-patriarchale Tradition der Frauenverachtung aus Asien zurückgeht. [17]

Der zynische Erzählstoff des undankbaren „Weibes" ist ursprünglich in Indien entstanden und kommt dort in zwei verschiedenen Formen vor. Die älteste Fassung der ersten dieser beiden Ausprägungen findet sich im 193. Jataka und verläuft folgendermaßen:

Der vertriebene Königssohn Paduma rettet seine Frau vor dem Opfertod und flieht mit ihr aus Benares. Er trägt sie auf seinen Schultern und gibt ihr von seinem Blut zu trinken, als sie unterwegs durstig wird. Am Ufer des Ganges baut er sich zusammen mit ihr eine Hütte, nimmt dort aus Mitleid einen wegen seiner Missetaten grausam verstümmelten Räuber auf und pflegt seine Wunden.

In diesen Verbrecher verliebt sich die Frau und macht ihn zu ihrem Liebhaber. Nun will sie ihren Ehemann umbringen, lockt ihn auf einen Berg und stößt ihn gewaltsam in den Abgrund. Dann kehrt sie zu ihrem verstümmelten Geliebten zurück und wandert mit ihm bettelnd herum. Sie trägt ihn zuerst auf ihrem Rücken, später in einem Korb auf dem Kopf und behauptet überall, dass er ihr Vetter und Gatte sei. Schließlich zieht sie mit ihm nach Benares, um von der allgemein gerühmten Freigebigkeit des neuen Königs zu profitieren.

Dieser ist aber kein anderer als Paduma, der den Absturz überlebt hat, weil er an einem Feigenbaum hängen blieb und von einer Eidechse gerettet wurde. Nach dem Tod seines Vaters hat er nun dessen Reich in Benares übernommen. Als die Frau vor ihm erscheint, überführt er sie, verbannt sie aus seinem Land und lässt ihr den Korb mit dem Verstümmelten darin so fest auf den Kopf binden, dass sie ihn nicht mehr abnehmen kann. [18]

Jatakas sind sog. Vorgeburtsgeschichten, die eine frühere Existenz des Buddha zum Inhalt haben. Die Entstehungszeit der Sammlung ist unsicher, liegt aber jedenfalls vor christlicher Zeitrechnung. Seine endgültige Gestalt hat das Werk zwischen dem fünften und siebten Jahrhundert n. Chr. erhalten. In diesen Erzählungen werden die früheren Lebensformen des indischen Religionsstifters als Bodhisattva, der sich auf dem Weg zur Erleuchtung befindet, nicht nur als Männer, sondern auch als Tiere, keineswegs aber als Frauen wiedergeboren.

Paduma im 193. Jataka ist auch eine ältere Verkörperung des Buddha, die sich mit weiblicher Bösartigkeit auseinandersetzen muss. Zu den sog. „Räubergeschichten" der Sammlung, bei denen Personen niederer sozialer Schichten eine Rolle spielen, gehören auch zahlreiche Erzählungen mit ausgesprochen frauenfeindlicher Tendenz. Darin wird ständig vor den Gefahren der Heterosexualität, aber nicht vor der gleichgeschlechtlichen Liebe gewarnt. Der Dichter Somadeva fügte eine nur wenig abweichende Variante des 193. Jataka in seinen „Kathasaritsagara" („Ozean der Erzählströme") ein, den er in Kaschmir zwischen 1063 und 1081 niederschrieb.

Hier ist der Held ein Kaufmannssohn, den das Schicksal am Ende „mit königlichem Glanze" krönt und der „die Verkörperung eines Teiles eines Bodhisattva war". Nachdem er seine treulose Gattin entlarvt hat, schneiden ihr seine Minister Nase und Ohren ab und verstoßen sie samt ihrem Liebhaber. So ordnet nach Somadevas Auffassung auf zynische Weise „das Schicksal alle Dinge gut" und vereint „eine Frau ohne Nase und Ohren mit einem Mann ohne Füße und Hände". Im „Ozean der Erzählströme" gibt es noch viele ähnliche „Geschichten von der Schlechtigkeit der Weiber", die am Schluss für ihre Vergehen oft grausam bestraft werden. [19]

Die zweite Form des Erzählstoffes der undankbaren Gattin steht in engem Zusammenhang mit dem Motiv der verschenkten Lebensjahre. Letzteres findet sich schon im indischen Heldenepos „Mahabharata", das den „Kampf der Nachkommen des Bharata" behandelt und von der ersten bis zur letzten Redaktion zwischen 400 v. Chr. und 400 n. Chr. entstanden ist.

Darin lässt sich König Yayati von seinem jüngsten Sohn Puru das Alter abnehmen und gibt ihm am Ende seine Jugend zurück. Oder in einer anderen eingeschobenen Erzählung des „großen Epos" will der Brahmanensohn Ruru die schöne Jungfrau Pramadvara heiraten, welche jedoch wenige Tage vor der Hochzeit durch einen Schlangenbiss stirbt. Darauf befolgt er den Rat eines Götterboten und gibt für die Tote die Hälfte seines Lebens hin, worauf sie wieder lebendig wird. Nun können Braut und Bräutigam an einem glücklichen Tag Hochzeit feiern.

Später nimmt Somadeva diese Geschichte in sein „Kathasaritsagara" auf, verwandelt aber nun den konkreten Götterboten in eine anonyme Stimme vom Himmel. Das Motiv der verschenkten Lebensjahre ist auch zentraler Bestandteil des Erzähltyps AaTh 612 A, der den Titel „The Ungrateful Wife Restored to Life" oder „Die undankbare wiedererweckte Frau" trägt und wie folgt verläuft:

Nach dem Tod seiner geliebten Gattin versucht sich der Ehemann umzubringen. Stattdessen ermöglicht ihm eine heilige Person, der Toten einen großen Teil seiner verbleibenden Lebensjahre zu schenken. Danach wird das Paar getrennt. Der Mann steigt zum Ratgeber des Königs auf, die Frau zur begehrten Prostituierten, welcher auch der Herrscher verfällt. Als dieser ihr einen Wunsch freistellt, fordert sie den Tod seines Ministers, der kein anderer als ihr Gatte ist. Im Gegenzug verlangt der Bedrohte, dass sie ihm wiedergeben solle, was er ihr geschenkt habe, nämlich seine Lebensjahre. Als sie dies verspricht, stirbt sie. [20]

Der Erzähltyp AaTh 612 A ist zuerst im indischen Fabelbuch „Pancatantra" bezeugt. Diese „Fünf Leitfäden für lebenskluges Verhalten" sind ursprünglich zwischen dem dritten und sechsten nachchristlichen Jahrhundert entstanden und von Jaina-Mönchen zwischen 850 und 1200 noch einmal neu bearbeitet worden. In diesen mittelalterlichen Fassungen steht eine Geschichte, die das Grundgerüst von „The Ungrateful Wife Restored to Life" wiedergibt und gelegentlich variiert:

Ein Brahmane wandert mit seiner Frau aus, weil sie sich ständig mit seiner Familie streitet. Unterwegs verdurstet sie in einer Wüste und stirbt. Der Mann befreit sie durch den Rat einer himmlischen Stimme vom Tod, indem er ihr die Hälfte seines eigenen Lebens abtritt. Darauf nimmt sich die Wiedererweckte einen Gelähmten zum Liebhaber und stößt ihren Gatten in einen Brunnen, aus dem ihn allerdings später ein hilfreicher Mann herauszieht. Nun trägt sie den Behinderten in einem Korb auf dem Kopf und bettelt für ihn. Deswegen wird sie vom König als Muster ehelicher Treue bewundert. Als der Brahmane am Hof erscheint, verklagt sie ihn mit der Behauptung, dass er ihren Liebhaber verstümmelt habe. Da fordert er von ihr das einst geschenkte Leben zurück. Sie verspricht ihm dies und stirbt auf der Stelle zum zweiten Mal.

Die deutsche Erzählung von „der toten Frau" aus dem 14. Jahrhundert ist von der indischen Tradition des Typs AaTh 612 A abhängig und enthält auch eine ähnliche Konstellation. Nur altert hier der Ehemann um die von ihm verschenkten 20 Jahre. Als seine Frau wiedererweckt wird, ist er plötzlich 60 statt wie vorher 40. In ihr entsteht ein Widerwille gegen ihn, und sie wendet sich einem Jüngeren zu. Öffentlich wird sie vor die Wahl zwischen Liebhaber und Gatten gestellt. Der Letztere warnt sie nochmals eindringlich vor den tödlichen Folgen einer Abkehr von ihm. Trotzdem entscheidet sie sich für den Jüngling und fällt ihm um den Hals, worauf sie sofort zum faulenden Leichnam wird. [21]

Viele buddhistische Geschichten weisen eine gewisse Frauenfeindlichkeit auf und betonen häufig die Untreue des weiblichen Geschlechts. Aber keine geht in ihrem zynischen Hass so weit wie die Erzähltypen AaTh 612 im zweiten Teil und AaTh 612 A. Die Leidenschaft der Heldin für einen verstümmelten, verkrüppelten, zwerghaften oder aussätzigen Mann findet sich in vielen Schöpfungen der indischen Literatur und hat ihre Quelle möglicherweise in dem Buddha zugeschriebenen Ausspruch: „Jedes Weib wird sündigen, wenn ihm Gelegenheit gegeben wird, sollte der Liebhaber selbst ohne Arme und Beine sein". Doch ist dieser Satz wahrscheinlich älter als die Religion des Meisters.

Die frühesten Fassungen des Erzählstoffes stellen es als etwas ganz Natürliches dar, dass in der Hungersnot die Männer ihre Frauen töten und verzehren, wie es etwa die Brüder von Paduma tun. Dieser archaische Kannibalismus kann nur auf ein außerordentlich fernes Altertum der patriarchalen Entwicklung des Subkontinents und damit auch der Entstehungszeit des Märchentyps zurückgehen.

Ein geistreicher Asket im vorgeschichtlichen Indien könnte die Urfassung der Geschichte aus dem Wunsch geschrieben haben, die Männer vor den Fesseln der Ehe und Liebe zu warnen, die sie am stärksten an die eitle und vergängliche Welt ketten. Die Frau ist in dieser Art Dichtung die gefährlichste Versuchung und die furchtbarste Feindin, die dem Weisen auf seinem Weg zur Erleuchtung begegnen kann.

Der Buddhismus fand diese indische Überlieferung vor, formte sie aber meist im Sinne seiner Forderung um, nach den Geboten seiner religiösen Grundauffassung zu leben und zu handeln. So thematisiert er etwa in der Erzählung „Sardulakarnavadana" auch das alte Motiv der Verführung eines Asketen durch eine Hetäre oder Nymphe, löst es aber auf seine Weise auf: Das Mädchen, das sich in Buddhas Lieblingsschüler Ananda verliebt und ihn mit einem Liebeszauber fast gewinnt, wird vom Meister höchstpersönlich bekehrt und als Nonne ordiniert.

Eine nordindische Variante des Erzähltyps AaTh 612 A wanderte über Südostasien bis nach Indonesien und traf dort auf den Islam. In Arabien fand sie Eingang bei den Juden und kam über diesen Weg bis nach Deutschland. Dabei wechselt ein auftretender Gott je noch dem Religionsbekenntnis des Erzählers immer wieder seinen Namen: Shiva, Buddha, Allah, Messias, Jesus oder auch ein Engel erwecken in den jeweiligen Fassungen die tote Frau und bestrafen sie auch am Ende für ihre Untreue. [22]

Eine der jüdisch-arabischen Umgestaltungen des Stoffes lässt den Propheten Isa, Aissa oder Jesus zweimal in dieser Funktion als Heiler der Gattin und Befreier ihres verurteilten Mannes auftreten. Dieser erscheint in der orientalischen Tradition als der weiseste Arzt, dessen bloßer Hauch Tote erwecken kann, und dürfte eine Umformung des jüdischen Messias verkörpern.

Die Fassung der Geschichte mit dem wundertätigen Propheten kommt zuerst in der türkischen Geschichtensammlung „Hikayet-i Qirq Vezir" („Erzählung von den 40 Wesiren") vor, die im 15. Jahrhundert aus einer verschollenen arabischen Vorlage übersetzt wurde. Der Orientalist Pétis de la Croix übertrug diese Version 1707 erstmals ins Französische, und 1777 veröffentlichte anonym ein Kollege von ihm in der „Bibliothèque des romans" eine Variante dazu, die Christoph Martin Wieland als Grundlage für seine schon 1778 publizierte Verserzählung „Hann und Gulpenheh" diente.

Walter F. A. Behrnauer übersetzte die Sammlung „von den 40 Wesiren" als Ganzes 1851 ins Deutsche und veröffentlichte die Geschichte der undankbaren Frau als „Erzählung des sechsten Veziers". Der Prophet heißt darin Isa, der Mann ist ein Schneider, und die Frau bleibt unbenannt. Die Eheleute versprechen sich, dass nach dem Tod des einen der andere täglich bis zu seinem Lebensende zum Grab kommen und es unter Tränen küssen soll. Nun stirbt die Gattin, und ihr Mann weint wie abgemacht jeden Tag an ihrer letzten Ruhestätte. Einmal geht Isa vorüber, spricht mit dem Schneider über dessen Geschichte und erweckt die Frau durch sein Gebet zu neuem Leben.

Während der Ehemann zu Hause Kleider für die Auferstandene holt, findet der Sohn des Königs die nur mit einem Leichentuch Bedeckte. Da sie sich für eine allein stehende Fremde ausgibt, lässt sie der Prinz auf sein Schloss bringen. Der Schneider verlangt am Hof des Prinzen seine Frau zurück, die aber behauptet, dass er ein Straßenräuber sei und ihr die Kleider ausgezogen habe. Darauf will der Königssohn den Ehemann töten lassen.

Doch Isa erscheint zum zweiten Mal, klärt den wahren Sachverhalt auf und bewirkt durch sein Gebet Krankheit und Tod der Lügnerin. Am Ende bereut der Gatte, eine solche Frau so lange beweint zu haben. Der erzählende sechste Wesir zieht daraus den Schluss, dass die „Weiber" stets zu Zänkerei, Streit und Ränken Lust haben und ein vernünftiger Mann kaum an ihre Liebe und Rede glauben kann, da diese nicht aus dem Herzen fließen. Damit bestätigt diese Geschichte eindringlich die grundlegende Tendenz des ganzen Buches der „Vierzig Vesire", vor den Listen der Frauen zu warnen.[23]

Die 1707 von Pétis de la Crois publizierte Übersetzung der türkischen „Quirq Vezir"-Sammlung erschien unter dem Titel „Histoire de la sultane de Perse et des visirs" in Paris. Einige der darin enthaltenen Erzählungen fanden Anfang des 19. Jahrhunderts Eingang in erweiterten Ausgaben der Geschichten von „Tausendundeine Nacht". Édouard Gauttier veröffentlichte seine neue Edition von „Les Mille et une Nuit" 1822-23 ebenfalls in Paris und fügte der Übertragung von Galland Texte orientalischer Herkunft hinzu, zu denen auch die Fassung des Erzählstoffes der undankbaren Gattin im Buch von Pétis de la Croix gehörte.

1825 erschien in Breslau eine deutsche Ausgabe von Maximilian Habicht, Friedrich Heinrich von der Hagen und Karl Schall. Sie ergänzte den Kernbestand von „Tausendundeine Nacht" mit Geschichten aus einer fiktiven Handschrift, folgte aber recht genau der Edition von Gauttier und übernahm damit auch die Version der von Pétis de la Croix übersetzten Erzählung, die hier in der 555. und 556. Nacht vorgetragen wird. Bei Gauttier und Habicht gibt es nur einen ungenannten Geist, der in der Begräbnisstätte haust und die Verstorbene vom Tod erweckt.

Der Ehemann ist ein junger Seidenhändler, und seine Frau heißt Adileh. Die Auferstandene erklärt in Abwesenheit ihres Gatten dem vorbeikommenden Sohn des Königs, dass sie Herrin ihrer Handlungen sei und daher ihm die Hand reichen könne. Als der Kaufmann sie später im Palast des Prinzen zur Rede stellt, nennt sie ihn einen Räuber, der sie lebendig begraben wollte. Darauf befiehlt der Königssohn die Hinrichtung des Angeklagten am Galgen. Nun taucht der Geist wieder auf, befreit den Seidenhändler vom Henker und sagt dem Prinzen, dass er durch Adilehs Treulosigkeit betrogen sei. Da ein solches Weib unwürdig wäre, länger die Wohltat des geschenkten Lebens zu genießen, solle sie auf der Stelle wieder sterben. Mit diesen Worten und dem Verschwinden des Geistes endet die Geschichte, die den Tod von Adileh nicht mehr erwähnt. In späteren Ausgaben von „Tausendundeine Nacht" wird diese Erzählung als unecht bezeichnet und aus dem Bestand ausgesondert oder ist ohne Kommentar einfach gar nicht mehr enthalten. [24]

Aus den angeführten orientalischen Überlieferungen scheint das europäische Märchen des Typs AaTh 612 hervorgegangen zu sein und über Deutschland nach Italien, Spanien, Frankreich und Osteuropa gelangt zu sein. Den ältesten Beleg, der die Motive des heilenden Schlangenkrauts und der undankbaren Ehefrau kombiniert, stellt die Fassung der Brüder Grimm als KHM 16 dar.

Varianten davon gibt es zunächst in den Abruzzen, in Katalonien, in der Bretagne und in Lothringen, später aber auch rumänische, tschechische, slowakische, polnische, kroatische, serbische, russische und kaukasische Versionen des Stoffes. Eine größere Verbreitung hat das Märchen in Europa nicht erlebt, weil sein Wesen auf den Westen wohl zu fremdartig wirkte. Hier verschwand auch die Gestalt des wundertätigen Gottes, Geistes oder Propheten, der dann durch das Motiv des Heilkrauts einer Schlange – oder eines anderen Tieres wie etwa eines Wiesels – ersetzt wurde. In der grimmschen Erzählung steht die Treue des Ehemanns gegen die Untreue seiner Frau, deren undankbares Verhalten sich aber nicht lohnt. So kommt es am Schluss zu einer für die Gattung eher ungewöhnlichen tragischen Lösung. Während die Ehebrecherin hingerichtet wird, erbt der zurückgebliebene Gatte zwar das Reich, hat aber nun keine Partnerin mehr.

Die Brüder Grimm begründen in einer Anmerkung zu KHM 16 die Untreue der Frau nach ihrer Wiederbelebung mit dem Hinweis, dass die potenzielle Mörderin ihre Vergangenheit vergessen und ein neues Leben angefangen habe. Dabei haben die beiden Märchenforscher allzu naiv-vordergründig gedacht und die sozialgeschichtlichen Gesellschaftsstrukturen ihrer Zeit ausgeblendet, die sich aber nichtsdestotrotz deutlich in diesen Märchen widerspiegeln. [25]

Die gegenseitige Treue war die ethische und juristische Grundlage der patriarchalen Kultur vom feudalistischen Mittelalter bis zum biedermeierlichen 19. Jahrhundert. Der Ehebruch verstieß dabei gegen Moral und Gesetz und wurde hart bestraft, vor allem wenn er von der Frau begangen wurde. Im Christentum nahm er die Bedeutung eines Vergehens gegen die von Gott gestiftete Ordnung an, verletzte das eheliche Keuschheitsgebot und wurde damit zum Sakrileg und zur Sünde.

Patriarchale Gesellschaften gaben zwischen Antike und beginnender Neuzeit dem Hausvater uneingeschränkte Gewalt über die ganze Familie und speziell dem Ehemann absolute Macht über seine Frau als persönliches Eigentum. Der Gatte konnte die Ehebrecherin so hart bestrafen, wie er wollte, sie töten oder „nur" der sozialen Ächtung aussetzen.

In Erzählungen gilt beim Mann die Treue als wesenhafte Eigenschaft und wird als gegeben vorausgesetzt. Daher genießt der Held auch größere soziale Freiheiten. Selbst gelegentliche Fehltritte stellen seine grundsätzliche Integrität nicht in Frage und bleiben ohne weiterreichende Folgen. So erhält auch der Verlobte, der bereit ist, eine andere zu heiraten, am Schluss doch noch die rechte Braut.

Bei der Frau hingegen werden Charaktereigenschaften und Verhalten stärker hinterfragt, weil sie oft eher als wankelmütige und triebgesteuerte Person gilt, die ihre Ziele durch Untreue und Hinterlist zu erreichen versucht. Die meisten Sammler und Herausgeber von Märchen und Sagen im 18. und 19. Jahrhundert neigten dazu, die Frau als „emotionsgeleitetes Naturwesen" dem Mann als „verstandesgeleitetem Kulturwesen" unterzuordnen. Nach ihrer Auffassung stellte die Untreue der Ehebrecherin eine gravierende Normverletzung dar, die zum Ehrverlust des Gatten führte und ihm das legitime Recht dazu gab, hier so hart durchzugreifen, wie es ihm beliebte. [26]

Frauenfeindlichkeit oder Misogynie hatten in der christlich-patriarchalen Kultur eine jahrhundertelange unselige Tradition. Schriftsteller und Theologen bezeichneten das weibliche Wesen noch im Übergang zur Neuzeit als unvollkommenes Tier oder zumindest als Menschen mit animalischer Abstammung. Kirchenväter nannten es einige Jahrhunderte früher Schlange oder Bestie. Daraus wurde dann Ende des Mittelalters seine Bestimmung als Zauberin, Hexe oder Teufelshure abgeleitet und die Folgerung gezogen, es deshalb gnadenlos verfolgen zu dürfen.

Die Frau wurde als Geschlechtspartnerin des Mannes abgewertet und ihm gegenüber als unebenbürtig und minderwertig angesehen. Man unterstellte ihr vor allem Bosheit, Herrschsucht, Eitelkeit, Neugier, Geschwätzigkeit und Lüsternheit und akzeptierte sie nur vollständig, wenn sie Treue, Anpassungsfähigkeit, Geduld und Opferbereitschaft zeigte und ihre häuslichen Pflichten mustergültig erfüllte.

Wenn eine Ehe scheiterte, war nach allgemeiner Überzeugung meist die Frau daran schuld. Denn als „Tochter" der biblischen Eva galt sie im christlichen Sinn als Verkörperung der Sünde, als Mensch zweiter Ordnung und notwendiges Übel, als böses Prinzip und unreines Wesen.

Im Erzähltyp AaTh 612 A verliebt sie sich in einen verstümmelten oder verkrüppelten Mann, der den physischen und körperlichen Rollenanforderungen der patriarchalen Gesellschaft in keiner Weise genügt und mit dem sie zusammen ihren schönen, sie rettenden Gatten umbringen will. Dies macht sie in den Augen der Zuhörer oder Leser zu einem seelisch minderwertigen, moralisch absolut verworfenen Geschöpf, das weder Verständnis noch Mitleid verdient.

Die Brüder Grimm haben sich mit KHM 16 unbewusst an die sehr misogynen Züge und Tendenzen von AaTh 612 und AaTh 612 A angeschlossen. Sie teilten die patriarchale Grundauffassung ihrer Zeit, waren aber sicher keine Frauenfeinde. Trotzdem haben sie mit ihrem Märchen die beiden Motive von der heilenden Schlange und der undankbaren Gattin verbunden und damit die alte Gleichung, die schon in der alttestamentlichen Schöpfungsgeschichte das kriechende Tier und die erste Frau zusammenbrachte und beide zu Verkörperungen der Ursünde machte, auf fatale Weise wieder zu neuem Leben erweckt. [27]

1.3 Tiefenpsychologische Interpretation des Märchens

Die Inhaltsangabe von KHM 16 lautet folgendermaßen:

Der einzige Sohn eines armen Mannes will seinem Vater nicht mehr zur Last fallen und verlässt ihn, um sich sein „Brot" selbst zu verdienen. Er wird Soldat bei einem mächtigen König und hilft durch seine Heldentaten entscheidend dabei mit, im Krieg das feindliche Heer zu besiegen. Darauf belohnt ihn der Herrscher und macht ihn zum ersten Minister in seinem Reich.

Der mit Ehren und Titeln Überhäufte wirbt dann um die Königstochter, die aber eine höchst seltsame Bedingung stellt: Ihr zukünftiger Gemahl müsse sich nach ihrem Tod lebendig mit ihr begraben lassen, und im umgekehrten Fall würde sie das Gleiche tun. Der verliebte junge Mann geht darauf ein und gibt dem Herrscher ein feierliches Versprechen. Nach einer prachtvollen Hochzeit und einer kurzen Zeit glücklichen Zusammenlebens erkrankt die Prinzessin schwer und stirbt bald.

Nun wird der Ehemann gezwungen, sich mit der Leiche ins Grabgewölbe einschließen zu lassen. Als er mit nur wenigen Lebensmitteln ausgestattet einsam in der Gruft sitzt, bemerkt er eine Schlange, die sich dem Körper seiner Frau nähert. Er zieht sein Schwert und schlägt das Tier in drei Stücke. Dann kommt eine zweite Schlange, sieht die andere tot liegen und bringt dann im Maul drei grüne Blätter, die sie auf die Wunden des erschlagenen Reptils legt. Rasch wächst das Getrennte zusammen, das tote Tier wird wieder lebendig, und beide Schlangen eilen fort.

Der Gatte hebt die am Boden liegenden Blätter auf und erweckt mit ihnen seine Frau zu neuem Leben. Erleichtert und gesund verlassen beide die Grabkammer und werden vom König freudig empfangen. Das Schlangenkraut nimmt der Ehemann mit und übergibt es einem treuen Diener, der es sorgfältig aufbewahren soll. Als das Paar nach einiger Zeit eine Fahrt zum alten Vater des Helden auf einem Schiff über das Meer macht, verliebt sich die Königstochter in den Kapitän und wirft zusammen mit ihm ihren schlafenden Gatten ins Wasser. Doch der treue Diener fischt den Leichnam seines Herrn aus dem Meer und holt ihn durch die Heilkraft der drei Schlangenblätter wieder ins Leben zurück.

Die beiden rudern nun in einem Nachen zum alten König und erzählen ihm den Vorfall. Der Herrscher lässt sie heimlich in einer Kammer bis zur Ankunft der treulosen Ehefrau und ihres Liebhabers verschwinden und dann wieder hervorholen, als die Betrügerin Trauer über den vermeintlichen Tod ihres Partners heuchelt. Durch die Konfrontation kommt die Wahrheit an den Tag, und der König verurteilt die Prinzessin und ihren Helfershelfer gnadenlos zum Tod. Die beiden Schuldigen werden in ein durchlöchertes Schiff gesetzt und den Wellen des Meeres preisgegeben.[1]

Die nun folgende tiefenpsychologische Interpretation von KHM 16 versucht jetzt nicht, jedem wichtigen Motiv, Bild und Symbol des Märchens nachzugehen und es differenziert zu amplifizieren, sondern den „roten Faden" zu finden und darzustellen, der sich durch die ganze Geschichte „hindurchzieht". Sie geht von der Moral des Erzähltyps AaTh 612 aus, nach der es für die undankbare Gattin keine Gnade gibt und ihr gegenüber Gerechtigkeit wichtiger als Verständnis ist. Hier kommt es nicht darauf an, den Sündenbock für den tragischen Schluss in der bösartigen Frau zu sehen, sondern sich psychologisch in die beteiligten Figuren einzufühlen und dabei deren Verhaltensmuster zu erkennen.

KHM 16 schildert den Aspekt des Lebens und Sterbens in einer Beziehung und zeigt, wie Wandlungen im Bewusstsein stattfinden und fehlschlagen. Dabei stellt sich auch die Frage, wie man angesichts des Todes zur Liebe finden und mit ihr umgehen kann. Dies ist durchaus vor allem im symbolischen Sinn zu verstehen, dass ein innerer Tod, d. h. ein seelischer Stillstand, überwunden werden soll und damit potenziell eine neue Lebenschance als Alternative zum alten Beziehungskonflikt „am Horizont" erscheinen darf.[2]

Zu Beginn des Märchens hat der Held einen Vater, der ihn nicht mehr ernähren kann und dem es kümmerlich geht. Der Kummer des Mannes besteht wohl darin, dass er seinem Sohn weder materielle noch emotionale Nahrung mehr geben kann, weil er ohne Ehefrau lebt. Der Junge dürfte weitgehend ohne Mutter aufgewachsen sein und das weibliche Element nicht kennen gelernt haben, das sich vor allem im Behüten und Umsorgen ausgedrückt hätte.

Jedenfalls fehlte diese Dimension bisher völlig in seinem Leben, das von Kindheit an unter der Dominanz eines guten Vaters stand. Mit diesem hat sich der Sohn immer identifiziert. Er übernimmt Verantwortung und löst sich äußerlich, aber nicht innerlich von seinem Erzeuger.

Psychologisch gesehen hat er einen positiv getönten Vaterkomplex, den er nun auf den König überträgt. Bei ihm wird er Soldat und zieht für ihn in den Krieg. Hier bewährt er sich im männlich-patriarchalen Bereich und vermag das Vaterland zu retten, das er im Angriffsfall wie selbstverständlich verteidigen zu müssen glaubt.

So vertritt der junge Mann die entsprechenden ethischen Maßstäbe und kulturellen Ideen und verkörpert die Dimension des Bewusstseins und die Bereitschaft, für dessen Prinzipien unter allen Umständen sich einzusetzen und zu kämpfen. Auch hält er an Altem und Bewährtem fest und „hängt" an überlebten Grundsätzen und Verpflichtungen, die ihn daran hindern, einen anstehenden Entwicklungsprozess auf sich zu nehmen. Diese Einstellung und das daraus folgende Verhalten werden vom König belohnt, indem er den Kriegshelden zum Ersten in seinem Reich erhebt. Doch bleibt der Jüngling damit nur im Grunde der gute Sohn seines Vaters, was im weiteren Verlauf des Märchens auch seine Tragik ausmacht. [3]

Der Herrscher hat eine „wunderliche" Tochter, die zum Typus der sog. „Rätselprinzessin" gehört. Diese will gewöhnlich nur denjenigen heiraten, der ihr an Klugheit und Geschicklichkeit überlegen ist. Wer ihr im Wettstreit unterliegt, wird erbarmungslos hingerichtet. Die orientalische Königstochter Turandot ist dabei so grausam, dass sie ihren Freiern nach deren Niederlagen die Köpfe abschlagen und diese dann auf Pfähle stecken lässt.

In KHM 16 stellt die Prinzessin „nur" die Bedingung, dass ihr späterer Ehemann versprechen soll, sich mit ihr lebendig begraben zu lassen, wenn sie zuerst stürbe. Auch ihr fehlt wie dem Helden eine Mutter, die unter allen Umständen eine Verteidigerin des Lebens sein könnte. Damit hat die junge Frau keine Basis für ihre weibliche Identität, der sie sich nicht bewusst ist, und besitzt als Folge davon kein ursprüngliches Lebensvertrauen. So steht sie ebenso wie der Jüngling auf der anderen Seite unter der Dominanz eines positiven Vaterkomplexes und dessen Wertvorstellungen. Statt vom Gefühl wird sie von einem hohen Ideal beherrscht, nach dem ihr künftiger Gatte treu bis über den Tod hinaus sein muss. Diesem Wunsch von ihr fehlt jeglicher Realitätsbezug, weil „Papas kleine Prinzessin" es so gewohnt ist, dass ihr immer das ganze Königreich zu Füßen liegt, was natürlich erst recht für ihren idealen Partner gilt. Ihre narzisstische Größenphantasie bildet den Gegenpol zu ihrer Trennungsangst, die nach dem eventuell traumatisch erlebten Verlust der Mutter entstanden ist. Daher hat die Königstochter ein großes Interesse an Schutz und Geborgenheit in einer absolut stabilen und verlässlichen Partnerschaft. Hinter ihrem Gelübde steht eine tiefe Verschmelzungssehnsucht und ein totales Symbiosebedürfnis, das bei ihr eine erotische Funktion gewinnt. [4]

Das Gleiche gilt für den Jüngling, der das Lebensthema der Prinzessin teilt und ebenso starke Angst vor Trennung wie sie hat. Er sieht nur ihre äußere Schönheit, achtet nicht auf die innere Gefahr und verspricht dem König, das „wunderliche" Gelübde zu erfüllen. Damit handelt er heroisch bis zur Tollkühnheit, ist dabei aber wenig mütterlich zu sich selbst im psychologischen Sinn, indem er seinen möglichen Tod mit dem Eingehen dieser Ehe in Kauf nimmt. Auch besitzt er in seiner Naivität wenig Ahnung von Beziehung und vom Weiblichen, was sich im weiteren Verlauf der Handlung bitter rächt.

Die Königstochter hat ihre Bedingung an ihren künftigen Ehemann aus einer lebensfeindlichen, sadistischen Haltung heraus gestellt, nach der er langsam neben ihr sterben soll, wenn sie schon tot ist. Damit erhebt sie ihre eigene Vorstellung von Partnerschaft mit Zustimmung des Jünglings zum unumstößlichen Gesetz für ihr Zusammensein. Durch das Symbiosegebot sind beide gleichsam in einer „Gruftbeziehung" eingemauert. Denn eine Ehe mit der Verpflichtung zu absoluter Ausschließlichkeit und Treue ist ein Gefühlsgrab, in dem kein lebendiger Austausch und kein echtes Gefühl mehr existiert. Diese destruktive Voraussetzung holt die beiden in der Realität bald grausam ein. [5]

Nach der prachtvoll gefeierten Hochzeit und einer kurzen Zeit des Glücks erkrankt die Prinzessin sehr schwer und stirbt bald darauf. Tiefenpsychologisch gesehen muss dieser Vorgang symbolisch verstanden werden. Die junge „wunderliche" Frau ist eigentlich innerlich tot, weil durch das Gelübde eine Veränderung in dieser Beziehung verboten ist. Mit ihrem überhöhten Anspruch an den Partner ist die Enttäuschung bereits vorprogrammiert.

So kann die Königstochter die erste Verliebtheitsphase nach den Flitterwochen nicht lange durchhalten und erlebt schwere Kränkungen. Daher glaubt sie, dass die Beziehung gestorben sei, und ist zutiefst deprimiert. Dies wirkt sich auch auf den Ehemann aus, der gefühlsmäßig an den Problemen seiner Frau Anteil nimmt und sich unbewusst mit ihrem Lebensprozess identifiziert. So muss auch er sich zusammen mit ihr in das Grabgewölbe ihrer unlebendigen Beziehung hinabführen und dort einschließen lassen.

Garant für die reale Umsetzung des grausamen Gelübdes ist der alte König, der formalistisch für Recht und Ordnung eintritt und das herrschende Bewusstsein mit seiner entsprechenden Moralinstanz repräsentiert. Da er den Tod seiner Frau nicht verkraftet hat, ist ihm das Leben erst recht ohne seine Tochter nichts mehr wert, und auch seine Nachfolge interessiert ihn nicht mehr. Von daher ist es ihm vielleicht sogar ganz recht, seinen Schwiegersohn auf diese Weise loszuwerden.

Der in sich erstarrte Patriarch sieht die Ablösung durch eine andere Generation nur als Machtverlust und erkennt sie nicht als rhythmischen Wechsel im Dienst des Lebens an. Durch seinen eigenen Vaterkomplex fühlt sich der junge Mann doppelt – sowohl seinem Schwiegervater als auch seiner Gattin – verpflichtet und bleibt als Hüter und Vollstrecker des Gelübdes quasi allein in seiner Beziehungsgruft zurück. [6]

Tiefenpsychologisch ist die Grabkammer ein Symbol für den seelischen Uterus des kollektiven Unbewussten. Der Rückzug oder die Regression in diesen urmütterlichen Bereich beinhaltet auch immer die Möglichkeit der Wiedergeburt oder Auferstehung und kreist um das Geheimnis des „Stirb und werde" eines inneren Wandlungsprozesses. Im frühen Europa war die Gruft auch sinnbildlich der Sitz von regenerierenden Kräften und der Raum für Menschen, die auf prophetische Heilträume warteten.

Auf jeden Fall herrscht im Grabgewölbe von KHM 16 eine feierliche, fast sakrale Atmosphäre, die sich in vier Lichtern, vier Broten und vier Flaschen Wein ausdrückt. Diese auf einen Tisch gestellten Elemente erinnern an Symbole, die in der Eucharistie für die Erneuerung des Lebens durch den Tod hindurch stehen. Die frühe griechische Kirche hat das Abendmahl als „Heilmittel zur Unsterblichkeit" bezeichnet und gefeiert. Doch die Zahl vier verweist wieder auf die Erde und den Körper, das Irdische und Endliche. Sie bedeutet eine statische Ganzheit, die zeigt, dass etwas zum Stillstand gekommen ist. Im Grab gerät der junge Ehemann unter den Bann des Mutterarchetyps, der ihn einengt, aber auch erhält. Seine Depression kreist bewusst um den Tod seiner Frau und damit auch seines weiblichen Anteils, der Anima, unterschwellig aber zugleich auch um die Sehnsucht nach Leben. Hier ist er ganz sich selbst und seinem Unbewussten ausgeliefert, das nun geweckt wird und in Gestalt der Schlange ein heilendes Wandlungssymbol konstelliert. [7]

Das Sinnbild des kriechenden Reptils ist psychologisch gesehen äußerst ambivalent und vereinigt in sich äußerste Gegensätze: Geist und Erde, Leben und Tod sowie Gutes und Böses. Es veranschaulicht die tiefste Schicht des kollektiven Unbewussten als reine Lebenskraft, die wie die Natur selbst weder positiv noch negativ erscheint und auf einer noch undifferenzierten, jeder persönlichen Beziehung fremden Stufe des Kaltblüterdaseins steht. Dieser vitalen Energie entspricht in der Seele des Menschen die natürliche, aber noch unentwickelte, unpersönliche Triebhaftigkeit.

Aber die Schlange verkörpert dabei auch die überpersönliche, dunkle weibliche Macht aus der Tiefe oder den mütterlichen Urgrund, der instinkthafte Weisheit, übernatürliche Erkenntnisse und untergründige Ahnungen vermittelt. Hier wird sie zum Bild für die Kraft der regelmäßigen Erneuerung des Lebens. Als „kaltes Blut" muss ihre Energie immer wieder neu erwärmt und mobilisiert werden. Schubartig und unkontrolliert kommt sie aus dem Nichts, schießt aufwallend plötzlich ein und verschwindet im Erleben auch wieder schnell. Daher repräsentiert sie im indischen Yoga auch die Kundalini-Kraft, die durch Meditation am unteren Ende der Wirbelsäule erweckt wird.

So erscheint die Schlange als vielschichtiges, tiefgründiges Symbol für Tod und Zerstörung, aber auch für Leben und Wiedergeburt ebenso wie für Wandlung und Heilung und bringt von daher auf jeden

Fall Bewegung, Entwicklung und Umbruch in die Existenz des Menschen hinein. [8]

Der junge Ehemann sieht das erste Reptil, das in die Gruft kommt, noch von seiner negativen Seite als feindlich an und will seine gefährliche Energie vernichten. Doch bei der zweiten Schlange ändert er seine Einstellung, als er entdeckt, dass sie im Maul die Blätter hat, die das Leben erneuern und den Tod überwinden. Jetzt gilt es für ihn, von der Kraft des Tieres und seines Krautes zu lernen und auf die eigene Problematik zu übertragen. Nun kann Totes geheilt, Zerstückeltes wieder ganz gemacht und der Zyklus des Lebens wiederhergestellt werden. Die Blätter verweisen auf das eigentliche geistige Geheimnis der Schlange, das um ihr magisches Wissen kreist. In den unbewussten Instinkten liegt nicht nur triebhafte Impulsivität, sondern auch eine Art „absoluter" Naturkenntnis, die um den tieferen Sinn der Existenz weiß und deren Ziel vorausahnt.

Reptil und Heilkraut gehören beide zum Mutterarchetyp oder zur „Magna-Mater"-Natur in ihrem zyklisch erneuernden Wesen, das immer durch den Tod hindurch neues Leben schafft. Die Schlange verkörpert das Prinzip, das die beiden Eheleute absolut aus ihrer Beziehung heraushalten wollten. Das Heilkraut repräsentiert gerade den elementaren Impuls, nicht einem destruktiven Gelübde treu zu bleiben und in einer vom Tod bedrohten Situation zu verweilen, sondern diese Einengung zu verändern, wirklich zu leben und sich neuen Entwicklungen zu stellen. [9]

Die damit zusammenhängende Symbolik verstärkt und vertieft diese Bedeutungsdimension noch. Zu Beginn des Grabaufenthaltes herrscht die statische Ganzheitszahl vier vor, dann aber nach und nach immer mehr die dynamische drei, die zum Fortgang drängt. So wird die erste Schlange in drei Stücke zerteilt, und die zweite bringt drei Blätter.

Diese Zahl versinnbildlicht vorwärts gerichtete, die Dualität überwindende Bewegung, den Mittelpunkt der polaren Erscheinungen und die Selbstfindung in der Psychoanalyse. Sie verweist nicht nur auf die männlich-patriarchale Trinität von Vater, Sohn und Geist, sondern auch auf die weiblich-matriarchale Vorstellung der dreifaltigen Göttin von Frühling, Sommer und Herbst-Winter, die den Zyklus von Geburt, Reife, Tod und Auferstehung ausdrückt.

Ein weiterer Zugang zu dieser Sphäre ergibt sich aus der Farbe des Heilkrautes von KHM 16. Grün bedeutet gerade vom pflanzlichen Element her Wachstum, neues Leben und Hoffnung. Hildegard von Bingen erwähnt in ihren Schriften immer wieder den zentralen Begriff der „Grünkraft", die nicht nur in der Vegetation, sondern auch in Seele und Körper des Menschen wirke und durch die Sexualität Mann und Frau zusammenführe. Die Schlangenblätter repräsentieren im grimmschen Märchen diese „viriditas" als sich immer wieder erneuernde Lebensenergie, die den Stillstand der Entwicklung wieder in Gang setzt.

Dabei wird die tote Gattin in der Gruft wieder lebendig, und ihr Mann gewinnt die Erfahrung des Wandlungsprinzips, die er an einen Diener mit der Bitte weitergibt, das Heilkraut sorgfältig aufzubewahren. Seine frühere tollkühne Unbefangenheit weicht nun einer gewissen Vorsicht im Umgang mit dem Geheimnis der Schlange. [10]

Die Wiedererweckung der Prinzessin bringt aber nicht die erhoffte Wiederbelebung der Liebe zwischen beiden, sondern eine völlig unerwartete, radikale Veränderung der Frau in eine ganz andere Richtung. Der Gatte bleibt noch seiner alten Heldenrolle und der Welt des Väterlichen verhaftet und identifiziert sich weiterhin mit dem Todesprinzip des beiderseitigen Gelübdes, das zur Gruftbeziehung des Paares führte. Für die Frau ist jedoch nun diese Einstellung nicht mehr stimmig und lebbar.

Aus der extrem narzisstisch besetzten Grundhaltung einer Rätselprinzessin in der Nachfolge von Turandot heraus wollte die Königstochter ursprünglich die Oberhand über den Mann behalten und ihn auch über den Tod hinaus ganz für sich haben. Gerade in Bezug auf ihr Dominanzstreben ist jedoch die Dankbarkeit, die sie für ihren Gatten empfinden müsste, ein unerträglicher Zustand und beginnt sie zu erdrücken. Sie spürt die Unfreiheit ihres bisherigen, ausschließlich symbiotischen Beziehungsmodells und die entsprechende Abhängigkeit davon. Dies hält sie nicht mehr aus, und eine starke Aggression steigt in ihr auf.

Das Heilkraut der Schlange löst nun diese negative Veränderung ihrer Persönlichkeit aus, indem sie die Muster ihrer alten Einstellung in sich absterben lässt und die Liebe in einer Bindung verliert, die eher aus Gesetz und Zwang als aus Gefühlen füreinander bestand und daher auch nicht für die seelische Weiterentwicklung der beiden fruchtbar sein konnte. [11]

Der Ehemann bleibt weiterhin auf sich und seine männlich-patriarchale Bewusstseinswelt bezogen, ist blind für das Treiben seiner Frau und „verschläft" im wahrsten Sinne des Wortes ihre Veränderung. Auf der inneren Ebene fehlt ihm entsprechend die Beziehung zur eigenen weiblichen Seite seiner Anima, der er keine Aufmerksamkeit schenkt und die sich daher auch unentwickelt und chaotisch ihm gegenüber zeigt. Er will die Dimension seiner autoritären Gewissensinstanz ausbauen und eine Verbindung zwischen König und Vater herstellen, muss aber dabei über das Meer des Unbewussten fahren, wo ihn das Schicksal seiner einseitigen Grundhaltung ereilt und sein unterdrücktes Gefühl ihn verrät.

Die Ehefrau verliebt sich dabei in den Kapitän des Schiffes, der das genaue Gegenteil und den Schatten ihres Gatten repräsentiert. Dieser ganz andere Mann, der nun zu ihrem Liebhaber wird, ist ein primitiver, handfester Naturbursche und gesetzloser Abenteurer. Er weiß mit Wind und Wellen umzugehen und ist mit der Weite und Tiefe des Unbewussten vertraut, in dem er sich selbstsicher bewegen kann.

Der Schiffer bringt etwas Neues in das Leben der Prinzessin und drückt ihre Sehnsucht nach einer Beziehung aus, die offene Gefühlsqualität hat und nicht mehr vom starren Gesetz eines unmenschlichen Gelübdes getragen ist. Die Königstochter kennt dabei nur ein „Entweder-Oder" und gibt ihre bisherige Identität als symbiotisch liebende Frau radikal auf. Symbolisch zeigt sich dieser Umschwung im Versuch, die leibhaftige Verkörperung ihrer bisherigen Lebenseinstellung, den jetzt lästig gewordenen Ehemann, gemeinsam mit ihrem neuen Liebhaber umzubringen. [12]

Doch der junge Held hat im Verlauf der Ereignisse ein drittes Mal Glück. Nach dem Sieg in der Schlacht und der Befreiung aus dem Grabgewölbe wird er von seinem treuen Diener gerettet, der männlich-väterliche Tüchtigkeit mit weiblich-mütterlicher Weisheit verbindet, indem er seinen Herrn aus dem Meer des Unbewussten fischt und ihn durch die Heilkraft der drei Schlangenblätter wieder zu neuem Leben erweckt.

Der Prinz hat das Wandlungsprinzip der Auferstehung zuerst bei seiner Frau in der Gruft erlebt und erfährt es nun selbst im Kahn seines Gefolgsmannes. Aber im Gegensatz zu seiner „wunderlichen" Gattin ändert er seine Grundeinstellung nicht und fährt zu seinem Schwiegervater zurück, um ihm Bericht zu erstatten. Es gelingt ihm nicht, die patriarchale Ebene zu verlassen, sondern er bleibt weiterhin als „treuer Sohn" von der autoritären Gewissensinstanz und ihrem Vertreter abhängig.

Der König erweist sich als konsequenter Vollstrecker des Über-Ich und seiner erbarmungslosen Grundsätze, stellt die Idee der Gerechtigkeit über die

Liebe zu seiner Tochter, entlarvt sehr geschickt deren Verlogenheit, lässt dann keine Gnade zu und verurteilt die Prinzessin und ihren Liebhaber zum Tode, indem beide in ein durchlöchertes Schiff gesetzt und auf das Meer hinausgetrieben werden. Diese altgermanische Strafe für Verwandtenmord ahndet vor allem den Tötungsversuch am Ehemann, aber auch indirekt die Untreue und Undankbarkeit seiner Gattin. Mit diesem Spruch hat der Held zwar Recht bekommen, seine Beziehung jedoch verloren. Dem Gesetz ist genüge getan, das Gefühl bleibt dabei allerdings „auf der Strecke". [13]

Die Verbindung von Schatten und Anima in der Seele des jungen Mannes wird auseinandergerissen. In ihm entsteht eine Spaltung zwischen dem am Vater und seinen Prinzipien hängenden braven Sohn und dem freien, naturhaften Schiffer. Die vitale Seite wird nun nicht psychisch integriert, sondern der Über-Ich-Instanz geopfert. Nur in der Gruft schließt der Held seine weibliche Seite in Gestalt der toten Prinzessin an die Heilkraft der Schlange und ihrer Pflanzenblätter an, führt diesen Versuch danach aber nicht fort und schneidet damit seine Anima endgültig von ihren vegetativen Wurzeln im kollektiven Unbewussten ab.

So gibt es keine wirkliche Vermittlung zwischen Mann und Frau und zwischen den maskulinen und femininen Polen der Seele. Der konstruktive Wandlungsimpuls aus der Tiefe hat sich am Schluss des Märchens nicht durchgesetzt. Seine Energie ist sinnlos vertan und sein weibliches Element verschwunden. Dessen Erosprinzip der Verbindung und Beziehung, das sich in Grundwerten wie Natur, Körper und Liebe ausdrückt, wird aus dem herrschenden autoritären System ausgeschlossen. Hier regieren nur noch der alte König und sein heroischer Schwiegersohn ganz allein unfruchtbar ohne Kinder, die das Leben weitertragen könnten.

Daher endet die Erzählung tragisch im Scheitern. Sie wird von den kollektiven Werten eines absoluten Patriarchats geprägt, von dem sich beide Geschlechter nicht emanzipieren können. KHM 16 dient von diesem Blickwinkel her gesehen als gutes Textmodell zur Erörterung gestörter ehelicher Beziehungen. Die dahinter stehenden Märchentypen AaTh 612 und AaTh 612 A sind in ihrem Wesen Europa relativ fremd geblieben und in der Gegenwart nicht mehr zu vermitteln. Ihre Frauenfeindlichkeit ist in dieser Radikalität heute wohl kaum noch anzutreffen und ihr Treuebegriff außer Mode, wenn nicht in Verruf geraten.

Auch in tiefenpsychologischer Sicht müssen die Brüder Grimm als Patriarchen angesehen werden, die dem Verständnis ihrer Zeit verhaftet bleiben und deren biedermeierliche Moralauffassung im Sinne eines modernen Psychotherapieverständnisses zu deuten ist. Die hier zuletzt genannten Schlussfolgerungen treffen sich so mit den Ergebnissen der literaturwissenschaftlich-volkskundlichen Ausführungen zu KHM 16 und ergänzen sie zur Ganzheit einer Interpretation, die der Komplexität des Märchens und seiner Varianten gerecht zu werden versucht. [14]

1.4 Zusammenfassung der Deutungsergebnisse

Die beiden Teile von KHM 16 oder AaTh 612 haben unterschiedliche Schwerpunkte. Der erste endet positiv unter dem Vorzeichen der Treue des Ehemannes, der zweite negativ durch die untreue Gattin. Zuerst erweckt die Heilkraft der Schlange den weiblichen Leichnam wieder zum Leben, verwandelt aber dann die Frau zur bösartigen Ehebrecherin, die ihren Mann ermorden will. Im frühesten Vorläufer des Märchens erscheint das Motiv des Lebenskrautes, das die sumerische Himmelsgöttin Inanna aus der tödlichen Erstarrung befreit und wieder lebendig werden lässt. Hier ist das weiblich-matriarchale Prinzip dem männlich-patriarchalen noch übergeordnet.

Dies ändert sich schon im babylonischen „Gilgamesch"-Epos, in dem die Göttin Ischtar zur rachsüchtigen Gegnerin des Helden wird und diesem eine Schlange die Heilpflanze der Unsterblichkeit raubt. Das Reptil verjüngt sich dadurch, während der Mensch durch den Diebstahl dem Tod anheim gegeben wird. Die Ägypter übernehmen diese Symbolik, die Griechen gestalten sie in vielen Mythen und Märchen, und die Römer setzen diese Tradition fort.

Im Zentrum steht dabei der Heilgott Asklepios oder Aesculap, dessen wichtigstes Begleittier die Schlange ist. Hier wird das Reptil unter ein männliches Vorzeichen gesetzt, das aber der Erde und damit dem weiblich-mütterlichen Bereich von Gaia entstammt. Das Kriechtier aus den Tiefen der Großen Göttin taucht mit seiner heilenden Energie auch in europäischen, besonders aber in neugriechischen Märchen auf, hält aber schon zu Beginn des Mittelalters Einzug in christliche Sagen und Legenden, wo es als Bestandteil des göttlichen Wirkens in das Weltbild der sich überall ausbreitenden Kirche integriert wird. Ausdruck dafür ist die Geschichte der heiligen Notburga aus dem siebten Jahrhundert im Neckar-Odenwald-Kreis. Der ausgerissene Arm dieser merowingischen Königstochter wächst durch das Wunderkraut des Reptils schnell wieder an.

Die Heilkraft der Schlange geht im weiteren Verlauf der Entwicklung auch auf andere Tiere über, besonders auf das Wiesel, auf dem Gottes Gnade ruht und das durch sein Eingreifen eine positive Lösung im christlichen Sinn beschleunigt. Literarischer Höhepunkt dieses wundersamen Geschehens dürfte die französische Versnovelle „Eliduc" von Marie de France sein, die etwa um 1160 entstanden ist.

Hier geht es um eine Dreieckskonstellation, in der ein Mann zwischen zwei Frauen steht. Die junge Geliebte des Helden fällt dabei in eine todesähnliche Ohnmacht, aus der sie die Heilenergie einer roten Blume im Mund eines Wiesels befreit. Am Ende gehen die drei am Liebeskonflikt Beteiligten ins Kloster und finden durch Entsagung ihren Seelenfrieden. Die Verbindung von Schlangenkraft und christlicher Spiritualität erreicht in dieser Novelle ihre dichterische Vollendung durch die schöpferische Genialität einer Frau.

100 Jahre später wird das Werk von Marie de France ins Altnordische übersetzt. Dabei taucht das Motiv des Heilkrauts mit den beiden Wieseln wieder in der „Völsunga-Saga" auf, hält aber darin nur äußerlich die Handlung in Gang und entfaltet keine tiefere Bedeutung in der wilden, grausamen Welt des germanischen Mythos. Das Thema der gemeinsamen Grablegung von totem und überlebendem Ehepartner aus dem ersten Teil von KHM 16 entsteht im frühmittelalterlichen Indien und gelangt bald nach Arabien. Dort findet es Eingang in die Erzählung „Sindbad der Seefahrer". Auf seiner vierten Reise wird der Titelheld in solch ein lebendiges Gefängnis eingesperrt, kommt aber durch grausame Taten wie Mord und Raub wieder frei. Er rettet sich hier ohne die Heilkraft der Schlange oder des Wiesels allein durch seinen bloßen Überlebenswillen, praktiziert dabei jedoch einen totalen Mangel an Mitgefühl, was einen absoluten Tiefpunkt humaner Ethik darstellt.

Die animalische Energie des Erdgeistes ist an sich konstruktiv und kreativ auf der Basis weiblich-matriarchaler Strukturen, übersteht auch den Übergang von der Antike zum Christentum, erreicht aber die Grenze seines schöpferischen Wirkens, wenn wie im nordischen und orientalischen Kulturbereich männlich-patriarchale Werte dominieren.

Der zweite Teil von KHM 16 oder AaTh 612 steigert noch die schon in der Vorgeschichte unterschwellig vorhandene Destruktivität ins Sichtbare und Handgreifliche, indem die Heilkraft der Schlange den Leichnam der Ehefrau in eine bösartige Dämonin verwandelt, die sich in einen anderen Mann verliebt und deswegen ihren Gatten und Wohltäter ermorden will. Der zynische Erzählstoff des undankbaren „Weibes" ist ursprünglich in Indien entstanden und geht auf eine alte Tradition der Frauenverachtung aus Asien zurück, wo das Patriarchat in seiner Feindschaft gegen das weibliche Geschlecht besonders groteske Formen hervorbringt. Hinduistische Fabeln und buddhistische Legenden wetteifern darin um die verzerrteste Darstellung von den untreuen Gattinnen, die immer als lüstern, pervers, morbid, mord- und machtgierig charakterisiert werden.

Die Urfassung der Geschichte stammt wohl aus dem vorgeschichtlichen Indien und wird wahrscheinlich aus der Absicht geschrieben worden sein, die Männer vor den Fesseln der Ehe und Liebe zu warnen, die sie am stärksten an die eitle Vergänglichkeit der irdischen Welt ketten. Die Frau ist hier die größte Versuchung und furchtbarste Feindin, die dem Weisen auf seinem asketischen Weg zur Erleuchtung begegnen kann. Der Buddhismus findet diese alte Überlieferung vor, formt sie aber im Sinne seiner Lehre um und lässt in seinen Legenden z. B. aus einer verführenden Hetäre eine bekehrte Nonne werden.

Varianten dieses Erzähltyps wandern nach Indonesien und Arabien und treffen dort auf Islam und Judentum. Dabei tritt vor allem ein Gott auf, der je nach dem Religionsbekenntnis des Verfassers Shiva, Buddha, Allah, Messias oder Jesus heißt und am Ende die untreue Ehefrau hart bestraft. Über türkische Sammlungen in Verbindung mit erweiterten Ausgaben der Erzählungen aus „Tausendundeine Nacht" sowie deren französische und deutsche Übersetzungen gelangt das Märchen des Typs AaTh 612 auch nach Deutschland und erscheint bei den Brüdern Grimm als KHM 16. Hier wird es Ausdruck der deutschen Frauenfeindlichkeit, die in der christlich-patriarchalen Kultur eine jahrhundertelange unselige Tradition hat und der sich die beiden Sammler und Forscher durch die 1819 erfolgte Veröffentlichung unbewusst anschließen.

Tiefenpsychologisch hat der Held des Märchens einen positiv getönten Vaterkomplex, den er von seinem Erzeuger auf den König des fremden Landes überträgt. Hier wird er Soldat und Kriegsheld und bewährt sich dabei im typisch männlich-patriarchalen Bereich. Als erster Minister des Reiches vertritt er dann auch die entsprechenden Prinzipien des Bewusstseins und des Über-Ich.

Die Tochter des Königs ist sein weibliches Pendant, erfährt genau wie er ihre entscheidende Prägung vom Vater und besitzt auch ein ähnlich überhöhtes Ich-Ideal. Mit ihrem künftigen Partner teilt sie auch die narzisstische Größenphantasie, das totale Symbiosebedürfnis und das Thema der Trennungsangst. Unter dem destruktiven Vorzeichen der inneren Herrschaft ihrer autoritären Gewissensinstanzen über sie gestalten beide ihre Ehe mit der Verpflichtung zu absoluter Treue als „Gefühlsgrab", in dem kein lebendiger Austausch möglich ist. Die junge Frau geht zuerst seelisch an ihrer lebensfeindlichen Einstellung zugrunde und zieht ihren Mann durch das strenge Symbiosegebot in das Gewölbe ihrer „Gruftbeziehung" mit hinunter.

Garant für die Umsetzung des grausamen Gelübdes ist der alte König, der für Recht und Ordnung steht und das männlich-patriarchale Bewusstsein mit seiner Über-Ich-Haltung verkörpert. Der Held fühlt sich seinem Schwiegervater und seiner Gattin durch die gleiche autoritäre Grundeinstellung verpflichtet und bleibt allein in seinem inneren Gefängnis eingemauert. Nun tauchen Schlange und Heilkraut als Symbole des kollektiven Unbewussten und dessen Mutterarchetyps auf, die Wandlung, Wiedergeburt und Lebenserneuerung repräsentieren und den Jüngling ermutigen, seine eingeengte Situation zu verändern und sich für die Entfaltung seiner Tiefenschichten zu öffnen. Die „Grünkraft" der „Magna Mater" Natur besitzt ein zyklisch erneuerndes Wesen, das durch den Tod hindurch neues Leben schafft, und ermöglicht so die „Neugeburt" der toten Gattin.

Das Lebenskraut der Schlange bewirkt aber in der Prinzessin nicht die Wiederbelebung ihrer Liebe zum Partner, sondern deren Gegenteil. Die junge Frau wird bösartig und aggressiv, lässt ihre alte Einstellung in sich absterben und sehnt sich nach einer Beziehung, die Gefühle zulässt und nicht mehr vom starren Gesetz des Über-Ich getragen ist. So verliebt sie sich auf der Fahrt zu ihrem Vater in den Kapitän des Schiffes, der den genauen Gegensatz, d. h. den Schatten ihres Mannes repräsentiert. Diesen naturverbundenen Abenteurer macht sie zu ihrem Liebhaber und will mit ihm zusammen den Ehemann umbringen.

Ihr Wohltäter, dem sie dankbar sein müsste, ist blind für die negative Veränderung seiner Frau und bleibt weiterhin auf seine männlich-patriarchale Bewusstseinswelt bezogen. Er überlebt den Mordanschlag der Prinzessin nur mit der Hilfe seines treuen Dieners und der Heilkraft des Schlangenkrautes. Doch danach wandelt er sich nicht im Sinne des kollektiven Unbewussten und dessen Streben nach Lebenserneuerung, sondern ist auch weiterhin von der autoritären Gewissensinstanz abhängig und verbündet sich mit seinem Schwiegervater.

Der König erweist sich als rigoroser Vollstrecker des Über-Ich, stellt die Idee der Gerechtigkeit über die Liebe zu seiner Tochter und verurteilt diese zusammen mit ihrem Helfershelfer gnadenlos zum Tod. Damit sind beide Vertreter der männlichen Bewusstseinsdimension von der Sphäre des weiblichen Eros- und Beziehungsprinzips endgültig abgeschnitten und bleiben einsam isoliert zurück.

Die Heilkraft der Schlange hat in diesem lieblosen Reich des absoluten Patriarchats keine entscheidende Wirkungsmöglichkeit und scheitert tragisch an den „Gefängnismauern" einer autoritären inneren Instanz, die das menschliche Zusammenleben durch ihre Erbarmungslosigkeit zu einem „Gefühlsgrab" werden lässt.

Die tiefenpsychologische Deutung der Erzählung spiegelt auch die Entwicklung der Vorläufer des Märchens, die von der Antike bis zum Hochmittelalter die Schlangenenergie konstruktiv in die sich immer stärker entfaltende Welt der männlich-patriarchalen Grundstruktur zu integrieren versucht, bis dann im Übergang zum Spätmittelalter der grausige Umschlag erfolgt und der Wandlungs- und Heilungsimpuls des kollektiven Unbewussten zwischen den einseitig bestehenden, voneinander abgetrennten Polen des triebhaften Es und des gesetzestreuen Über-Ich aufgerieben wird.

Literaturwissenschaftlich-volkskundliche und tiefenpsychologische Methode ergänzen sich in ihren Darstellungen und Interpretationen des Märchens im Fazit der extremen Vorherrschaft eines männlich dominierten Patriarchats, das die Frau und ihre weiblichen Werte unterdrückt und von der Gleichberechtigung vollkommen ausschließt. Der folgende Exkurs in die indische und arabische Religionsgeschichte verdeutlicht diesen Befund quantitativ auf drastische Weise und verleiht ihm durch die Vielzahl der Beispiele auf verschiedenen Ebenen ein beklemmendes Maß an Realität in der historischen Dimension.

2. Religionsgeschichtlicher Exkurs

2.1 Das Frauenbild in der indischen Religionsgeschichte

Die Beschäftigung mit dem grimmschen Märchen „Die drei Schlangenblätter" wirft eine Reihe von Fragen auf, die sich weder literaturwissenschaftlich-volkskundlich noch tiefenpsychologisch befriedigend beantworten lassen. Der zweite und letzte Teil von KHM 16 behandelt die Untreue und Undankbarkeit der Ehefrau, die in den indischen Vorläufern des Erzählstoffes geradezu monströse Ausmaße annimmt. Hier hat die Heldin einen gesunden Mann, der sich für sie und ihr Leben aufopfert, und verliebt sich in einen verkrüppelten oder verstümmelten Verbrecher, mit dem sie zusammen den lästigen Gatten umbringen will.

Wenn man nach den Motiven für diese pathologische Einstellung fragt, greifen die Begründungen der Interpretationen des grimmschen Märchens zu kurz. Denn das zynisch-pessimistische Frauenbild, das hinter der Darstellung dieser weiblichen Hauptfigur steht, kommt in vielen Werken der altindischen Literatur vor und ist also in den ganzen geistigen Kontext der damaligen Zeit eingebettet.

Die Frage nach den Gründen und Hintergründen der Bösartigkeit, die in der Märchenheldin verkörpert ist, führt also ganz organisch in die Kultur- und Religionsgeschichte des Subkontinents hinein. Die Märchenforschung hat in ihren Analysen der grimmschen Erzählung keinen genauen Zeitrahmen vorgegeben, aber einzelne Angaben dazu gemacht, die zwischen der vorarischen Epoche Indiens und dem Ausgang des Mittelalters anzusiedeln sind. Vor allem geht es innerhalb dieses Zeitraums um den Verlauf der Entwicklung von Hinduismus und Buddhismus, der hier in groben Zügen skizziert werden soll.

Auf diesem Fundament bauen dann die Ausführungen über Ausprägungen des Weiblichen in der indischen Mythologie auf und stellen höchst gegensätzliche Göttinnen vor. Danach wird die Rolle der Frau im Gesellschaftssystem des Subkontinents thematisiert, das durch eine Vielzahl von Kasten seinen Ausdruck findet. Daraus ergibt sich die Bedeutung des Weiblichen in wichtigen Werken der altindischen Literatur. Anschließend werden Buddhas Verhältnis zu den Frauen und die Konsequenzen erörtert, die seine Lehre daraus zieht. Davon unterscheidet die vorliegende Darstellung dann eine gewisse Frauenfeindlichkeit in etlichen Erzählungen, die den großen Religionsstifter in Gestalt von Verkörperungen seiner Wiedergeburt zur Hauptfigur machen.

Am Ende der Ausführungen steht die Interpretation einiger buddhistischer Göttinnen als Repräsentantinnen des sog. Sophia-Weiblichen, das die höchste Stufe des von Frauen vertretenen Geistes bildet. Gelegentlich angeführte Kategorien von C.G. Jung, Erich Neumann und Erich Fromm sollen helfen, die dargestellten Gedankengänge über die indische Kultur- und Religionsgeschichte tiefenpsychologisch besser zu verstehen und sie so auf eine psychohistorische Ebene zu heben.

Um 2700 v. Chr. entstand im Tal des Indus und in seinem Fünfstromland, also im heutigen Pakistan, eine kulturelle Hochblüte mit den Städten Harappa und Mohenjo-Daro als Zentren. In deren Häusern wurden oft Statuetten einer nackten Frauengestalt gefunden, die auf einen ausgeprägten Kult der großen Muttergöttin und damit auf matriarchale Verhältnisse wie in Sumer und Hinterindien schließen lässt. In der Tänzerin von Mohenjo-Daro kann man das Urbild der hinduistischen Bajaderen oder Tempelpriesterinnen sehen.

Phallische Steine als frühe Formen des „lingam" verweisen auf die Symbolik der Sexualität. Besondere Verehrung genossen der Stier als Sinnbild männlicher Fruchtbarkeit und die Taube als Tier der „Großen Göttin". Auch fand man immer wieder eine gehörnte Gestalt in einer ruhenden Sitzhaltung. Sie wurde als „großer Yogi", „Herr der Tiere" und Vorläufer des Gottes Shiva gedeutet. Neben den männlichen dienten auch die weiblichen Geschlechtsorgane als Kultobjekte, die Vorläufer der „yoni" waren. Naturkatastrophen, Notlagen und der Einfall indoiranischer Völker bereiteten der Induskultur um 1500 v. Chr. das Ende. [1]

Die Eindringlinge kamen über Persien und Afghanistan nach Nordwestindien und nannten sich „arya", d. h. „Edle" oder „Herren". Sie zerstörten die Überreste der alten matriarchalen Religion mit ihrer Muttergöttin und ihrem sexuellen Fruchtbarkeitskult und setzten ihre eigene patriarchale Weltanschauung dagegen. Als südlicher Ableger der kämpferischen Indoeuropäer waren sie von Hirtennomadentum, vaterrechtlicher

Familienstruktur, Vorliebe für Raubzüge und militärischer Organisation mit Blick auf Eroberungen geprägt.

Diese Arier unterdrückten die ansässigen dravidischen Ureinwohner und machten sie zu ihren Sklaven oder drängten sie nach Südindien ab. Auch verehrten sie vor allem männliche Naturgottheiten, die oftmals deutlich heroische Züge trugen. Die wichtigsten Merkmale ihrer kriegerischen Überlegenheit waren schnelle Pferde, leichte Streitwagen und bessere Waffen, denen die eher friedlich von Handel und Ackerbau lebenden Dravidas nichts Gleichwertiges entgegensetzen konnten. [2]

Nach Auffassung des Sozialpsychologen Erich Fromm gingen vielerorts „den von Männern beherrschten patriarchalischen Gesellschaften matriarchalische" voraus, in denen die Frauen „in einer Hinsicht deutlich überlegen" waren: Sie konnten „Kinder zur Welt bringen", weshalb sie von den Männern „entthront" wurden. Diese hatten den Anspruch, „ebenfalls Dinge schaffen und zerstören zu können", aber nicht „auf natürliche Weise" wie das weibliche Geschlecht, sondern „durch das Wort und den Geist".

In der „patriarchalischen Kultur" schienen Männer „dazu bestimmt", das „stärkere Geschlecht zu sein" und daher „über Frauen zu herrschen". Die Mutterliebe stellt in „der matriarchalischen Religion" keine Bedingungen, ist „allbeschützend und allumfassend", bewirkt „Seligkeit" und beruht „auf Gleichheit". Dabei sind alle Menschen „gleich", weil sie alle „Kinder der Mutter Erde sind". In der „patriarchalischen" Religion und Gesellschaft besteht „das Wesen" der Liebe darin, dass der Vater „Forderungen stellt" und „Gesetze" gibt. Die Zuneigung zu seinem Sohn hängt davon ab, „ob dieser seinen Befehlen gehorcht" und sich „zu seinem Nachfolger als Erbe seines Besitzes eignet". Nach Fromm sind „positive Züge des Matriarchats" das Gespür für Glück, Freiheit, „Gleichheit, Universalität und bedingungslose Bejahung des Lebens". Als negative Aspekte erscheinen „seine Bindung an Blut und Boden" sowie „sein Mangel an Rationalität und Fortschrittlichkeit". Positiv am Patriarchat ist „seine grundsätzliche Orientierung" an „Vernunft, Disziplin, Gewissen", Wissenschaft und Zivilisation. „Negativ an ihm" sind „Hierarchie, Unterdrückung, Ungleichheit, Unmenschlichkeit" und Unterwerfung. [3]

Die patriarchalen Arier brachten in die matriarchale Kultur des Industals ihre eigene Schrift Sanskrit, die Verbindungen zur großen indoeuropäischen Sprachfamilie aufweist, und ihre eigene Religion mit. Um 1200 v. Chr. begannen sie diese in Aufzeichnungen niederzuschreiben, die an Umfang die Bibel um das sechsfache übertrafen. Sie nannten diese Sammlung als Ganzes in der Einzahl „Veda", d. h. religiöses „Wissen", das von alten inspirierten Sehern „geschaut" und diesen angeblich von der Gottheit selbst offenbart wurde.

Oder sie bezeichneten die Schriften in der Mehrzahl auch als "Veden" und gaben der religiösen Phase, die von deren Theologie besonders geprägt wurde, den Namen „Vedismus". Dieser basierte ursprünglich auf mündlicher Überlieferung und spiegelte uralte, zum Teil in vorarische Zeit zurückreichende Weisheit wider. Im Kern war er eine Natur- und Zauberreligion mit überwiegend männlichen Göttern und deren Offenbarungen, die praktisch bis heute gelten.

Den ältesten und literarisch wertvollsten Teil der ganzen Sammlung stellte der Rigveda dar. Das „Wissen um die Liederverse" umfasste zehn Bücher mit 1028 Hymnen, d. h. Kultliedern, die aus Strophen bestanden und Gebete, Götterlob, Anrufungen und mythische Erzählungen enthielten. Der Rigveda ist von der einfachen, transzendenzlosen Lebensanschauung einer Dorfkultur geprägt. Für diese waren die Götter wie die Menschen geschaffen und „diesseits der Schöpfung". Durch die Opfer- und Gebetshymnen wurden sie jeweils einzeln zum Opfermahl eingeladen. Etliche dieser Kultlieder ließen auch Zweifel an ihrer Allmacht aufkommen und warfen die Frage auf, ob in der Vielzahl der Götter nicht doch ein letzter Urgrund verborgen liegt.

Die Arier wünschten sich in ihrer lebensfrohen Grundhaltung, die sich in ihren Gebeten ausdrückte, ein langes Leben, schöne Frauen, viele Söhne und großen Reichtum. Bis etwa 900 v. Chr. wurde das „Wissen um die Liederverse" zusammengestellt. Um diese Zeit kündigte sich endgültig der Verfall des altvedischen Götterglaubens und das Auftauchen des neuen Gedankens der All-Einheit an. [4]

Dem Vedismus folgte der Brahmanismus als zweite Stufe der kultur- und religionsgeschichtlichen Entwicklung in Indien nach. Er gilt als Übergangsphase vom urwüchsigen arischen Naturverständnis zum eigentlichen Hinduismus zwischen 900 und 400 v. Chr. „Brahman" war ursprünglich der Zauberspruch, den der Priester beim Opfer sprach. Dieser Magier wurde daher „Brahmane" genannt und als Gott in Menschengestalt sowie als „König der Riten" verehrt.

An die Stelle der vedischen Gottheiten traten daher nun die Priester, deren Stand sich bald zur wichtigsten und mächtigsten Gruppe der Arier in Indien entwickelte. Das Opferritual, das in ihren Händen lag, wurde jetzt ein komplizierter, umfangreicher magisch-mystischer Akt, dem die Götter Kraft, Würde und Unsterblichkeit verdankten und der die Menschen von den Brahmanen abhängig machte. Der „Herr der Geschöpfe" war nun Prajapati, der die Personifizierung des Priestertums darstellte.

Zwischen 1000 und 700 v. Chr. entstanden die „Brahmanas" („Priestertexte") als Erläuterungen zu den „Veden". Sie befassten sich mehr mit dem äußerlichen Aspekt der Religion und thematisierten vor allem die genauen Einzelheiten des Opferrituals. Zu diesem Zweck enthielten sie Legenden und Spekulationen über die Weltschöpfung, Asketenregeln, liturgische Anweisungen und entsprechende Deutungen.

Den geistigen Kern und Höhepunkt des brahmanistischen Zeitalters bildeten jedoch die „Upanishaden" („geheime Sitzungen"), deren wichtigste Teile zwischen 800 und 400 v. Chr. verfasst wurden. Diese „Geheimlehren" stellten die ältesten philosophischen Abhandlungen Indiens dar, entwarfen aber kein einheitliches gedankliches System, sondern beinhalteten mehr spirituelle Meditationserfahrungen und deren verschiedene Auslegungen. Der uralte Glaube an Seelenwanderung und Wiedergeburt („Samsara") wurde hier mit dem Vergeltungsgedanken des Gesetzes der sittlichen Tat („Karman") verknüpft.

Besonders aber enthielten die „Upanishaden" eine tiefsinnige Mystik der Erlösung („Moksha"), die im Erkennen der Identität von Einzel- und Weltseele, von wahrem Selbst („Atman") und Absolutem („Brahman") gipfelte. Danach führte der Weg zu dieser Erfahrung über Opfer und sittliches Handeln, die beide auf positive Weise Seelenwanderung und Wiedergeburt förderten, wobei sich der Übergang von einem Leben ins andere stufenweise vollzog. Äußerer Ausdruck dieses mystischen Denkens war in Indien das ausgeprägte Kastensystem, an dessen Spitze der geheiligte Stand des Brahmanentums stand. Die „Geheimlehren" wurden als „Vedanta", das „Ende des Veda", als letzter Teil der göttlichen Offenbarung bezeichnet.[5]

Die Arier brachten nach Indien auch ihre eigene Ständeordnung mit, die nach Priestern, Kriegern und Bürgern gegliedert war. Die zahlenmäßig weit unterlegene Herren- und Erobererschicht sah sich bald vor die Notwendigkeit gestellt, sich von der dravidischen Urbevölkerung scharf abzugrenzen, wenn sie nicht durch Vermischung in jener Mehrheit untergehen sollte. So stülpte sie ihre Klasseneinteilung den unterworfenen Einwohnern über und siedelte diese am unteren Rand an.

Zunächst entstanden also vier Stände für das Kastensystem, das sich später immer weiter ausdifferenzierte und immer umfangreicher wurde: 1. die Brahmanen (geistliche Macht, Priester, religiöse Lehrer), 2. Kshatriyas (weltliche Macht, Könige, Adel), 3. Vaishyas (Bauern, Händler, Handwerker) und 4. Shudras (Knechte und Diener). Noch unter dieser letzten Klasse standen die Parias oder Unberührbaren, die sich aus unbekehrten Eingeborenen, Kriegsgefangenen und Sklaven herausbildeten.

Die indische Bezeichnung für „Stand" heißt „varna" („Farbe") und verweist auf den Unterschied zwischen hellhäutigen Ariern und dunkelhäutigen Dravidas. Daraus entwickelte sich dann das aus dem Portugiesischen stammende Wort „Kaste" („casta" = „Rasse, Stamm, Stand"), das sich seinerseits von Lateinisch „castus" („rein, keusch") ableiten lässt. Von diesem Ursprung her gesehen bedeutet es eine soziale Gruppe, die sich durch religiöse Reinheitsvorschriften von anderen abgrenzt. Mit dem Übergang von den Eroberungen zu einer friedlicheren Gesellschaft erhielten die Gebets- und Opferrituale eine immer wichtigere Bedeutung. So stieg der Priesterstand zur höchsten Kaste auf und verdrängte an Autorität und Ansehen den Kriegeradel, der nun an die zweite Stelle der sozialen Ordnung trat.

Die Brahmanen versuchten ihren Vorrang noch dadurch zu untermauern, dass sie dem von ihnen selbst maßgeblich entwickelten Kastensystem einen göttlichen Ursprung verliehen. Auch brachten sie es mit dem Begriff des „Karman" in Zusammenhang. Demnach wurde jeder Mensch nur aufgrund seiner eigenen Taten in einer besseren oder schlechteren Kaste wiedergeboren. Die Mitglieder eines jeweiligen Standes waren untereinander durch strenge Traditionsvorschriften bezüglich Ehe, Beruf, Moral, Brauchtum und Mahlzeiten verbunden. Sie hielten bedingungslos an der für sie heiligen und ewig gültigen Sozialordnung fest und bemühten sich, deren Gebote genau zu beachten. Gerade ihre Einhaltung war die Voraussetzung für eine bessere Reinkarnation und letztlich für die Erlösung. [6]

In der Zeit des Brahmanismus machten die Priester alle anderen Kasten immer stärker von sich abhängig, weil sie allein das Wissen um die korrekte Durchführung der Opfergänge besaßen. Sie verfeinerten diesen Kult so lange, bis er schließlich so stark von Ritualtechniken überformt war, dass er mechanistisch wirkte und erstarrte. Gegen diese lähmende Vorherrschaft der Brahmanen erhoben sich um 500 v. Chr. kritische und zweifelnde Stimmen immer lauter und zahlreicher. Allmählich vollzog sich in der Gesellschaft eine Wandlung im Sinne einer Rückkehr zur altindischen Erfahrungsreligion, so dass Yoga und Askese erneut und verstärkt wieder auflebten.

Als Reformbewegungen gegen Ritualismus, Priesterstand und Sozialordnung traten vor allem Buddhismus und Jainismus als selbstständige Religionen auf. Im Unterschied zu den anonymen Verfassern der vedischen Hymnen und Upanishaden hatten sie konkrete Stifterpersönlichkeiten: Buddha (ca. 560 – 480 v. Chr.) und Mahavira (ca. 550 – 470 v. Chr.). Die neuen Lehren verstanden sich nicht mehr als „geheime Sitzungen“ und Botschaften für Priester und Adlige, sondern sprachen breiteste Schichten an, insbesondere die bisher vom höheren Wissen ausgeschlossenen unteren Kasten, und bedienten sich auch nicht mehr der toten Gelehrtensprache Sanskrit, sondern der Dialekte des Volkes. Der Jainismus setzte ganz auf die Rückkehr zur asketischen Tradition und stellte strenge moralische Forderungen auf. So konnte er bei den breiten Massen nicht Fuß fassen und musste eine auserwählte Minderheit bleiben. [7]

Einen etwas anderen Weg ging Buddha („der Erwachte“ oder „Erleuchtete“). Um 530 v. Chr. machte er sich auf die Suche nach der rechten Erkenntnis, wurde zunächst Wanderasket und quälte seinen Körper mit äußerst schmerzhaften Übungen, erlangte aber dann die Erleuchtung und entschloss sich aus Mitleid, allen Kreaturen seine Erkenntnis der Wahrheit weiterzugeben. Nun predigte er einen „mittleren Pfad“, der Askese und anderen Extremen eine Absage erteilte. Auch Opferritualismus und Kastenwesen besaßen für ihn keine Heilsrelevanz, weil sie nicht aus dem Gesetz des Karman und der Kette von Wiedergeburten befreien könnten. Stattdessen setzte Buddha seine Hoffnung darauf, durch seinen Weg die Welt der Materie und Erscheinungen zu transzendieren. Ins Zentrum seiner Lehre stellte er das Leid, die Vergänglichkeit und die Wesenlosigkeit des Diesseits und betrachtete das Aufgehen des scheinbar Individuell-Begrenzten im Unendlich-Absoluten als Freude. Er sah das Leben als Lei-den, dessen Ursache in Begierde und Verlangen sowie deren Überwindung durch die Abtötung dieser Leidenschaften. Nach seiner Auffassung gehör-ten zum Weg der Befreiung aus dem Leid die Erkenntnis der „vier edlen Wahrheiten", sittliches Verhalten, die richtigen Methoden der Meditation und Konzentration sowie die Beseitigung von Gier, Hass und Verblen-dung. Daraus ergab sich die richtige Einstellung des Menschen, die auf Güte, Mitleid, Mitfreude und Gleichmut beruhte.

Ziel des Heils und der Heilung war die Aufhebung der ichbezogenen Existenz und das endgültige Erlöschen der Lebensillusionen im „Nirvana". Dann wurden absoluter innerer Friede und ein Gefühl von Seligkeit mög-licherweise schon hier im Diesseits erfahren. Eine Gottesvorstellung wie im Vedismus und Brahmanismus spielte hier keine Rolle, sondern es ging in der neuen Lehre nur um den Menschen und seinen Weg aus den Fes-seln des ewigen Kreislaufs von Geburt, Tod und Wiedergeburt. Schon zu Lebzeiten des „Erleuchteten" wirkten sich seine Predigten humanisierend auf Nordindien aus, indem sie zu hoher Selbstdisziplin und zum Schutz des Lebens aufriefen. [8]

Buddha gründete noch zu Lebzeiten eine Ordensgemeinschaft von Mönchen und Nonnen, die ursprünglich bettelnd umherzog, im Laufe der Zeit allerdings sesshaft wurde und gegenüber den Laien ihrer Umgebung eine Art Seelsorgeverpflichtung übernahm. In der Konsequenz dieses Erlö-sungsweges lag es, dass man sich aus dem weltlichen Leben zurückzog und sich ganz der Versenkung und Meditation widmete, um den Tugendpfad zur Leidbefreiung unter Anleitung des Meisters bis zum Ideal des Heiligen („Arhat") gehen zu können.

Dabei verkündete Buddha eine Lehre, die den einzelnen völlig auf sich selbst stellte und ihn das Heil nur in seinem eigenen Inneren finden ließ. Danach gab es auf dem Weg zu sich selbst keinen Gott, zu dem man beten und von dem man Hilfe erwarten konnte. Diese Auffassungen bildeten die Grundlage des frühen Buddhismus, der auch „Hinayana" („kleines Fahr-zeug") oder „Theravada" („Lehre der Ordensältesten") genannt wurde. Der „Erleuchtete" bestimmte vor seinem Tod keinen Nachfolger als Ober-haupt seiner Gemeinde. Allein seine Lehre, die man lange Zeit nur münd-lich weitergab, sollte der Wegweiser sein. Während des ersten vorchrist-lichen Jahrhunderts wurde sie dann erst im mittelindischen Palidialekt als

„Tripitaka" („Dreikorb") niedergeschrieben. Die Sammlung dieses „Pali-kanon" besteht aus Texten der Ordensdisziplin, der Lehrreden und der Metaphysik.

Nach Buddhas Tod wurden drei wichtige Konzile abgehalten, um das geistige Vermächtnis des Meisters weiterzuentwickeln. Sie fanden um 480, etwa 380 und ca. 250 v. Chr. statt. Schon auf der zweiten Versamm-lung vollzog sich in der Gemeinde eine beginnende Spaltung zwischen den konservativen „Theravadins" („Anhänger der alten Lehre") und den fortschrittlicheren „Mahasanghikas" („Anhänger der großen Gemeinde"). Diese Trennung wurde auf dem dritten Konzil noch vertieft, das Kaiser Ashoka (272 – 231 v. Chr.) einberufen hatte.

In die Regierungszeit des Herrschers fiel auch die größte Förderung und Ausbreitung des Buddhismus, der sogar eine Art Staatskirche wurde. Nach seiner Bekehrung betrieb Ashoka eine Politik des Friedens, der Nächsten-liebe und der Toleranz und schickte in diesem Sinn auch Missionare nach Ceylon, Griechenland und Ägypten. Doch nur in Sri Lanka hatte er damit dauerhaften Erfolg, der sich dort später in der schriftlichen Fixierung des „Palikanon" niederschlug. [9]

Die neue progressive Richtung der Lehre nannte sich „Mahayana" („großes Fahrzeug"). Sie erhielt erst im zweiten nachchristlichen Jahr-hundert durch den Philosophen Nagarjuna ihre endgültige systematische Fassung. Ihre Anhänger strebten nicht mehr nach dem „Nirvana", son-dern setzten sich zum Ziel, für das Wohl der anderen selbst zu Buddhas zu werden. Das Ideal stellte nicht mehr der einsame „Arhat-Heilige" auf der Suche nach seiner „Selbstbefreiung" dar, sondern der „Boddhisattva" („Wesen der Erleuchtung"). Dieser war ein Laie voller Menschenfreund-lichkeit und Mitleid, der seine eigene Erlösung zurückstellte, um das Heil aller Kreaturen zu fördern. Das neue religiöse Vorbild verlangte von den Gläubigen nicht mehr den strengen Weg des Mönches, sondern die per-sönliche vertrauensvolle Hingabe („Bhakti").

Mit dieser Schwerpunktverlagerung machte das „Mahayana" einen entscheidenden Schritt zur Veräußerlichung und Verweltlichung des Bud-dhismus und entsprach damit dem Bedürfnis der Massen, denen nun und nicht nur wenigen Asketen   auch das Heil offen stand. Die Vorstellung vom transzendenten ewigen Absoluten lebte wieder auf. Buddha wurde als Gott verehrt, und der Himmel füllte sich mit zahlreichen anderen vergöttlichten „Erleuchtungswesen", die den Menschen in ihrem Alltag behilflich sein sollten. Dazu entwickelte sich ein kirchlicher Betrieb mit allen möglichen rituellen Zutaten. Volksfrömmigkeit, Reliquienkult und Wunderglaube bestimmten dabei immer mehr das religiöse Leben.

Der Buddhismus hatte in seiner Form des „Mahayana" eine Blütezeit von mehreren Jahrhunderten, begann aber in der zweiten Hälfte des ersten nachchristlichen Jahrtausends langsam zu verfallen, weil er immer mehr zu einem äußerlichen Kultus entartet war und sich gegenüber dem wieder erneuerten Brahmanismus nicht mehr behaupten konnte. Zudem eroberten islamische Herrscher um 1000 n. Chr. ganz Nordindien und breiteten sich allmählich bis zum Golf von Bengalen aus. Mit Schließung der großen buddhistischen Universitäten verlor die Religion des „Erleuchteten" bis etwa 1200 endgültig ihre Bedeutung auf dem Subkontinent, breitete sich aber in anderen zentral- und ostasiatischen Ländern ohne jedes Blutvergießen aus und erwies sich damit als wahre Lehre des Friedens. [10]

Aber schon um 400 v. Chr. war in Indien eine Gegenbewegung zum Buddhismus entstanden und hatte sich in den nachfolgenden Jahrhunderten dort immer weiter durchgesetzt. Dabei lebte uraltes vorarisch-dravidisches Gedankengut verstärkt auf und verschmolz mit der vedisch-brahmanischen Religion zum eigentlichen Hinduismus, der somit eine Synthese zwischen den beiden großen Traditionssträngen der indischen Geistesgeschichte bildete. Sein Begriff ist ein von Europäern eingeführter Sammelname für verschiedene religiöse Strömungen des Subkontinents und stammt vom Fluss „Indus" (Sanskrit „Sindhu", griechisch „Indos").

„Hindus" sind also ursprünglich „Leute vom Indus". Sie werden in das Kastenwesen organisch hineingeboren und erkennen dieses als einzig und ewig gültige Ordnung der Welt an, die vielfältige religiöse und philosophische Richtungen durch ihr heiliges Band zusammenhält. Der Hinduismus kennt keinen Stifter, kein allgemeines Dogma und keine oberste Autorität, sondern ist die lebendige Summe einer jahrtausendealten religionsgeschichtlichen Entwicklung. So verhält er sich gegenüber den spirituellen Grundauffassungen seiner Mitglieder grundsätzlich tolerant. Jeder Hindu kann an diesen oder jenen oder gar keinen Gott glauben und den für ihn geeignetsten, persönlichen inneren Weg wählen. Wichtig ist dabei weniger das Credo als das Karman, das Gesetz der sittlichen Tat. Dafür wurde damals auch der komplizierte Ritualismus des Brahmanismus zur hinge-

benden, verehrenden Puja abgewandelt, die den jeweils eigenen Opfer-
dienst an Götterbildern und deren Symbolen beinhaltete und mehr das
Gefühl als den Verstand ansprach. Das Ziel dieser verschiedenen religiösen Wege war und ist die Erlösung aus der leidvollen Kette von Wiedergeburten und das endgültige Aufgehen des Einzelwesens im Urgrund des
Kosmos, der als Gott, Weltseele oder Urmaterie aufgefasst werden konnte
und kann. [11]

Die bedeutendsten geistigen Quellen für die Entwicklung des Hinduismus waren die letzten Upanishaden aus der Spätphase ihrer Entstehungszeit, die Sutraliteratur (Leitfäden mit Merksprüchen für alle Bereiche des
Lebens), das Lehrgedicht „Bhagavadgita" aus dem Nationalepos „Mahabharata" sowie das „Gesetzbuch des Manu". Die Synthese aus vorarischer
und brahmanischer Tradition löste in Indien allmählich den Buddhismus
als führende Religion ab, erlebte zeitweise eine Hochblüte, verfiel dann
und erholte sich wieder. Durch das Eindringen des Islam um 1000 n. Chr.
begann ein langer Abwärtstrend für diese vielfältige Mischkultur. Etwa mit
dem Verschwinden von Buddhas Lehre aus dem Subkontinent bis etwas
1200 fehlte dem Hinduismus der geistige Widerpart und Gegenpol, so
dass im Land eine Erstarrung eintrat, die sich in einer Verschärfung der
Kastentrennung, in dogmatischer Verengung und im Überhandnehmen
von Sekten ausdrückte. Nach der islamischen Eroberung kam dann später die britische Herrschaft. Aber auch diese äußere Katastrophe überlebte
der indische Geist, regenerierte und reformierte sich immer weiter bis zur
heutigen Zeit. [12]

Seit dem vierten vorchristlichen Jahrhundert entwickelten sich aus
Vedismus und Brahmanismus drei Hauptrichtungen des Hinduismus:
Vishnuismus, Shivaismus und Shaktismus. In der Religion des arischen
Kriegervolkes waren diese Kulte nur untergeordnet oder verdrängt. Vishnu erschien in den „Veden" nur als dienender Begleiter des Himmels-
gottes Indra, Shiva ging aus dem Wildnisdämon Rudra hervor. Außerdem
entstieg den Tiefen des kollektiven Unbewussten immer mehr die einst in
matriarchalen Zeiten hochverehrte große Muttergöttin und bildete mit
ihrer „weiblichen Kraft" („Shakti") den Gegenpol zu den beiden männlichen Hauptgöttern des Hinduismus. Vishnu wird als „Allgewaltiger",
„Himmelskönig", „Welterhalter" und „Herr des Paradieses" bezeichnet.
Schon im Vedismus versinnbildlichte er die wohltuende und allmächtige

Energie, die das Leben förderte. Später wurde er im Hinduismus immer mehr zum großen Lichthelden, der den Menschen Glück und Fruchtbarkeit schenkte.

Dabei repräsentierte er das Prinzip der Welterhaltung durch heroische Taten, die das ethisch Gute bewirkten. In Momenten größter Bedrohung, wenn alles in Gefahr war, durch böse Mächte oder sittlichen Verfall dem Verderben anheim zu fallen, griff Vishnu ins Weltgeschehen ein, verkörperte sich als Held in Tier- oder Menschengestalt und stellte als Retter die kosmische Ordnung   zumindest vorübergehend   wieder her, damit sie sich erneuern konnte. Er trat in insgesamt zehn Inkarnationen auf. Seine wichtigste war der Gottmensch Krishna, der als Jüngling den vollkommenen Liebhaber darstellte und als Erwachsener den idealen Lehrer, Krieger und Herrscher abgab. [13]

Macht und Kraft wurden bei Vishnu durch Milde, Gnade und Güte ergänzt. Sein Kult war vor allem von hingebender, vertrauender Gottesliebe („bhakti") geprägt. Eine häufige bildliche Darstellung zeigte ihn als „Narayana" („Schöpfer, Weltensohn") zu Beginn eines neuen Zeitalters. Vishnu ruhte in kontemplativem Schlaf auf der fünfköpfigen Weltenschlange Shesha und träumte die neue Ordnung. Aus seinem Nabel wuchs die Lotosblume mit dem Schöpfergott Brahma, der im Auftrag des „Himmelskönigs" einen anderen Kosmos erschaffen sollte.

Ganz unten in kleiner Gestalt saß Lakshmi, die Ehefrau des „Allgewaltigen", die seine Füße streichelte und massierte. Sie war die Göttin der Liebe und Schönheit, des Glücks und des Reichtums und galt insofern als die „indische Aphrodite". Ursprünglich war sie in vorarischer Zeit eigenständig, wurde aber nun ihrem Gemahl völlig untergeordnet. Ein späterer patriarchaler Mythos drückte dies durch ihre Geburt als Lotosblüte auf der Stirne von Vishnu aus, der hier zuerst als Vater, dann als Geliebter und schließlich als Gatte der schönen jungen Frau auftrat. [14]

Der zweite Hauptgott des Hinduismus trägt Namen wie „Großer Gott", „Herr der Welt", „der Gnädige", „der Mondbekränzte" und „Besieger des Todes". Die Anfänge seines Kultes reichen bis in die matriarchale Induskultur zurück, wo er als Geliebter und Begleiter der Großen Göttin verehrt wurde. Symbolischer Ausdruck dafür waren seine Stierhörner und die Mondsichel auf seinem Kopf. Besonders aber sein übermächtiger Phallus („lingam") machte ihn zu einem Fruchtbarkeitsgott im Zeichen der über allem stehenden Herrin und Mutter. Im Vedismus wurde er zum boshaften Dämon Rudra, der in der Wildnis hauste und den Menschen das Unwetter brachte. Er repräsentierte daher alles Chaotische, Gefährliche und Unvorhersehbare und erweckte Furcht.

Aber er konnte auch als guter Magier und Arzt wirken und heilen. Später wurde er im Hinduismus primär als gütig empfunden und „Shiva" genannt, was „wohltätig, wohlgesinnt, heilsam" bedeutet. Nach und nach erfuhr er eine Umdeutung zum abstrakten schöpferischen Prinzip, dessen „lingam" nur noch reine spirituelle Energie symbolisierte. Im Lauf der Zeit wurde der Gott so zum Träger extremer Eigenschaften, die in ihrer Widersprüchlichkeit sein geheimnisvolles Wesen ausmachten. Als „Herr der Tiere" besaß er wilde, grausame Züge, in Gestalt des „großen Yogi" erschien er als willensstarker, mit Kraft geladener Asket. [15]

Seine Gegensätzlichkeiten vereinigt Shiva als Nataraja im kosmischen Tanz, der als schöpferischer Akt schlechthin gilt. Dabei verkörpert er die unpersönliche, ewig sich verändernde Lebensenergie und bleibt so mit dem Prozess von Geburt, Tod und Wiedergeburt verbunden. Tanzend zerstört und erschafft er ständig die Welten neu, erhält, verhüllt und erlöst sie aber auch dadurch. In der Mythologie wurden ihm zwei Ehefrauen zugeordnet, die ihn immer wieder aus der Einsamkeit seiner meditativen Askese herausrissen und ihn dazu brachten, sich ihnen in Liebe und Ekstase hinzugeben. Dabei fand sein „lingam" in ihrer „yoni" höchste Erfüllung, wobei die Geschlechtsorgane des göttlichen Paares noch bis heute als Fruchtbarkeitssymbole verehrt werden.

Shivas erste Gattin war Sati, die Tochter des Weisen Daksha, der den asketischen Erotiker wegen seines wilden Aussehens nicht zum allgemeinen Opferfest einlud. Die junge Ehefrau reagierte darauf so gekränkt, dass sie sich zur Verteidigung der Ehre ihres Mannes in die Flammen stürzte und damit Selbstmord beging. Durch diese Tat wurde sie bis heute zum Vorbild für die Treue der Gattin und Witwe, die sich nach dem Tod ihres Gemahls freiwillig verbrennen ließ und lässt. Sati erschien nach ihrem Freitod und ihrer später erfolgten Wiedergeburt noch einmal auf der Welt in Gestalt von Parvati, der Tochter des Berggottes Himavat (Himalaya). Diese schaffte es nach der Heirat endlich, den unsteten Shiva zu einem Ehemann zu wandeln, der sich um seine Familie kümmerte. Er zeugte mit ihr zwei Söhne: den Kriegsgott Karttikeya und den elefantenköpfigen Ganesha, der den Menschen zu Sieg und Erfolg verhalf. [16]

Im Shaktismus verkörperte die Große Göttin („Mahadevi") mit ihrer Naturkraft das sichtbare Weltall, das aus der universalen unbewegten Substanz des Absoluten („brahman") aufstieg und weibliche Form annahm. Hier war Shakti die dynamische kosmische Energie, die durch Gebären und Hervorbringen Götter, Welten und Geschöpfe entstehen und durch Zerstören auch sterben oder untergehen ließ. Sie erschien im Brahmanismus und Hinduismus als „Kraft der Götter", die ihnen als Gemahlin unter den verschiedensten Namen zugeordnet wurde.

Lakshmi, Sati und Parvati repräsentierten den gütigen, sanften Aspekt der matriarchalen Muttergöttin, die von den Ariern brutal gezähmt und autoritär der männlichen Sphäre unterstellt wurde. Dagegen konnte sich der grausame, tödlich-aggressive Gegenpol des Großen Weiblichen aus der alten Induskultur als relativ eigenständig behaupten und sich einer vereinnahmenden Integration in das neue patriarchale Weltbild erfolgreich widersetzen. [17]

Die eine wichtige Ausprägung der zerstörerischen Seite von Mahadevi war die Gestalt der Durga, deren Hauptaufgabe darin bestand, die Dämonen zu bekämpfen. Hier wurde das Destruktive in den Dienst des Guten gestellt. Als dereinst die Feinde der Götter unter ihrem König Mahisha sich anschickten, die Herrschaft über die Welt an sich zu reißen, entstand in der höchsten Not Durga aus dem Zorn der bedrohten Himmelsbewohner. Die starke Göttin nahm gleich den Kampf gegen die Dämonen auf, besiegte sie am Ende und tötete Mahisha.

Nun verfolgte sie überall das Böse und enthauptete dabei auch ihre Erzfeinde Chanda und Munda. Als sie Krankheit und Tod erfolgreich niedergerungen hatte, erweckte sie die Menschen wieder zu neuem Leben. Außerdem beseitigte sie die im Negativen gefangenen Kräfte und gab so den männlichen Gottheiten ihre moralische Freiheit wieder. Trotz ihres kriegerischen Heldentums erschien Durga als schöne goldhäutige Frau, die auf einem Tiger oder Löwen ritt. [18]

Ganz anders im Aussehen trat die bekannteste Repräsentantin des grausigen Aspekts der Großen Göttin auf: Kali wurde als schwarze nackte blutverschmierte Gestalt mit bösartigen Hauern im Gesicht dargestellt. Sie war die Verschlingerin der Zeit und tanzende Herrin der Schädelstätte mit einem Kranz von Knochen und einer Girlande aus Menschenköpfen. Dabei kauerte sie auf einem Leichnam, riss dessen Eingeweide heraus und fraß sie geierhaft. Mit ihren vielen waffenschwingenden Armen war sie gleichzeitig Göttin der Schlacht und des Todes, die alle ihre Feinde vernichtete und sich deren Schädel um den Hals hing.

Triumphierend und überlegen tanzte sie auch auf dem unbewegten Körper ihres Gatten Shiva, der hier die Zeit in ihrer Machtlosigkeit verkörperte. Als dämonischer Aspekt der Großen Mutter besiegte sie den Gott, zeigte ihm die Grenzen seiner Herrschaft auf und führte die Schöpfung der Welt durch Zerstörung wieder ihrem Urzustand zu. In frühen Zeiten wurden ihr Menschen und später Tiere in blutigen Enthauptungsritualen bis heute geopfert. Die Göttin sollte Frucht tragen und daher mit dem Lebenssaft getränkt werden. Mit ihrer universellen Shakti war sie unerbittlich wie die ganze Existenz selbst und nährte bzw. nährt sich vom Blut ihrer eigenen Geschöpfe. [19]

Tiefenpsychologisch verkörpert Kali nach C. G. Jung die Gegensätzlichkeit der „Eigenschaften des Mutterarchetypus". Für Erich Fromm ist sie ein „klassisches Beispiel für die doppelgesichtige Muttergottheit" als „die Spenderin des Lebens und die Zerstörerin". Der „Schoß", aus dem der Mensch, „alle Bäume und alle Gräser kommen", wird hier auch „zum Grab". Die „Anziehung, die von dieser Tod-Mutter ausgeht", verursacht nach Auffassung des Sozialpsychologen eine „bösartige inzestuöse Bindung", die den damit Fixierten „narzisstisch, kalt und reaktionsunfähig" bleiben lässt. Der Wunsch und die Angst, „in den Zustand eines Säuglings" oder gar in den ursprünglichen Schoß „zurückzukehren", verwandeln „die Mutter in eine gefährliche Kannibalin oder in ein alles verschlingendes Ungeheuer", die oder das den Menschen in „Abhängigkeit" hält und „seine Unabhängigkeit, seine Freiheit und sein Verantwortungsgefühl reduziert". Diese „inzestuöse Bindung" bezieht nach Fromm ihre „Macht" aus dem „tiefen Verlangen, in den allumhüllenden Mutterschoß oder an der allnährenden Mutterbrust zu bleiben" bzw. „dorthin zurückzukehren", sowie aus der intensiven „Angst, sich ganz" davon zu lösen. [20]

„Am großartigsten" hat für den Tiefenpsychologen Erich Neumann „innerhalb der Menschheit Indien die furchtbare Mutter erfahren und als Kali gestaltet", die eine negative Ausprägung des weiblichen Elementarcharakters verkörpert. Dieser hat „die Tendenz, das aus ihm Entstehende festzuhalten und wie eine ewige Substanz zu umfassen". Alles aus ihm Geborene „gehört bei dieser Strebung „zu ihm" und bleibt „ihm untertan". Nach Neumann wird im „Nachtbereich" des negativen Elementarcharakters und „furchtbaren Mütterlichen" dessen Erdschoß „zum tödlich zerreißenden Maul der Unterwelt" und zum dunklen „Loch der Tiefe", des „Grabes und des Todes", der Lichtlosigkeit „und des Nichts".

Dieses „furchtbare Weibliche" wird durch „die gierige Erde" repräsentiert, die „ihre eigenen Kinder frisst und sich mit Leichen mästet". Die Große Mutter gilt für den Tiefenpsychologen „immer auch als Jagd- und Kriegsgöttin", deren „Kulte blutig" und deren „Feste orgiastisch" sind. Ihre „Unheimlichkeit" bewirkt „die Kastrationsangst ihrer Jünglingsgeliebten". Mit ihrer „Hexenkraft" besitzt die „grausame" Herrin des Todes und der Schlacht auch „den Blutzauber, der das Leben entstehen lässt".

Ursprünglich „wird überall" das Männliche „geopfert", von dessen „Blutsamen" die mütterliche Erde „Befruchtung" verlangt. Die „Gefahrseite" der „wild-emotionalen Leidenschaftsnatur des Weiblichen" ruht als Angst „in jeder männlichen Tiefe" und wirkt „da überall vergiftend", wo ein „verdrängendes" patriarchales Bewusstsein „diese Schicht" unbewusst hält. Daraus entsteht dann das Bild des verschlingenden „Abgrund-Drachen", das den „Gegensatz zur aufsteigenden Energetik der Ich-Entwicklung" bildet und das „zum Symbol der Stagnation, des Rückschritts" und „des „Selbstmordes" wird. Diese „Regressionstendenz" erscheint dabei als „negativer Trieb" und „tödlicher Inzest mit der furchtbaren Mutter".[21]

All diese psychologischen Interpretationen, die immer von der Göttin Kali ausgingen und um sie kreisten, zeigen patriarchale Einstellungen auf, die in der indischen Philosophie des „Samkhya"-Systems um 300 v. Chr. eine Rolle spielten. Hier ist der männliche Geist, der „purusha", an die weibliche Materie, die „prakriti", gebunden und muss sich um seiner Erlösung willen von ihr befreien. Er allein sieht, erkennt und versteht; sie ist dagegen blind, beweglich und unwissend.

Die „prakriti" hält den „purusha" fest und bindet ihn durch ihre Aktivität in das kreisende „Rad der Wiedergeburten", das „samsara", ein, wo der Mensch in gute oder schlechte Existenzen hineingeboren wird. Kann sich der Geist aus der Materie lösen, bedeutet dies die Befreiung von den Leiden der Geburt, des Alters und des Todes. Überhaupt gebiert die „prakriti" den ganzen Kosmos, verblendet alle Wesen und bildet die Grundlage der Elemente und ihrer Manifestationen. Sie lockt den „purusha" durch die Entfaltung ihrer Eigenschaften der Sexualität und Schönheit, die er genießt, und verstrickt ihn durch „maya" („Illusion" und „Gaukelwerk").

So wirkt das Weibliche bindend, hemmend, gefahrbringend und verführerisch auf das Männliche, kann es aber nur scheinbar in seinem Sinn verändern und beflecken. Denn im Kern bleibt der Geist frei, unberührt und in sich eins. Letztlich existiert die „prakriti" nur in Bezug auf den „purusha" und besitzt damit keine eigene Autonomie. Er allein ist das Subjekt der Welt und sieht sie nur als Objekt seiner Erkenntnis. Der Geist steht eindeutig über der dämonischen Materie, von der er sich befreien muss. [22]

Der kurze Blick auf Indiens Geschichte, Mythologie, Psychologie und Philosophie verweist auf ein zwiespältiges, doppelgesichtiges Bild der Frau und des Weiblichen. Am Anfang der historischen Entwicklung des Subkontinents stand die matriarchale Kultur des Industals mit der Verehrung einer Muttergöttin als religiöses Zentrum. Hier erfuhr die Frau ihre Hochschätzung als Trägerin göttlicher Kraft schon durch ihr weibliches Wesen und Geschlecht. In der Familie war die Mutter das verbindende und herrschende Glied als Vorsteherin, von welcher sogar auch der Häuptling des Clans abhängig war. Weibliche Mysterienbünde und Priesterinnen dominierten außerdem das Leben in Religion und Gesellschaft.

Aber auch nach der Unterdrückung des Matriarchats durch die Arier besaß die Frau auch in der ältesten vedischen Periode noch eine geachtete Stellung. Sie wurde in der indischen Literatur häufig als „die eine Hälfte des Mannes" bezeichnet. Als solche war sie Hauspriesterin, die zusammen mit ihrem Mann alle wichtigen Zeremonien vollzog und insbesondere beim zentralen Feuerkult mitwirkte. Bei den dabei notwendigen Opfern erschien sie als unentbehrliche Gehilfin ihres Gatten und verrichtete während seiner Abwesenheit als seine Stellvertreterin allein alle sakralen Pflichten.

Die Königin des Landes nahm in der Öffentlichkeit an den einzelnen vorbereitenden Handlungen, dem Weiheakt wie dem Opfer selbst und an den Schlusszeremonien aktiven Anteil. Beim prunkvollsten vedischen Ritual des „asvamedha" vollzog sie den Fruchtbarkeitszauber des „hieros gamos" allein und legte sich neben das geschlachtete Opferpferd. [23]

In der Epoche des Brahmanismus wurde die Haltung gegenüber der Frau immer zwiespältiger. In heiligen Texten dieser Zeit wie den großen Heldenepen und dem „Gesetzbuch des Manu" standen einerseits etliche Formulierungen der Wertschätzung, andererseits aber zahlreiche verächtliche Worte über die schlechten Eigenschaften der Frau. Diese wurde darin als der Inbegriff des Schlechten und die Ursache allen Übels in der Welt gebrandmarkt. Sie war für die Autoren dieser Texte der Grund für den Geburtenkreislauf und damit für das unaufhörliche Leiden und Sterben.

Vor allem wurde die Frau als Verkörperung der Sinnlichkeit und so als gefährliche Verführerin des Mannes gekennzeichnet, die ihn dadurch in das „Rad" des „samsara" verstrickte. Den positiven Gegensatz zur bösartigen Dämonin bildete nach Auffassung der Textschreiber das Ideal des unbedingt gehorsamen, unterwürfigen, ihrem Gatten treu ergebenen und selbstlos dienenden Weibes.

Außerdem stellten einige der „heiligen Bücher" die Geburt einer Tochter als Unglück dar. Aus dieser Abwertung erklärte sich die Sitte der Aussetzung neugeborener Mädchen. Ursprünglich war dem weiblichen Geschlecht nach Vollzug des Initiationsritus das Studium der „heiligen Bücher" gestattet; nun wurde es ihm wegen seiner angeblich religiös-ethischen Minderwertigkeit verboten. An die Stelle der Frau bei den vedischen Opfern trat jetzt der brahmanische Priester, der das Ritual allein zelebrierte. Während sie in der früheren Periode bei öffentlichen Versammlungen sprechen durfte, wurde ihr dies in der späteren Zeit untersagt.[24]

Im Hinduismus ist die alte matriarchale Religion der „Großen Mutter" wieder durchgebrochen und hat sich mit dem patriarchalen Glauben der Arier vermischt. Göttinnen wie Durga und Kali wurden zwar nun sehr verehrt, aber vor allem gefürchtet. Hier fand besonders die Angst des Mannes vor dem Weiblichen ihren religiösen und literarischen Ausdruck. Als Kompensation dafür diente die Anbetung von Lakshmi, Sati und Parvati, die ihren göttlichen Partnern Vishnu und Shiva untergeordnet waren und die auch die Ideale für die Einstellung der indischen Gattin gegenüber ihrem Gemahl abgaben.

Angesichts dieser mythologischen Vorbilder und ihrer literarischen Entsprechungen verschärfte sich die Frauenfeindlichkeit in der hinduistischen Gesellschaft zunehmend. Zwischen 400 v. Chr. und 200 n. Chr. wurde die Kinderheirat eingeführt, das für die Ehe notwendige Alter immer mehr verringert und schließlich weit vor die Pubertät verlegt. Auch schloss man die Frauen aus dem sozialen und öffentlichen Leben größtenteils aus, indem sie sich in die Zenana, die für sie vorgesehenen abgesonderten Gemächer, zurückziehen mussten und gezwungen wurden, einen die ganze Gestalt verhüllenden schwarzen Schleier, den Purdah, zu tragen.

Außerdem setzte sich in der Zeit von 300 v. Chr. bis 200 n. Chr. das Verbot der Wiederverheiratung einer Witwe durch, das schließlich auch im kindlichen Alter verwitwete Mädchen betraf. Diese Frauen wurden nach dem Tod ihres Mannes im Haus ihrer Familie als Gefangene gehalten und bei schmaler Kost und in ärmlicher Kleidung quasi nur geduldet. Auch schnitt man ihnen wie den Nonnen die Haare ab.

Eine lange Entwicklung bis zur endgültigen Durchsetzung brauchte eine Sitte, die ca. 300 v. Chr. zum ersten Mal literarisch bezeugt war und um 700 n. Chr. größere Verbreitung fand: die Selbstverbrennung der Witwen. Sie wurden nach dem Vorbild von Shivas erster Gattin „Sati" genannt. Die „tugendhafte Frau", die sich diesem masochistischen Akt unterzog, erfuhr in der Literatur große Verherrlichung und war Gegenstand höchster Verehrung. Bisweilen gaben sich die Witwen allerdings nicht freiwillig hin, sondern wurden gegen ihren Willen mit dem Gatten verbrannt. [25]

Die bedeutendste literarische Darstellung des hinduistischen Frauenideals bildet das Schicksal der weiblichen Hauptfigur im Heldenepos „Ramayana", das 24.000 Doppelverse umfasst, von dem legendären Sänger Valmiki gedichtet sein soll, aber wohl erst zwischen 500 v. Chr. und 300 n. Chr. entstanden ist.

Das Werk war ursprünglich als Preislied der Kriegerkaste gedacht, wurde dann jedoch das Hohelied unerschütterlicher Gattentreue. Es beschreibt die Abenteuer Ramas, des ältesten Sohnes von König Dasharatha aus dem Reich Koshala.

Gleich zu Beginn wird der Held als eine wichtige Inkarnation des Gottes Vishnu vorgestellt, die als Mensch in Erfüllung ihrer Pflicht ihren Weg von Leid zu Leid gehen muss. Durch Intrige verliert Rama sein Reich und wird gezwungen, sich 14 Jahre in die Waldeinsamkeit zurückzuziehen. Seine Frau ist die Königstochter Sita, die als Muster der idealen Gattin erscheint. Sie wirkt keusch, treu und ergeben und nimmt für ihren Mann alles Leid in Kauf. So besteht sie darauf, ihn ins Exil zu begleiten, weil sie nach eigener Aussage nichts ohne ihn sei.

Nach Jahren glücklicher Ehe wird sie im Wald von Ravanna, dem Dämonenkönig von Lanka, geraubt, auf dessen Insel gebracht und dort gefangen gehalten. Einige Jahre widersteht sie tapfer allen Verführungsversuchen des „Bösewichts" und wird schließlich von Rama mit Hilfe des Affenherrschers Hanuman befreit. Doch trotz aller Beteuerungen glaubt der misstrauische Ehemann nicht an ihre Treue, weil sie, wenn auch gegen ihren Willen, im Haus eines anderen Mannes gelebt hat. Sie muss sich nun auf einen Scheiterhaufen werfen, wird aber wegen ihrer Unschuld nicht vom Feuer verzehrt. Doch der Gatte und seine Untertanen zweifeln weiterhin an ihrer Reinheit, so dass ihr nicht anderes übrig bleibt, als die Erde anzurufen, diese möge sie verschlingen.

„Sita" heißt „Furche", und damit ist die Königin Tochter der „Großen Mutter", die ihr Kind liebevoll in ihren Schoß aufnimmt. Rama bleibt als Hüter von Sitte und Ordnung allein in seiner Hauptstadt Ayodhya, wächst in Erfüllung seiner Pflicht zu göttlicher Größe empor und kehrt am Ende in Vishnus himmlisches Reich zurück. Von den Indern wird er als Ideal des gerechten Königs betrachtet. Auch Sita ist als widerspruchslos ergebene Gefährtin des Gatten und als keusche, Mensch gewordene Göttin für unzählige Frauen des Subkontinents das tief eingewurzelte Vorbild in Bezug auf geduldig ertragenes Leiden. [26]

Buddha betrachtete das Wesen des Weiblichen aus einem etwas anderen Blickwinkel. Einerseits war er „Kind seiner Zeit" um 500 v. Chr., andererseits aber ein weit vorausblickendes Genie. C. G. Jung interpretiert ihn tiefenpsychologisch als „eine Verkörperung des Selbst" und sein Leben „als die Wirklichkeit" dieser Dimension. Der „Erleuchtete" sei der vollkommene Herr und „Meister", die „reifste Frucht" und „die eigentliche Substanz" des Geistes von Indien, gleichzeitig aber auch darüber hinaus ein genialer „Wegbereiter für die gesamte Welt".

In der märchenhaften Legende seiner Lebensgeschichte wurde er von der Jungfrau Maya geboren, die sieben Tage später starb. Ihre Schwester Mahapajapati („große Ehefrau") nahm sich des Kindes an und zog es auf. Nach Erich Neumann hat im Heldenmythos der kleine Junge oft zwei Mütter, eine irdische reale und eine himmlische „erhöhte", die den Status einer Jungfrau habe. Die Natur der letzteren sei „eine Wesensseite der Großen Mutter". Schon der Name von Buddhas Gebärerin, Maya, verweist auf die Sphäre der Materie, der „prakriti" und damit der Magna Mater.

68

Seine Tante vertrat dann die göttliche Jungfrau und wurde die reale Mutter des kleinen „Helden", der sich gleich nach seiner Geburt als den „Größten in der Welt" bezeichnet haben soll. [27]

Auf seinem Weg zur Erleuchtung und Verkündigung seiner Lehre knüpfte Buddha an die asketische Tradition des Brahmanismus an und predigte den völligen Verzicht auf vitales Leben, um ins „Nirvana" zu gelangen. Dabei sah er die Frau zunächst als Hindernis, weil sie für ihn aufgrund ihrer Mutterschaft jene Mächte der realen Existenz verkörperte, die Begierde und Verlangen hervorriefen und zum Kreislauf der Wiedergeburten antrieben. Daher stand er zunächst der Gründung eines Nonnenordens sehr distanziert gegenüber, gab aber dann schweren Herzens den Bitten seiner Pflegemutter Mahapajapati und der Fürsprache seines Lieblingsjüngers Ananda nach und ließ sich dazu bewegen, eine weibliche Gemeinschaft einzurichten, die nach den Prinzipien seiner Lehre lebte.

Die anfängliche Skepsis wich dann der Überzeugung, dass auch die Frau erlösungsfähig sei und den höchsten Heilsweg wie die Männer beschreiten könne. Buddha entwickelte immer mehr seine Grundhaltung der grenzenlosen Liebe („metta") und von daher immer größeres Verständnis für das Wesen des Weiblichen. So verkehrte er sehr unbefangen mit Frauen verschiedenster Herkunft und ließ sich von ihnen zu Tisch laden. Seine Nonnen mussten zwar etwa 100 Gebote mehr als seine Mönche befolgen und ihren männlichen Ordenskollegen immer demütigen Respekt erweisen.

Aber ihr hartes asketisches Leben voller Entsagungen war jedoch für viele Frauen zur Quelle innerer Freiheit und höchster Seligkeit geworden. In den „Therigatha" („Lieder der Nonnen") aus dem „Palikanon" besangen Buddhistinnen aller Stände und Altersstufen die Schönheit ihres Nonnenlebens und priesen Buddha als den großen Erwecker ihres Lebens. Denn dieser begleitete sie durch seine einfühlsamen Belehrungen auf ihrem Weg, leistete ihnen Hilfestellungen und hatte durch seine Worte oft entscheidenden Anteil an ihrem Durchbruch zur Erleuchtung. Sein Verhältnis zu den einzelnen Frauen war von gegenseitiger äußerster Rücksicht und vornehmer Zurückhaltung geprägt.

Buddha sah die Gattin in der Ehe mehr als Partnerin und weniger als Dienerin ihres Mannes an, wandte sich gegen die moralische Degradierung der Witwe und setzte sich für die Verbesserung ihrer sozialen Situation ein. Auch hatte er keine Berührungsängste gegenüber Prostituierten und verurteilte ihr Gewerbe an sich nicht als unmoralisch, sondern hielt es nur aus spirituellen Gründen für hinderlich auf dem Weg zur Erleuchtung. Er lieferte damit erste Ansätze zu einer liberalen, toleranten Haltung gegenüber dem weiblichen Geschlecht. Diese wurden später im Mahayana-Buddhismus fortgesetzt und weiterentwickelt. Hier nahmen die Zeugnisse immer mehr zu, in denen die Frau gleichberechtigt neben dem Mann stand und der Geschlechtsunterschied keine Relevanz für die Erlösungsfähigkeit hatte. [28]

Dagegen erhält der „Palikanon" in einigen Schriften Aussagen, die Buddha in den Mund gelegt werden und sich gegen das weibliche Geschlecht insgesamt richten. In den „Theragatha" („Lieder der Mönche") erscheint die Frau wie in den alten brahmanischen Texten als die große Versucherin des Mannes und die Ursache allen Leidens. Auch wird sie hier als Schlange und Fessel bezeichnet, die den Mönch von seinem asketischen Weg abzulenken droht. Nur wer sich ständig von ihr fernhält, kann zum wahren Heil gelangen.

Viele „Jatakas" (Erzählungen über frühere Existenzen des Buddha) betrachten die Frau als das eigentliche Abbild der Welt. Ihre Schönheit und Tücke seien Grund und Wurzel von allem Bösen, blieben ewig lockend und verführerisch und führten nur zu Betrug oder Misshandlung des alles opfernden Gatten oder Liebhabers. Nach Auffassung der Redaktoren gehört „ein Weib" nie „nur einem Mann", sondern ist in seiner „Begierde unersättlich", stets „wollüstig" und kennt „dabei kein Gebot", was in seinem „Geschlecht begründet" sei. Aus seinem natürlichen Wesen tue es „Böses nur", wenn es „Gelegenheit" erlange.

In den „Jatakas" verkörpert die Frau sexuelle Vitalität und die Kraft der Fruchtbarkeit. Durch diese beiden Eigenschaften wirkt sie als Köder, den Mara, der große teuflische Gegenspieler des „Erleuchteten", ausgelegt habe, um den Mann vom Pfad der Erlösung abzubringen und ihn auf den Weg zur Hölle zu führen. Hemmungslos in ihrer Gier nach körperlichen Ausschweifungen schreckt sie auch vor Ehebruch und Ermordung des Gatten nicht zurück, selbst wenn dieser sie früher durch seine eigene Hingabe vor dem sicheren Tod gerettet hat. Dabei verliebt sie sich manchmal auch in einen verstümmelten Mann, den sie zum Komplizen ihres Mordversuchs macht. So erscheinen in diesen Erzählungen immer wieder Frauen, die das sexuelle Vergnügen mit einem missgestalteten Liebhaber dem ehelichen Verkehr vorziehen.

70

Außerdem malen die „Jatakas" die Lage der Witwen in düsteren Farben aus und stellen ihr Leben als hartes Los dar. Die Schilderung der konkreten Einzelschicksale erfolgt aber nicht aus kritischer, sondern aus diskriminierender Absicht hinsichtlich der von Männern geschlagenen und gedemütigten Witwe, die „nutzlos wie ein Fluss ohne Wasser" sei. Ebenso bezeichnen diese Erzählungen Prostituierte verächtlich als „Sklavinnen der Schönheit" und geben ihnen die Schuld am Untergang ehrbarer Männer. Kurtisanen sind für die asketischen Redaktoren klassische Beispiele für weibliche Hemmungslosigkeit und erfahren in der Darstellung deshalb besondere Ablehnung. [29]

Zwischen dem Leben von Buddha (um 500 v. Chr.) und der Niederschrift des „Palikanon" (ca. 100 v. Chr.) liegen 400 Jahre. Was zur Zeit des „Erleuchteten" an Toleranz gegenüber dem weiblichen Geschlecht möglich war, wurde später wieder zurückgenommen. Im ersten vorchristlichen Jahrhundert mehrten sich erneut frauenfeindliche Tendenzen in der indischen Gesellschaft, die wieder verstärkt Traditionen aus dem Brahmanismus übernahm und das Weibliche von daher als minderwertig einstufte.

So projizierten die buddhistischen Mönche in der damaligen Zeit ihre Angst vor der Sexualität und dem „Rad der Wiedergeburten" auf die Frau und identifizierten sie mit den tierischen und bösen Kräften der Seele und der Welt. In dieser Weise wurde für sie das weibliche Geschlecht zum Gegner, der ihr Streben nach Erleuchtung erbittert bekämpfte. Diese streng patriarchale Denkweise ließen die Redaktoren direkt in den „Palikanon" einfließen, indem sie ihre eigene Einstellung dem Buddha selbst als der höchsten Autorität zuschrieben. Durch diese „Legitimation" versuchten sie das Weibliche weiterhin erst recht mit den negativen Aspekten der Existenz in Verbindung zu bringen und seinen Entfaltungsspielraum durch strenge Reglementierung zu beschneiden. [30]

Doch trotz dieser frauenfeindlichen repressiven Tendenzen in den „Jatakas" wurde auch der Buddhismus – ebenso wie der Hinduismus – über die „Mahayana"-Bewegung und die Volksfrömmigkeit immer mehr von Elementen der matriarchalen Kultur des Industals durchdrungen. Die Betonung der „mahakurana", der unendlichen göttlichen Barmherzigkeit, und der Liebe zur persönlichen Heilandgestalt erschlossen neue Möglichkeiten für die religiöse Hingabe der Nonnen und Laienfrauen.

Der Bodhisattva Avalokiteshvara war das größte Vorbild für einen Helfertypus, der auf sein mögliches Eingehen ins „Nirvana" verzichtete, um den anderen Geschöpfen und Mitmenschen ebenfalls den Weg zur Erleuchtung zu zeigen. Dieser Mönch wurde nun in China und Japan zu einer barmherzigen Muttergöttin verweiblicht, die oft als eine Art Madonna mit einem Kind auf dem Arm in Darstellungen erschien. In Indien und dann besonders in Tibet kam innerhalb des Mahayana-Buddhismus immer mehr die Vorstellung der volkstümlichen Tara als Retterin, Schützerin und „Heilandin" auf. [31]

Das Sanskrit-Verb „tri" bedeutet wörtlich „schwimmen". Daraus leitet sich dann der Begriff „tar" ab, der im übertragenen Sinn „aus gefährlichen Engpässen und drohenden Ängsten hinausführen" und „über den Strom des Samsara hinüberbringen" meint. Von daher ist also Tara die Große Göttin, die mit ihrer Barmherzigkeit den Menschen hilft, „zum anderen Ufer" zu gelangen, wo das paradiesische „Nirvana" liegt. Sie heißt in einer Nebenbedeutung auch „Stern" und wird „Herrin der Boote" genannt. Mit ihren zahllosen Dienerinnen ist sie damit beschäftigt, in Kähnen Schiffbrüchige zu retten und als leuchtender Orientierungspunkt am Nachthimmel Seefahrern aus dem Chaos der Finsternis herauszuführen.

Außerdem gilt Tara als die Shakti des Erlösers Avalokiteshvara und als „Vollkommenheit der Erkenntnis", als „Prajna Paramita", die Erleuchtung und „Nirvana" verleiht. Damit wird sie zur „Mutter aller Buddhas", d. h. aller Menschen, die zur höchsten Stufe des inneren Weges gelangt sind und die mann-weibliche Ganzheit erreicht haben. In dieser Form ist sie die „weiße Tara", die höchste spirituelle Transformation schenkt und aus der dunklen Verstrickung in das „Rad der Wiedergeburten" herausführt. Dabei wirkt sie als Kraft der Mitte, die in diesem Kreislauf zu Bewusstsein, Wissen, Wandlung und Erleuchtung drängt. Auch steht sie für Gesundheit und langes Leben und tritt als Schutzpatronin heilkundiger Menschen auf. [32]

Eine andere, noch umfassendere Form der Göttin stellt die „grüne Tara" dar. Diese gilt als Verkörperung des weisen Handelns der Buddhas aller Zeiten und Räume, als Inbegriff des tätigen Mitgefühls, als Beschützerin vor Gefahr und als schnelle Erfüllerin aller weltlichen und geistlichen Wünsche. In ihrer Gestalt erscheinen alle Ruhe und Milde, die heilsam auf den Menschen wirken, vor allem weil Grün auch die Farbe der Versöhnung und des Trostes ist.

Tiefenpsychologisch repräsentiert diese Version der Tara wie keine andere nach Auffassung von Erich Neumann die Energie der matriarchalen Symbole des Großen Weiblichen zu Reife und Wachstum der Seele. Jede „Stufe der Wandlung" ruht hier auf dem „Fundament einer Einheit" von befruchtender und tödlicher, „biophiler" und „nekrophiler" Energie. Die „Basis" wird vom „dumpfen" Bereich der Erde und des Wassers „gebildet", auf dem der Lebensbaum" als die Dimension der Welt „in den Gegensätzen" fußt.

Aus dessen Wipfel erhebt sich „der Sonnenlöwe" des „männlichen Geistes", über dem die Göttin „Tara-Sophia" auf ihrem „eigenen Lotossitz" thront. Diese ist „von der Gloriole" eines Energiekreises „umflammt", in dem sich „das Animalische" der unteren Sphäre „in pflanzliches Licht wandelt". Letzteres symbolisiert die gewachsene und wachsende Erleuchtung, die für das Wesen der „grünen Tara" charakteristisch ist. Blüten haltend ist die Göttin von dem „mit silbernen Sternblüten überwachsenen Feuerbaldachin" der Geistesenergie überdacht, die „sie selber" als „Mond, als Lotos" und als weibliches Sinnbild „der höchsten Erkenntnis" ist. [33]

Für Neumann gehört die Tara sowohl in ihrer „weißen" als auch ihrer „grünen" Variante zu den tiefsten Ausdrucksformen der Sophia oder der Weisheit in Gestalt einer vergöttlichten Frau. Diese hat ihren ursprünglichen „Elementarcharakter" in eine „Geistganzheit" verwandelt, in der „alles Schwere und Dumpfe überwunden" ist, die aber trotzdem immer „an die irdische Grundlage der Wirklichkeit gebunden" bleibt.

Das Sophia-Weibliche bildet die „höchste Essenz und Destillation", zu der „das Leben in dieser Welt" sich zu läutern „imstande ist". Seine Weisheit stellt nach C. G. Jung die letzte Stufe der „Kultur des Eros" und damit dessen tiefste „Vergeistigung" dar, welche dieser erreichen kann.

So haben der indische wie auch der tibetische Buddhismus in Gestalt der Tara ihren Beitrag zur Entfaltung des weiblichen „Geistwandlungsarchetyps" geleistet, und es liegt an allen patriarchalen Gesellschaften des Ostens und Westens, sich auf die Weisheit dieser „Sophia" einzulassen und sie weiterzuentwickeln. [34]

2.2 Das Frauenbild in der arabischen Religionsgeschichte

Ausgangspunkt der Untersuchung ist und bleibt das grimmsche Märchen „Die drei Schlangenblätter", das im Schlussteil ein äußerst negatives Frauenbild zeichnet. In Indien entstanden die ersten Vorläufer des Erzählstoffes von KHM 16 und breiteten sich vom Norden des Subkontinents nach Osten und Westen aus. Eine bestimmte Fassung der Geschichte war im 7. Jahrhundert unter den arabischen Juden bekannt und tauchte zuerst im Jemen als Überlieferung auf. Dabei wurde die extrem frauenfeindliche Tendenz der indischen Vorbilder nahezu kritiklos übernommen und auf die Verhältnisse der vorderasiatischen Halbinsel übertragen.

Dies konnte nur auf dem Hintergrund der gesellschaftlichen Strukturen in Arabien zur Zeit der Einführung des Islam und der anschließenden Verbreitung des neuen Glaubens geschehen. Daher wird die Darstellung der Kultur- und Religionsgeschichte dieser Epoche einen Schwerpunkt der weiteren Ausführungen bilden. Der historische Überblick erstreckt sich dann bis zum Ende des arabischen Großreiches im Hochmittelalter. Innerhalb dieses Zeitrahmens werden dann die Bilder der Frau und des Weiblichen mit ihren verschiedenen Formen erörtert und in ihren geschichtlichen Kontext gestellt.

Die vorliegende Arbeit rückt dabei die vorislamischen Göttinnen, die Frauen des Propheten und einige weibliche Gestalten aus dem Koran, der Mystik und Literatur Arabiens ins Zentrum ihrer Betrachtung. Eine besondere Rolle werden in diesem Zusammenhang die Erzählungen aus „Tausendundeiner Nacht" spielen. Am Schluss steht dann ein Ausblick auf Goethes Auseinandersetzung mit dem Islam und dessen Frauen- und Gottesbild. Kategorien aus Jungs Analytischer Psychologie und Freuds Psychoanalyse ergänzen die historischen Ausführungen und erhellen den seelischen Hintergrund der dargestellten Verhältnisse.

Die arabische Halbinsel war und ist vor allem durch die Wüste geprägt, die größtenteils das Land bedeckt und die den Aufbau einer Herrschafts- und Ordnungsstruktur sehr erschwert. Durch die geographische Besonderheit galt im Altertum Arabien als Inbegriff des Abgelegenen und war von den politischen, wirtschaftlichen und kulturellen Entwicklungen der übrigen Welt weitgehend abgeschnitten. Es gab nur eine Handelsstraße, die am Roten Meer entlangführte und das Südreich der Sabäer mit den Ländern im Norden am Mittelmeer und Persischen Golf verband.

Gegen Ende der Spätantike und beim Übergang zum Frühmittelalter änderte sich diese Isolation allmählich. Von der grenznahen Bevölkerung drangen vor allem jüdisches und christliches Gedankengut langsam bis ins Landesinnere durch. Im sechsten nachchristlichen Jahrhundert geriet die Halbinsel zunehmend in den Sog des Konflikts zwischen den Großmächten von Byzanz und Persien.

Auch Äthiopien mischte in diesem Kräftespiel mit und eroberte 525 das südarabische Reich Himyar. Seine Herrschaft wurde von den Byzantinern unterstützt, aber die Perser lehnten sie ab. Diese wurden nun von jemenitischen Fürsten um Hilfe gebeten, marschierten darauf in das Land ein und machten es nach 570 zu einer Provinz ihres Großreiches. Der seit Beginn des sechsten Jahrhunderts einsetzende wirtschaftliche Niedergang im Süden der Halbinsel wurde durch den letzten großen Bruch des Dammes von Marib, der durch die Stauung gewaltiger Wassermassen den Menschen dort jahrhundertelang Reichtum und Wohlergehen beschert hatte, im Jahr 575 endgültig besiegelt. [1]

Im Landesinneren von Arabien war von dieser Katastrophe vorerst nichts zu spüren. Hier war Mekka die bedeutendste Stadt, die unweit der sog. „Weihrauchstraße" am Roten Meer einen wichtigen Handelsplatz darstellte und gleichzeitig mit dem würfelförmigen Heiligtum der Kaaba und mehreren nahe gelegenen Kultstätten das religiöse Zentrum der Halbinsel bildete. Das wichtigste Symbol dieser Tempelstätte war ein schwarzer Stein, der an Festtagen mit gewissen Ritualen besonders verehrt wurde.

Aus ursprünglich animistischen Vorstellungen hatten sich Göttergestalten entwickelt, die ein vielköpfiges Pantheon und damit die Grundlage für den Polytheismus der vorislamischen Zeit in Arabien bildeten. In Mekka ergab sich daraus eine Hierarchie, an deren Spitze ein oberster Gott mit dem Namen „Allah" stand. So hatte sich schon recht früh der Glaube an einen Schöpfer der Welt durchgesetzt, dem alle anderen Götter dienen und sich unterordnen mussten. Dieser wurde auch Hubal als Herr der Kaaba genannt, vor dem man Lospfeile warf, wenn man ein Orakel begehrte. Er galt als Vater der Göttinnen Allat, Al-Uzza und Manat, die auch in Mekka und Umgebung angebetet wurden. In der Kaaba gab es außerdem noch Standbilder des Liebespaares Isaf und Naila, die viele Leute als Gottheiten verehrten.

Auch Judentum und Christentum gelangten immer mehr nach Arabien und fanden dort Aufnahme durch zahlreiche Anhänger in Städten und Gemeinden, so dass die biblische Vorstellungswelt den Bewohnern der Halbinsel langsam vertraut wurde. Es gab auch allgemeine Gottsucher, die keiner Religion zugehörten. Aus dieser Orientierungslosigkeit in Arabien entstand das Bedürfnis nach einer konkreten eindeutigen Glaubensform. [2]

Dem religiösen Pluralismus entsprach auch die Gesellschaftsstruktur auf der Halbinsel. Dies drückte sich vor allem durch eine Vielfalt der Formen des Zusammenlebens von Mann und Frau sowie der Verwandtschaftsverhältnisse aus. Neben der neuen patriarchalen, d. h. vaterrechtlich gegliederten Ordnung bestand noch das alte matriarchal, d. h. mutterrechtlich begründete Prinzip des Aufbaus der Gemeinschaft.

Dies zeigte sich vor allem in den verschiedenen Regelungen der Erbfolge, den sog. matrilinearen oder patrilinearen Tendenzen der Beziehungen. Die eine wurde von weiblich-mütterlichen, die andere von männlich-väterlichen Denk- und Handlungsstrukturen geprägt. Wo Matrilinearität vorherrschte, gehörte das Kind zum Stamm der Mutter, war die leibliche Vaterschaft bedeutungslos, hatte Keuschheit keine gesellschaftliche Funktion, wurde die Frau von ihrem Stamm geschützt und ernährt.

Patrilinearität änderte die Vorzeichen und wandelte die genannten Merkmale in ihr Gegenteil um: Hier gehörte das Kind zum Vater, war die leibliche Vaterschaft sehr wichtig, bildete Keuschheit die unabdingbare Voraussetzung für die gesicherte Rechtsstellung der Nachkommen, wurde die Frau von ihrem Ehemann geschützt und ernährt. Im sechsten und siebten Jahrhundert fand in Arabien allerdings langsam immer mehr der Übergang vom matriarchalen Lebensprinzip zur patriarchalen Ordnung statt. Die Zeit wurde für eine Veränderung durch eine Persönlichkeit reif, die durch ihre Genialität die ganze Entwicklung auf einen Punkt brachte und den Wandlungsprozess dramatisch beschleunigte. [3]

Es ist kein Zufall, dass der Durchbruch des Neuen von Mekka ausging. In der heiligen Tempelstadt kam der künftige Prophet und Religionsstifter um 570 n. Chr. zur Welt. Mohammed entstammte dem einflussreichen Stamm der Quraischiten, während seine eigene Familie in eher bescheidenen Verhältnissen lebte. Sein Vater Abdallah starb schon vor seiner Geburt und die Mutter Amina in seinem sechsten Lebensjahr. Das Waisenkind wurde dann von seinem Großvater Abdalmuttalib aufgenommen, der sich aber nur zwei Jahre um es kümmern konnte.

Nach dessen Tod kam der Junge um 578 zu seinem Onkel Abu Talib, in dessen großer Familie er nun aufwuchs. Hier wurde er bald zu Hilfsdiensten herangezogen, indem er das Kleinvieh hüten und Beeren sammeln musste. Als junger Mann begann Mohammed dann eine Handelstätigkeit, die ihn von Mekka aus mit Karawanen bis nach Syrien führte. Dort kam er in Kontakt mit Juden und orientalischen Christen, die seinen geistigen Horizont erweiterten.

Seine Reisen führte er vor allem im Auftrag der wohlhabenden Kaufmannswitwe Chadidscha sehr erfolgreich durch und imponierte ihr dadurch sehr. Die 15 Jahre ältere Frau fand Gefallen an dem jungen ernsthaften Mann und schlug ihm die Ehe vor, die um 595 vollzogen wurde. Die Verbindung war sehr glücklich. Aus ihr gingen sechs oder sieben Kinder hervor, von denen aber nur die Tochter Fatima das Erwachsenenalter erreichte. Durch die Heirat gewann der einstige Karawanenführer eine solide materielle Grundlage und auch ein gewisses Ansehen bei seinen Landsleuten. [4]

Mohammed erfuhr etwa 610 seine Berufung zum Propheten durch den Erzengel Gabriel auf dem Berg Hira in der Nähe von Mekka. Seine Kontakte zu den verschiedenen Glaubensgemeinschaften, seine Trauer um den Verfall des traditionellen Polytheismus, sein Hang zum Grübeln und seine tiefe Religiosität veranlassten ihn dazu, sich immer wieder für spirituelle Übungen in die Einsamkeit zurückzuziehen, wo er fastend und meditierend nach Gott und dem Sinn des Lebens fragte. In einer Vision erschien ihm dort der Engel als riesenhafte Gestalt und befahl ihm gewaltsam, ein Buch zu lesen und laut zu rezitieren.

Auf dieses Erlebnis folgte eine gewisse Zeit des Selbstzweifels und der Depression, in der er auch an Selbstmord dachte. Dies dauerte so lange, bis er eine göttlich autorisierte Bestätigung seiner Sendung zum Propheten erhielt. Nun wurden ihm häufiger Offenbarungen zuteil, die von heftigen Zuckungen, Fieberanfällen und Schüttelfrost begleitet waren. Darin verkündete Gabriel die Botschaft vom monotheistischen Glauben an den einen Gott und die Androhung eines jüngsten Gerichts. Aus Unsicherheit verbreitete Mohammed seine Auffassungen zunächst nur unter seinen nächsten Angehörigen. Seine Frau Chadidscha, sein Vetter Ali und sein Freund Abu Bakr zählten zu den frühesten Anhängern des Islam.

Danach begann sein erstes öffentliches Auftreten in Mekka als Mahner, Prediger und Sozialreformer, der die moralische Dekadenz und religiöse Gleichgültigkeit kritisierte und kompromisslos zu einem gottgefälligen Leben aufrief. Den reichen Mekkanern galt der neue Prophet bald als Störenfried, der ihre ganz auf das Ökonomische und Materielle ausgerichtete Existenz bedrohlich in Frage stellte. Zuerst wurde er von ihnen nur diffamiert und verspottet, schließlich aber dann mit seinen Getreuen aus der Stadt verbannt und sozial völlig isoliert. Als 619 Chadidscha und sein Onkel Abu Talib starben, verlor er den ganzen Schutz seiner Familie, so dass er den Feindseligkeiten seiner Gegner offen ausgesetzt war.[5]

622 zog Mohammed mit 70 Anhängern nach Yathrib. Die Stadt lag 350 Kilometer nordwestlich von Mekka entfernt und wurde später „Medina" („Stadt des Propheten") genannt. Diese Auswanderung, die sog. „hidschra", markierte den Beginn der islamischen Zeitrechnung. In der neuen Heimat wurde der Prophet freundlich aufgenommen und betätigte sich dort mehrfach als Schiedsrichter, der erfolgreich zwischen den einzelnen Stämmen vermittelte. Dabei wandelte er sich vom verfolgten Außenseiter und radikalen Prediger zum klugen Staatsmann und mächtigen Führer einer immer größer werdenden Gemeinde, bis er schließlich die Stadt ganz beherrschte.

Nun versuchte er, die Unterstützung der dort ansässigen Juden zu gewinnen, die jedoch sehr distanziert blieben. Nach dem Fehlschlag dieser Bemühungen zog er einen Trennungsstrich und berief sich dabei auf Abraham, der für ihn weder Jude noch Christ, sondern ein allgemein gläubiger, Gott ergebener Sucher gewesen sei und zusammen mit seinem Sohn Ismael die Kaaba gegründet habe. Daher sollten die Muslime ihr Gebet nicht mehr wie bisher nach Jerusalem, sondern nach Mekka richten. Nun ging Mohammed auch kriegerisch gegen die drei im Siedlungsgebiet von Medina lebenden jüdischen Stämme vor. Dabei erlaubte er zweien davon die Auswanderung, ließ aber die Männer des dritten hinrichten und deren Frauen und Kinder in die Sklaverei verkaufen, weil er ihnen ein Bündnis mit den Mekkanern unterstellte. Auch hatte er in seiner eigenen muslimischen Gemeinde Schwierigkeiten mit Kritikern seiner Maßnahmen, setzte sich aber gegen diese „Zauderer" und „Heuchler" rigoros durch. [6]

Bald auch stand die Auseinandersetzung mit Mekka bevor. Dies begann mit einer Reihe von Überfällen auf Karawanen der Stadt, um den Lebensunterhalt von Mohammeds Anhängern zu sichern. Die reichen Mekkaner ließen sich diese Gefährdung ihrer wirtschaftlichen Interessen nicht gefallen und wehrten sich militärisch dagegen. Nun fanden mehrere Schlachten statt, die aber zu keinem eindeutigen Ergebnis führten, dem Propheten aber einige taktische und diplomatische Vorteile brachten.

Daher boten ihm 628 die Mekkaner einen Friedensvertrag an und vereinbarten mit ihm einen zehnjährigen Waffenstillstand, den sie aber nicht einhielten. Mohammed zog 630 mit einem großen Heer gegen die widerspenstige Stadt und nahm sie kampflos ein. Er schonte dabei die Bevölkerung, ließ aber alle alten Götterbilder und heidnischen Symbole der Kaaba zerstören und machte das von allen polytheistischen Einflüssen gereinigte Heiligtum zum religiösen Zentrum des Islam. Dorthin unternahm er im März 632 die erste Wallfahrt und schrieb dabei für diese „Hadsch" minutiös alle rituellen Einzelheiten vor, die bis heute gültig geblieben sind.

Nach Chadidschas Tod ging der bisher monogame Mohammed zur Polygamie über und heiratete im weiteren Verlauf seines Lebens insgesamt 13 Frauen. Am Ende war er gleichzeitig noch immerhin mit neun Gattinnen zusammen. Während seines Wirkens in Medina formte er seine Anhängerschaft zur ganz auf seine Person ausgerichteten „umma", zur islamischen Gemeinschaft der Gläubigen, in der es keine Abhängigkeiten und Auseinandersetzungen zwischen den einzelnen Stämmen geben sollte, sondern in der alle durch das neue religiöse Bekenntnis geeint und – zumindest gemäß dem Ideal – vor Gott gleich und gleichberechtigt waren.

Durch Verträge, Gewaltandrohungen und Kriegszüge brachte der Prophet fast die gesamte arabische Halbinsel unter seine Herrschaft und gliederte sie seiner „umma" ein. Auf dem Höhepunkt seiner Macht und Erfüllung starb er völlig unerwartet Anfang Juni 632 in den Armen seiner Lieblingsfrau Aischa. Er hinterließ ein ausgedehntes Staatswesen mit einer neuen religiösen Konzeption. Beides wäre ohne seine geniale Autorität nicht entstanden. [7]

Aber Mohammed hatte weder einen Nachfolger designiert noch eine Regierungsform nach seinem Tod vorgesehen. Dieses Problem wurde nun nach Art der arabischen Stammesregeln durch den Konsens der sog. „Ältesten", d. h. der frühesten Glaubens- und Kampfgenossen des Propheten, gelöst und entschieden. Die „Stellvertreter" oder „Nachfolger" von Mohammed wurden „Kalifen" genannt, und die vier ersten, die an die Macht kamen, waren außerdem „rechtgeleitet"; d. h. ihr Handeln wurde durch Gottes Führung in jeder Hinsicht vorbildlich.

Auf diese Weise kam zunächst Abu Bakr, der Vater von Aischa, an die Spitze des jungen Staates und zerschlug mit kriegerischen Mitteln den Aufstand einzelner Stämme, die sich von Medina unabhängig machen wollten. Leider starb er schon 634. Unter dem zweiten Kalifen Umar begann die militärische Ausdehnung des arabischen Reiches. Auch dieser „Nachfolger" war wie Abu Bakr ein Schwiegervater von Mohammed, der zur engsten Umgebung des Propheten gehört hatte. Er vollendete die unter seinem Vorgänger begonnene Eroberung Mesopotamiens, Syriens, Palästinas, Ägyptens und Persiens für den Islam innerhalb weniger Jahre.

Nach der nationalen und religiösen Einigung von Arabien durch Mohammed ergoss sich die unverbrauchte Stoßkraft der Wüstenstämme, die sich bis dahin in inneren Kämpfen zerrieben hatte, in unaufhaltsamer Flut nach außen. Die Streiter des Propheten eroberten Land um Land und gewannen ein Reich, das auf seinem Höhepunkt von Turkestan bis Spanien reichte. Umar selbst wurde auf dem Weg zu diesem Ziel von einem persischen Sklaven aufgehalten, der ihn 644 ermordete.[8]

Der dritte Kalif hieß Uthman und stammte aus der aristokratischen Elite von Mekka, die Mohammed zuerst bekämpft und sich ihm später vor allem aus opportunistischen Machtinteressen heraus angeschlossen hatte. So übte nun nicht der schwache Führer, sondern seine Familie, die Sippe der Umayyaden, die eigentliche Herrschaft über das Reich aus. Sie setzte dessen Ausdehnung durch ihre Feldherren fort, die Tripolis, Zypern und Armenien eroberten. Uthman selbst war eine fromme und eher unpolitische Persönlichkeit, deren Lebensleistung auf religiösem Gebiet lag. Schon unter Abu Bakr wurden erstmals die bisher nur mündlich überlieferten Offenbarungen und Aussprüche des Propheten gesammelt. Doch der dritte Kalif veranlasste ihre endgültige Zusammenstellung, Niederschrift und Redaktion in einer allgemeinen Ausgabe des „Korans", der „heiligen Schrift" des Islam. Damit war die Grundlage der Religion eindeutig fixiert und ihre Einheit samt ihrem Fortbestand gesichert. Wegen der Bevorzugung seiner Familie wurde Uthman von den Muslimen der ersten Jahre in Medina scharf kritisiert und schließlich 656 durch einen ihrer Führer umgebracht. [9]

Nun kam Ali als vierter und letzter „rechtgeleiteter" Kalif an die Macht. Er hatte früher Mohammeds Tochter Fatima geheiratet, die ihren Vater nicht lange überlebte. Nun war er deren Witwer, gleichzeitig sowohl der Schwiegersohn als auch der Vetter des Propheten. Damit galt er als dessen natürlicher Erbe und Nachfolger. Doch seine Regierungszeit stand unter keinem „guten Stern".

Zunächst musste er sich mit Mohammeds Lieblingsfrau Aischa auseinandersetzen, die eine persönliche Abneigung gegen ihn hatte und sich mit einigen mekkanischen Führern zusammentat, um den neuen Kalifen als Komplize bei Uthmans Ermordung anzuklagen und ihn deswegen zu stürzen. In der sog. „Kamelschlacht" behielt Ali die Oberhand und ließ dann Aischa nach Medina zurückbringen.

Nun aber erhob der syrische Gouverneur Muawiya als Vetter des getöteten Vorgängers gegen den amtierenden Kalifen ebenfalls den Vorwurf einer Mitschuld an Uthmans Tod. Der Streit sollte durch ein Schiedsgericht geklärt werden. Einige Anhänger wandten sich von Ali ab, weil sie glaubten, dass nur Gott diese Angelegenheit entscheiden könnte. Der Kalif musste darauf gegen diese „ausziehenden" Charidschiten kämpfen, hatte aber nach dem Sieg nicht mehr genug Kraft, um seinen Anspruch auf Mohammeds Nachfolge militärisch durchzusetzen. 661 fiel Ali schließlich dem Anschlag eines ehemaligen Parteigängers zum Opfer. [10]

Darauf wurde Muawiya zum Kalifen gewählt, der Alis ersten Sohn Hasan zwang, zu seinen Gunsten abzudanken. Die letzte Chance, die alte islamische Gemeinde der „umma" wieder zu vereinigen, ging verloren, als Husain, der zweite Sohn von Ali, 680 im irakischen Kerbela mit fast allen Familienmitgliedern getötet wurde. Damit war der Kampf zwischen den eigentlichen Nachkommen des Propheten und der aristokratischen Führungsschicht aus Mekka zugunsten des herrschenden Stammes der „heiligen Stadt" endgültig entschieden.

Die Unterlegenen bildeten darauf die „Shiat Ali", d. h. die „Partei Alis", gaben sich von daher den Namen „Schiiten" und spalteten sich von der alten „umma" ab. Sie sahen in Mohammeds Schwiegersohn den einzig legitimen Nachfolger des Propheten und leiteten die Reihe ihrer „Imame", der Führer ihrer Gemeinde, von Alis und Fatimas leiblichen Kindern und deren weiterem Stammbaum ab. Die Aussprüche dieser Leiter wurden in der „Schia" gleichberechtigt neben die Tradition von Mohammeds Reden gestellt und zitiert. Dagegen berief sich die Mehrheit der islamischen Gemeinde auf die „Sunna", d. h. die Überlieferung der Worte und Taten des Propheten außerhalb des „Korans", und akzeptierte die Herrschaft eines Kalifen, sofern er aus dem mekkanischen Stamm der Quraischiten kam. [11]

Nach Alis Tod 661 beendete Muawiya die Herrschaft der „rechtgeleiteten" Kalifen und begründete eine regelrechte Dynastie der Umayyaden als Nachfahren der Führungsschicht aus Mekka. Die Nachfolge wurde nun nicht mehr vom Ältestenrat bestimmt, sondern regelte sich quasi automatisch und ging vom Vater auf den Sohn über. Dabei wurde die Residenzhauptstadt des Kalifen von Medina nach Damaskus verlagert.

Die Epoche der Umayyaden war zunächst eine Blütezeit mit intensiver Bautätigkeit und kultureller Entfaltung sowie politischer Konsolidierung und weiterer Expansion des arabisch-islamischen Machtbereiches. So wurden Teile von Spanien, Frankreich, Pakistan, Usbekistan und Persien erobert. Aber Niederlagen gegen die Türken, die Byzantiner und die Franken zwischen 715 und 732 setzten der Ausdehnung des Reiches eine Grenze und bereiteten der militärischen Überlegenheit des arabischen Heeres ein Ende.

Auch wurde die Zeit der Umayyaden von Krisen und Aufständen geprägt. Die Schiiten und ehemalige Gefährten des Propheten ließen durch Kriege und Rebellionen das Reich nicht zur Ruhe kommen. Den Herrschern in Damaskus fehlte durch ihre Herkunft von der mekkanischen Aristokratie quasi die islamische Legitimation, die nur durch die Abstammung von Mohammed selbst begründet werden konnte. Zum Träger der religiösen Opposition entwickelte sich die Sippe der Haschemiten, die zur Familie des Propheten in einem weiten Sinn gehörte. Diese berief sich auf Mohammeds Onkel Abbas als ihren Stammvater und trat mit dem Anspruch auf, von diesem Ursprung her das islamische Reich angemessener als die usurpatorischen Umayyaden regieren zu dürfen. Außerdem sollten alle Muslime gleich behandelt und die Neu-Bekehrten nicht mehr gegenüber den Arabern benachteiligt werden. Den Abbasiden gelang es, die allgemeine Unzufriedenheit zu artikulieren und durch Bündelung der Kräfte daraus eine Revolution zu machen. [12]

Abul Abas, der Ur-Urenkel von Mohammeds Onkel, besiegte um 750 am Zab den letzten umayyadischen Kalifen Merwan II., rottete dann dessen ganzes Geschlecht aus und bestieg selbst den Thron. Nur einer entkam dem Blutbad und gelangte auf abenteuerlichem Weg nach Spanien. Dort begründete er als Abd ar-Rahman I. ein unabhängiges Kalifat mit Córdoba als Hauptstadt. Nach dem Tod des letzten spanischen Umayyaden zerfiel das maurische Reich auf der Pyrenäenhalbinsel 1031 und löste sich in zahlreiche selbstständige Emirate auf.

Die Abbasiden verlegten ihrerseits die Regierungszentrale von Damaskus nach Bagdad und machten die eigens dafür neu gegründete Hauptstadt zur bedeutenden Metropole von Verwaltung, Handel, Kunst und Wissenschaft. Zwischen 790 und 830 erreichte die Dynastie einen kulturellen Höhepunkt unter den Kalifen Harun al-Raschid und Al-Mamun. Persischer Einfluss bestimmte dabei das politische Denken und das höfische Zeremoniell und veranlasste eine Blüte der Literatur, die auch als bekanntestes Werk die Erzählungen aus „Tausendundeine Nacht" hervorbrachte.

Die große Bewunderung für Antike und Hellenismus führte zur Übernahme griechischer Wissenschaften, besonders von Philosophie, Mathematik, Astronomie und Medizin, die mit den herausragenden Namen von Aristoteles und Ptolemäus verbunden waren. Diese islamische Geistesentwicklung strebte danach, die Dogmen der eigenen Religion mit Gedanken der griechischen Philosophie zu verschmelzen. Doch das Reich zwischen den Pyrenäen und dem Indus schrumpfte durch Regionalisierung und Abspaltung lokaler Machtzentren.

Mitte des zehnten Jahrhunderts begann der Verfall des Kalifats, das zuerst von den Fürsten der persischen Bujiden und danach der türkischen Seldschuken politisch abhängig wurde. Der Herrscher in Bagdad war immer mehr nur noch eine repräsentative Marionette in den Händen der militärisch überlegenen Regionaldynastien. 1258 eroberten die Mongolen unter Hulagu Chan, einem Neffen des Dschingis Chan, die Hauptstadt der Abbasiden, deren letzter Kalif al-Mustasim dabei den Tod fand. Auf diese blutige Weise endete das 500-jährige islamische Weltreich der Araber. [13]

84

Schon Ende des zwölften Jahrhunderts erreichte das Denken der maurischen Kultur ihren Höhe- und Schlusspunkt. Ibn Rushd oder Averroes aus Córdoba galt damals als der bedeutendste islamische Philosoph, der vor allem die Werke des Aristoteles in seinen Schriften ausführlich erläuterte. Darin trat er für eine Trennung von Denken und Offenbarung ein. Für ihn erschien die höhere Wahrheit des Philosophen in der Religion als bildhafte Einkleidung, die dem Verständnis der Menge angepasst war. Solche Auffassungen wurden von der islamischen Theologie scharf verurteilt, die den spanischen Kalifen veranlasste, Averroes zu verbannen und seine Schriften zu verbrennen. Auf diesem Scheiterhaufen wurde im Islam das philosophisch aufgeklärte Denken vernichtet, das 1198 mit dem Tod von Ibn Ruschd ihr Ende fand.

Sein großer Gegenspieler in der arabischen Geisteswelt war Al-Ghazali, der vor ihm bis 1111 gelebt hatte. Dieser zog sich ganz auf den Glauben zurück und nahm gegen Wissenschaft und Philosophie eine skeptische Haltung ein. Dabei versuchte er die Mystik mit der offiziellen Theologie zu versöhnen und das Denken durch die Religion zu fesseln, wodurch aus der islamischen Kultur jede produktive Erneuerungsfähigkeit verschwand. In seinem „Buch über die Ehe" entwickelte Al-Ghazali einen Leitfaden für die Lebensführung eines wahrhaft gläubigen Moslems und führte dabei all die Argumente einer Sittenlehre an, die das patriarchale Verhältnis der orthodoxen Theologie zu den Frauen bis heute bestimmt. [14]

Um das aus der arabischen Religionsgeschichte entstandene Bild des Weiblichen und der Frau besser verstehen und einordnen zu können, muss die vorliegende Arbeit noch einmal bei der vorislamischen Zeit ansetzen. Erinnert sei nochmals an die drei Göttinnen Allat, Al-Uzza und Manat, an das göttliche Liebespaar Isaf und Naila sowie an die matrilineare Struktur vieler arabischer Stämme. All dies lässt auf eine frühgeschichtliche Gesellschaftsform des Matriarchats schließen, die auf der vorderasiatischen Halbinsel ebenso wie in Mesopotamien, Ägypten, Palästina und Kleinasien existierte und in der eine alles beherrschende Muttergottheit angebetet wurde.

Allat, deren Name schlicht „Göttin" oder „Herrin" bedeutete, soll bei den hellenisierten Arabern dem Bild der jungfräulichen Pallas Athene entsprochen haben. Al-Uzza hieß „die Mächtigste" und glich als Gestalt von außergewöhnlicher Schönheit der damaligen Vorstellung von der Liebesgöttin Aphrodite oder Venus. Manat hatte wortgeschichtlich mit „Schicksal" oder „Todesgeschick" zu tun, was sie mit der alten geheimnisvollen Hekate in Beziehung setzte.

Hier zeigt sich insgesamt die arabische Variante der dreifaltigen Göttin, die in Europa, Vorderasien und Nordafrika die matriarchale Vorzeit der Überlieferung nach prägte. Die Gottheiten, die damals mit Jungfräulichkeit, Eros und Tod assoziiert wurden, repräsentierten Frühling, Sommer und Herbst-Winter und damit den Kreislauf des Jahres mit seinen Entsprechungen in den Seelen der Menschen. In den drei Gestalten entfalteten sich nur die Einzelaspekte der e i n e n Großen Göttin Natur, die auf der psychischen Ebene im Bereich des kollektiven Unbewussten als Archetyp der Großen Mutter oder Magna Mater erscheint. [15]

Der schwarze Stein im Heiligtum von Mekka verkörperte ursprünglich die dunkle Erd- und Todesseite der matriarchalen Gottheit, die aber nur Wandlung in einem zyklischen Geschehen zur Erneuerung und Wiedergeburt des Lebens bedeutete. In der Kaaba befand sich auch eine Taube aus Aloeholz als Zeichen der alten Liebesgöttin, deren Ahnenreihe von der babylonischen Ischtar über die phönizische Astarte bis zur griechischen Aphrodite reichte.

Die Statuen des göttlichen Paares Isaf und Naila, die voller Erregung im Heiligtum den Liebesakt vollzogen und deshalb nach einer patriarchalen Legende in Steine verwandelt wurden, symbolisierten wohl davor eher die „heilige Hochzeit" oder den „hierosgamos", der in früheren Zeiten zwischen dem König von Babylon und der Oberpriesterin von Ischtar alljährlich im Tempel der Göttin zur Erneuerung des Lebens und Befruchtung des Landes stattfand.

Das Standbild von Hubal im Inneren der Kaaba dürfte wohl auf den ursprünglichen Sohngeliebten der arabischen Muttergöttin hinweisen, die mit ihm in Gestalt von Allat, Al-Uzza oder Manat ihr großes Liebesfest feierte. Vielleicht hat sie ihm bei dieser Gelegenheit schon ganz früh in Ableitung von ihrem eigenen Namen die Ehrenbezeichnung „Allah", d. h. „Gottheit", verliehen. [16]

Um 600, kurz vor Mohammeds öffentlichem Auftreten, vollzog sich der Übergang vom Matriarchat zum Patriarchat immer schneller und dynamischer. Es war eine Zeit der Dekadenz, der Desorientierung und der Verweltlichung, in der die Menschen größtenteils nicht mehr wirklich an die alten Göttinnen glaubten, sondern nur noch äußerlich ihre Anbetungsrituale durchführten und ansonsten in Mekka und Umgebung ihren ökonomischen Geschäften nachgingen.

Bei den arabischen Stämmen setzte sich immer mehr die neue patrilineare, vater-bestimmte Ordnung gegenüber der alten matrilinearen, mutter-zentrierten Struktur durch. Hubal wurde im Lauf der Zeit zu Allah, dem transzendenten Schöpfer der Welt und Vater aller Lebewesen. Allat, Al-Uzza und Manat waren auf einmal die Töchter des obersten Gottes, der nun die „heilige Hochzeit" von Isaf und Naila in seinem Heiligtum als schweren Verstoß gegen seine Gesetze ansah und dieses Verbrechen mit der Versteinerung des Liebespaares bestrafte.

Mohammed brauchte diesen allgemeinen Prozess der patriarchalen Entwicklung nur genau auf den spirituellen Punkt zu bringen, um der Religion des Islam zum Siegeszug zu verhelfen. Er war der geniale Prophet, der die Fähigkeiten eines inspirierten Predigers, eines politischen Führers und eines äußerst potenten Ehemannes in seiner Person vereinigte. Damit wurde er zu einer Art „Messias"-Gestalt, die das in viele Stämme zersplitterte arabische Volk zur nationalen und religiösen Einheit zusammenschloss und so die Grundlage für das islamische Weltreich schuf.

Auf dem inneren Weg dahin wollte er die drei Göttinnen zunächst in sein Glaubenssystem als Allahs Töchter übernehmen. Doch dann sah er diese Möglichkeit als Irrtum an und machte die drei Muttergottheiten zu Ausgeburten der Hölle und des Teufels. Nach seinem kampflos errungenen Sieg über Mekka ließ er ihre Standbilder und Symbole vernichten und setzte Allah als alleinigen Herrscher über den Kosmos ein.

Anschließend schickte Mohammed nach einer überlieferten Legende seinen General Chaled zu Al-Uzza, um ihr Heiligtum zu zerstören. Dieser führte den Befehl entschlossen aus, fällte die drei Weidenbäume des matriarchalen Tempelbezirks und tötete dabei auch die Göttin und ihren Priester. Der schwarze Stein von Mekka war von nun an auch kein Attribut der alten Erdgottheit mehr, sondern wurde nach Auffassung des Propheten von Abraham und seinem Sohn Ismael zur Ehre von Allah in die Kaaba eingefügt. [17]

Die Abwertung und die anschließende Vernichtung des Kultes der Göttinnen gingen im Patriarchat der Halbinsel mit dem Bestreben einher, die weibliche Sexualität zu beherrschen und zu unterdrücken. Zu diesem Zweck verlegte sich die damalige arabische Gesellschaft auf äußerliche Vorsichtsmaßnahmen in Form von Verhaltensregeln im Rahmen der Geschlechtertrennung, weil es ihr nicht gelang, ihre Mitglieder zur Verinnerlichung sexueller Verbote zu bewegen.

Durch Veräußerlichungen wie der Absperrung des weiblichen Bereiches wollten sich die Männer vor den Frauen schützen. Denn sie fürchteten nichts mehr als „fitna", d.h. die Unordnung oder das Chaos. Hier ergibt sich eine Parallele zum Begriff des Es in der Psychoanalyse. Sigmund Freud nennt diese Sphäre den „dunklen, unzugänglichen Teil unserer Persönlichkeit", der meist „negativen Charakter" habe. Das Es ist für ihn „ein Chaos" sowie ein „Kessel voll brodelnder Erregungen" und hat die Tendenz, „den Triebbedürfnissen unter Einhaltung des Lustprinzips Befriedigung zu verschaffen". Daher kenne dieses Es „keine Wertungen, kein Gut und Böse, keine Moral".

Mit diesen Bewertungen reiht sich die Psychoanalyse in die Tradition des christlichen Abendlandes ein, die als Ziel der Zivilisation den Sieg des Geistes über den Körper oder des Ich über das Es proklamierte. Der Orient in der Ausprägung des Islam bekämpfte nun nicht die Sexualität an sich, sondern speziell die Frau als Geschlechtswesen. [18]

Das arabische Wort „fitna" bedeutet zunächst „Anfechtung", dann aber auch „weibliche Schönheit", die dazu benutzt wird, Männern die Selbstbeherrschung zu rauben und sie von ihren gesellschaftlichen wie religiösen Pflichten abzubringen. Nach dieser Auffassung ist die Frau eine „femme fatale", deren Verführungskunst den Umsturz der bestehenden, von Gott eingerichteten Ordnung bewirken kann. Von daher erscheint sie als Verbündete und Werkzeug des Teufels, der in ihrem Körper wohne.

So seien für den Fortbestand der Gesellschaft Institutionen notwendig, die durch Überwachung der Frau die männliche Herrschaft begünstigten. Der Islam beschleunigte nun die Übergangsentwicklung vom Matriarchat zum Patriarchat in Arabien, indem er der Heirat und Ehe eine strenge vaterrechtliche Struktur gab und den Geschlechtsverkehr außerhalb dieser Form sowie alle matrilinear ausgerichteten Tendenzen der Beziehung von Mann und Frau als „zina", d. h. Unzucht, verurteilte. Die Grundlagen der neuen islamischen Gesellschaft waren: männliche Überlegenheit im Umgang mit „fitna", der Anspruch einer sexuellen Befriedigung für alle Gläubigen und die Forderung an alle maskulinen Moslems, an erster Stelle Gott zu setzen und sich seinem Dienst zu weihen. [19]

Der Tiefenpsychologe Erich Neumann interpretiert „die Angst vor dem Weiblichen" als Störungsform „des erwachsenen Männlichen", die „im wesentlichen durch die Angst-Bindung an die Mutter" und den dadurch ausgelösten „Mutter-Komplex" charakterisiert ist. Dabei wird das Weibliche als „Frau und Welt" erfahren, „die beide nicht ‚erobert' werden können". Es erscheint nach Neumann dabei in Gestalt „der Furchtbaren Mutter, die nicht loslässt und deren Besitzanspruch sich das unerwachsene Männlich-Sohnhafte nicht zu entziehen wagt". Ihr Körper ist tabu, und ihr Genitale wird als „verschlingend" kastrierende „vagina dentata" gefürchtet.

Für den Tiefenpsychologen beruht jede Form des maskulinen „Selbst-Schutzes", die in der „patriarchalen Ideologie vom ‚Negativ-Weiblichen'" zum Ausdruck kommt, auf einer „Selbstunsicherheit", einem „Nicht-gewachsen-Fühlen", d. h. einer „ungenügenden Entwicklung der Männlichkeit". C. G. Jung und seine Schule sehen hier den negativen Aspekt des Archetyps der Großen Mutter hervortreten, der an sich eine ambivalente Symbolik aufweist. Danach vereinigt das weibliche Urbild in seinem seelischen Uterus „das ewige Gebären und das ewige Verschlingen des Lebens" und wirkt dabei als „Madonna" und „Teufelin" zugleich. [20]

Doch nach Auffassung von Neumann hat der Mann nicht nur Angst vor der realen Frau und ihrem Körper, sondern auch vor seiner eigenen weiblichen Seite in der Tiefe seiner Seele. Diese besitzt einen sog. Wandlungscharakter, der das männliche Ich nicht wie die Furchtbare Mutter in sich festhalten, sondern „zur Bewegung, zur Veränderung und eben zur Wandlung" bringen will.

Jung und Neumann nennen diesen Aspekt der Psyche des Mannes „Anima", die in Träumen, Visionen und Imaginationen oft als Naturwesen auftritt und dabei vielfach die Gestalt einer Nixe, Hexe, Schwanjungfrau, Nymphe, Fee oder Schlange annimmt. In einer dieser Erscheinungen treibt die weibliche Seelenfigur „den Mann hintergründig zu seiner rastlosen Suche, zu seinen Taten und Abenteuern" innen wie außen an und zwingt ihn „zur Anspannung" und „Steigerung", so dass „die höchste Anstrengung des Ich herausgefordert" wird.

Diesem seelischen Anspruch entzieht sich der patriarchale Mann durch die Angst vor der Anima und damit jeglicher Veränderung. In der vaterrechtlich organisierten Kultur wird nach Neumann der Unruhe bringende

Wandlungscharakter des femininen Aspekts der männlichen Psyche weitgehend ausgeschlossen. Dieses „Abgeschnittensein" des Patriarchats „vom Weiblichen und vom Unbewussten" ist eine „der wesentlichen Ursachen für die Angstkrise" der männlich dominierten Gesellschaften und ihrer entsprechenden Religionen.[21]

Doch die von maskulinen Grundsätzen bestimmte Kultur hat einen mächtigen Helfer in der Seele des Menschen. „Über-Ich" nennt Freud die „beobachtende und strafandrohende Instanz" der Psyche, der er noch die Bereiche des Gewissens und des Ich-Ideals als Unterfunktionen zuteilt. Von diesem inneren Kontrollzentrum gehen Wertorientierung und Normensetzung der Persönlichkeit aus, die durch Verinnerlichung der elterlichen Forderungen und Verbote im seelischen Zensor entstehen. Nach Freud enthält das Über-Ich mit seinem Ich-Ideal „als Ersatzbildung für die Vatersehnsucht" den „Keim, aus dem sich alle Religionen" geformt haben. Gemeint sind hier wohl die monotheistischen Glaubenssysteme.

Der Psychoanalytiker Erich Fromm bezeichnet die strafende Instanz der Seele als „autoritäres Gewissen", das als „Stimme einer nach innen verlegten äußeren Autorität" erscheint. Damit meint er konkret „Eltern, Kirche, Staat, öffentliche Meinung" und kulturelle Vorbilder. Ein Mensch mit einem solchen Gewissen fühlt sich „sowohl an die äußere Autorität als auch an ihr inneres Echo gebunden", hat Angst vor beiden Instanzen, bewundert sie aber auch gleichzeitig. Die reale und die internalisierte Autorität fordern nach Fromm Unterwerfung „aus der Überzeugung ihrer moralischen Überlegenheit und ihres Rechtes". Der Respekt, den man ihnen schuldet, „schließt jeden Zweifel" an ihnen aus. Die Menschen sind hier nur „Untertanen", Mittel zum Zweck und „Eigentum" der beiden Autoritäten.

Dem Bereich der das Ich unterdrückenden Instanzen stellt der Sozialpsychologe das humanistische Gewissen gegenüber. Dieses repräsentiert die „eigene Stimme, die in jedem Menschen gegenwärtig ist" und „die Reaktion unserer Gesamtpersönlichkeit auf deren richtiges oder gestörtes Funktionieren" bedeutet. Hier bezieht sich Fromm „auf die Totalität der Fähigkeiten, die unsere menschliche und individuelle Existenz ausmacht", und bezeichnet das humanistische Gewissen als „die Stimme unserer liebenden Fürsorge für uns selbst".[22]

Beide seelischen Grundtendenzen zeigen sich auch in der patriarchal geprägten Religion des Islam. Hier finden sich sowohl autoritäre als auch humanistische Züge, die im Glauben der Moslems einen tiefen Zwiespalt erzeugen. Diese prinzipielle Ambivalenz wird gerade an der Persönlichkeit des Propheten sichtbar. So diagnostiziert die Psychoanalyse bei ihm eine elementare „Angstneurose paranoider Färbung" und einen Charakter „von schizoider Veranlagung".

Allerdings blockierten die pathologischen Quellen seines Seelenlebens nicht seine Genialität, sondern ermöglichten sie geradezu erst mit aller Doppeldeutigkeit, die mit ihr verbunden war. Seine Urangst machte ihn als Gottsucher und Propheten durchaus produktiv, aber als Feldherrn und Staatsmann eher skrupellos, wenn es galt, Konkurrenten und Mitglieder von Stämmen, die ihm gefährlich werden konnten, einfach umbringen zu lassen, was jedoch damals in einer Zeit der Blutrache allgemein üblich war.

Mohammed bewertete die Sexualität wie das heidnische Mekka sehr positiv, beschränkte aber ihre Ausübung für Frauen nur auf die Ehe und stülpte ihr ein Bündel von Regeln und Vorschriften über, das nur noch dem Mann gestattete, seinen Geschlechtstrieb voll auszuleben. Besondere Wertschätzung erfuhr die Frau als Gattin und Mutter. Wenn sie noch jung und unverheiratet war, musste sie um jeden Preis auf ihre Jungfräulichkeit achten. Menstruation und Geburt machten sie rituell unrein und schlossen sie von den öffentlichen Gebeten aus. Außerdem durfte sie nur in religiösen Versammlungen ihres eigenen Geschlechts als Vorbeterin tätig sein. [23]

In den patrilinear geprägten Stämmen der vorislamischen Zeit war die Frau sogar nahezu völlig rechtlos. Hier verbesserte Mohammed ihre Situation durch eine Reihe von Sozialreformen, ohne jedoch das bisherige Ideal patriarchaler Herrschaft aufzugeben. So forderte er u. a. die Abschaffung der Ermordung von kleinen Mädchen, den Schutz der Witwen und Waisen, die Einhaltung des Ehevertrags besonders bezüglich der Scheidung, die Beschränkung der Polygamie auf höchstens vier Gattinnen inklusive deren Mitsprache, die religiöse Gleichstellung des weiblichen Geschlechts mit dem männlichen sowie das Recht der Frau auf Bildung, Erbe und Eigentum bis zur Hälfte ihrer Mitgift.

Diese Reformen beruhten aber auf unverrückbarer göttlicher Autorität, blieben für alle Zeiten unabänderlich und wurden dadurch Ausgangspunkt für die Erstarrung des islamischen Rechtsdenkens hinsichtlich der Stellung des weiblichen Geschlechts.

Auch hielt sich Mohammed, was seine eigene Person betraf, selbst nicht an einzelne Punkte seiner Reformen und begründete dies mit seiner Ausnahmeposition als Prophet. So glaubte er, von Gott das Privileg erhalten zu haben, so viele Frauen zu besitzen, wie er wollte. Aber er bemühte sich, alle seine Gattinnen gleich liebevoll zu behandeln. Aus diesem Grund suchte er manchmal jede von ihnen hintereinander in einer Nacht auf. Mit genialer „Stärke" verband er so nach Auffassung von Al-Ghazali „den Vollzug" des hingabevollen Dienstes „an Gott mit der Ehe". [24]

Dabei begann Mohammeds Liebesleben durchaus monogam. Seine erste Frau Chadidscha stammte aus einer wohl matrilinear geprägten Sippe in Mekka, war bereits zweimal verheiratet und verwitwet, wirtschaftlich unabhängig und wohlhabend sowie für damalige Verhältnisse äußerst selbstbewusst. Sie ging aktiv auf den viel jüngeren, sehr tüchtigen und attraktiven Mohammed zu und trug ihm die Ehe an. Ihre innere Kraft, Geduld und Zärtlichkeit gaben dem sensiblen, in sich zerrissenen Gottsucher materiellen sowie seelischen Rückhalt und damit den tragenden Boden, den er brauchte, um sich von seinen Selbstzweifeln zu befreien und zu seiner Berufung zu finden. So bestärkte und ermutigte sie ihn auf seinem schwierigen Weg von seinen ersten Offenbarungen bis zu seinem öffentlichen Auftreten als Prediger und bekannte sich auch von Anfang an zum Islam.

Chadidscha verkörperte für Mohammed die große Muttergöttin als Archetyp der Magna Mater, die ihren Heros und Sohngeliebten verständnisvoll und einfühlsam in die Welt des Eros und der Frau einführte. Sein Unbewusstes antwortete darauf mit der Erlaubnis, ihre Hingabe als schuldfreie Beglückung und Erlösung in sich erleben und annehmen zu dürfen. Auf diese Weise wuchs auch sein Selbstvertrauen durch ihre Liebe, Fürsorge und Weisheit.

Ihr Tod stürzte ihn allerdings in eine tiefe Krise, deren Bewältigung schließlich zu seiner Wandlung vom introvertierten Visionär und monogamen Ehemann zum aktiven Staatsmann und polygamen Erotiker führte. Doch sprach er zeitlebens immer sehr liebevoll von der Toten, was seine späteren Frauen oft erzürnte und mit rasender Eifersucht erfüllte. [25]

Dies gilt vor allem für Aischa, der meistgeliebten Partnerin seines Harems in Medina. Diese bildete einen absoluten Gegenpol zu Chadidscha, die sie als „zahnlose Alte" bezeichnete. Das Mädchen war sechs Jahre alt, als Mohammed sich mit ihr verlobte, und dann erst neun, als er mit ihr die Ehe vollzog, was den damaligen Bräuchen durchaus entsprach. Aischa wurde seine Muse und „femme inspiratrice". Denn in ihren Armen empfing er viele Visionen. Sie konnte ihn aufheitern, ihm und anderen Männern in wichtigen Glaubensfragen aber auch widersprechen.

Aischa war schön, klug und mutig, aber auch eifersüchtig und intrigant. Durch die Offenheit und Beweglichkeit im Denken und Handeln verkörperte sie den aktiven, extravertierten Aspekt von Mohammeds Anima. In seinem Harem war sie die treibende Kraft, die ihn immer wieder zu neuen Offenbarungen und Entscheidungen herausforderte.

Nach seinem Tod spielte sie in den inneren Auseinandersetzungen um seine Nachfolge eine wichtige politische Rolle. Zwar verlor sie den Kampf gegen Ali, gewann aber großen Einfluss auf die Weiterentwicklung der Lehre des Propheten und wurde eine gefragte Autorität, der man etwa 1200 überlieferte Aussprüche zur Erläuterung des „Korans" und des Glaubenslebens zuschrieb. Die Sunniten schätzten sie sehr, die Schiiten hassten sie dafür umso mehr. 678 starb sie mit 64 Jahren in Medina, ohne jemals wieder geheiratet zu haben, was sie als Mohammeds Witwe auch gar nicht durfte. [26]

Fatima, die Tochter des Propheten, überlebte ihren Vater nur wenige Monate und starb der Legende nach aus Kummer und Trauer. Als Gemahlin von Ali gebar sie die beiden Söhne Hasan und Husain, schenkte Mohammed dadurch zwei Enkel und setzte so dessen männliche Linie fort. Daher erfuhr sie in der islamischen Gemeinschaft große Anerkennung, obwohl sie dort politisch kaum in Erscheinung trat. Nach ihrem frühen Tod wurde sie als Königin aller im Paradies weilenden Frauen verehrt.

Ihr Leben soll hart, enthaltsam und entbehrungsreich gewesen sein. Die muslimische Tradition bezeichnete sie als „Jungfrau", „Mädchen", „Strahlende" und „vor Sünden Geschützte". Besonders die Schiiten schätzten Fatima sehr hoch ein und betrachteten sie als Übermittlerin von Allahs Lichtsubstanz, als Inkarnation des Göttlichen in der weiblichen Natur und als edelstes Frauenideal. Da Mohammed sie mehr als seine anderen Töchter geliebt haben soll, dürfte sie den sanften, introvertierten Aspekt seiner Anima repräsentiert haben. [27]

Nicht nur Aischa und Fatima, sondern auch andere Gattinnen des Propheten sagten offen ihre Meinung und stellten ihrem Ehemann unangenehme religiöse Fragen, die ihn zum Nachdenken zwangen. Zumindest in der Zeit des frühen Islam hatten etliche Frauen öffentlich eine starke Position und nahmen aktiv am Leben der Gemeinschaft teil.

Doch allmählich drangen christliche, indische und persische Einflüsse, die aus asketischen Motiven die Ehe und das Weibliche gering schätzten, in das arabische Reich ein. So nahm die Degradierung der Frau, die potenziell schon im „Koran" angelegt war, immer mehr zu.

Man legte Mohammed nun nachträglich gegen das weibliche Geschlecht gerichtete Aussprüche, die seiner Liebe zu den Gattinnen völlig widersprachen, fälschlicherweise in den Mund. Al-Ghazali gab den Frauen die Schuld an allem Leid und Unglück dieser Welt. Seit dem achten Jahrhundert wurde daher das weibliche Geschlecht zunehmend aus dem öffentlichen Leben ausgeschlossen, zum strikten Gebot der Verschleierung angehalten und im Harem ihrer Männer eingesperrt. [28]

Die ambivalente Symbolik der Großen Mutter erschien im „Koran", der um 656 in einer kanonischen Textausgabe niedergeschrieben wurde, besonders deutlich bei den schon aus der Bibel bekannten Gestalten von Eva und Maria. Im „heiligen Buch" des Islam werden von der Schöpfungsgeschichte an immer wieder die Gleichheit und Gleichwertigkeit von Mann und Frau betont. Bei der grundlegenden gegenseitigen Entsprechung und Bezogenheit der beiden Geschlechter gibt es darin keine Vorstellung der Erbsünde.

Eva, die „Mutter allen Lebens", hat im „Koran" keinen Namen, sondern erscheint immer nur als Gattin von Adam, wird aber zunächst nicht besonders negativ dargestellt. Nach Mohammed weigert sich der Erzengel Iblis in seinem Hochmut, vor Adam niederzuknien, und wird deswegen aus dem Paradies vertrieben. Aus Rache verleitet er dann das erste Menschenpaar zur Verletzung des göttlichen Gebotes und veranlasste so auch dessen Verstoßung aus dem „Garten Eden".

Später aber drang das jüdisch-christliche Bild von Eva als Verführerin auch in islamische Erzählungen ein, in denen Gott Adams Gattin mit Menstruation und Geburtsqualen bestrafte. Während nun der erste Mann die lange Reihe der Propheten anführte, wurde seine Frau zur dämonischen Teufelin. Damit entstand der negative Aspekt des Archetyps der Magna Mater und die patriarchale Form der Ehe mit ihrer Unterordnung der Frau unter den Willen ihres Mannes. [29]

Maria erscheint im „Koran" als absoluter Gegenpol zu Eva. Hier wird sie als einzige Frau namentlich erwähnt sowie als von Gott auserwählte jungfräuliche Mutter des Propheten Jesus und damit als Vorbild für alle Muslime dargestellt. Dafür verehren die Sunniten sie mit Bewunderung und Respekt, gehen allerdings nicht so weit, sie wie im Christentum zur Fürsprecherin bei der göttlichen Autorität zu machen. Doch ist sie nach einer islamischen Überlieferung die Erste, die ins Paradies eintreten wird. Für sie beginnt der neugeborene Jesus zu sprechen, bezeugt durch dieses Wunder ihre Unschuld und befreit sie so vom Vorwurf der Hurerei.

In diesen Kindheitsgeschichten betont der „Koran" vor allem das Handeln Gottes an Maria, seine Macht und Größe sowie das Wesen und den Auftrag Jesu, reduziert aber damit die Bedeutung der jungen Frau auf ihre biologische Funktion als Mutter, die das über sie verhängte Schicksal passiv hinnimmt. Als schweigende, hingebungsvolle Seele verkörpert Maria genau wie Fatima in der patriarchalen Sichtweise des Islam den positiven lichtvollen Aspekt des Urbilds der Großen Mutter, der aber völlig von Eros und Sexualität abgeschnitten ist. [30]

Seit 1704 ist „Tausendundeine Nacht" durch die Übersetzung von Antoine Galland ins Französische das bekannteste Buch der arabischen Literatur und die berühmteste Sammlung von Erzählungen auf der ganzen Welt. Die ältesten Motive stammen aus Indien (2. – 3. Jahrhundert), später kamen noch persische Geschichten dazu (5. – 8. Jahrhundert). Eine erste Ausgabe arabischer Märchen entstand zwischen 900 und 1000 in Bagdad mit Harun al-Raschid als Zentralgestalt. Um 1200 gab es in Ägypten eine Sammlung orientalischer Erzählungen, die zuerst den Titel „Tausendundeine Nacht" trug.

Geeint wurden nun all diese Geschichten durch den islamischen Firnis oder Überbau, der sich besonders in immer wiederkehrenden religiösen Formeln, Ritualen und Moralvorstellungen zeigte. Elemente aus allen vier Redaktionsschichten des Werkes bestimmen gerade auch die bekannte Rahmenerzählung des Buches: König Schehrijar ist durch die Untreue seiner Gattin tief in seiner Ehre gekränkt und rächt sich dafür am ganzen weiblichen Geschlecht. Jede Nacht lässt er sich eine Jungfrau zuführen und gleich nach vollzogener Ehe am nächsten Morgen hinrichten. Als nach drei Jahren keine heiratsfähige Braut mehr zu finden ist, bietet sich Schehrezad, die Tochter des Wesirs, nach einem Gespräch mit ihrem Vater freiwillig an, um das Wagnis des grausamen Rituals auf sich zu nehmen. Nachdem sie mit dem König geschlafen hat, beginnt sie ihrer jüngeren Schwester Dinazad eine Geschichte zu erzählen, die sie an einem so spannenden Punkt abbricht, dass Schehrijar die Fortsetzung unbedingt hören will und seine Frau aus Neugier weiterleben lässt. [31]

So gelingt es Schehrezad, das Todesurteil Morgen für Morgen hinauszuschieben und den rachsüchtigen König durch ihre endlosen Erzählungen zu faszinieren. Diese List wendet sie erfolgreich über 1000 Nächte an, bis sie ihm am Ende ihre drei Kinder zeigen kann, die sie ihm in der langen Zeit ohne sein Wissen geboren hat. Er lässt sie in Anerkennung ihrer Klugheit endgültig am Leben, ist nun von seiner Mordlust durch ihre Erzählkunst geheilt und bereit, sich auf die Ehe mit ihr liebevoll einzulassen.

Das glückliche Ende der Geschichte ist der Triumph des „Ewig-Weiblichen" über die Angst des Mannes, und Schehrezad wird so zum eindrucksvollsten Symbol der befreiten orientalischen Frau, das die Ordnung der getrennten Geschlechter und damit die gewaltsame Unterdrückung des Weiblichen durchbricht. Die Tochter des Wesirs und Gattin des Königs repräsentiert die Große Mutter idealtypisch in ihrer Ganzheit, ist „Eva" und „Maria" in einer Person. Sie trägt alle Züge der Verführerin, Geliebten, Jungfrau und Mutter in sich und erfüllt damit die Wunschprojektion des patriarchalen Mannes, die ihn von seinem Angsttrauma erlöst – leider nur im Märchen und nicht in der Realität. [32]

Es gibt noch ein Beispiel in der religiösen Weltliteratur, das im Islam eine besondere Rolle spielt. Im altbabylonischen „Gilgamesch"-Epos von etwa 2000 v. Chr. wirbt die Liebesgöttin Ischtar um den Titelhelden, der sie mit höhnischen Worten verschmäht. Tief gekränkt beschwert sie sich darüber bei den anderen Göttern, die ihr helfen und zwar nicht Gilgamesch selbst, aber dessen besten Freund Enkidu töten. In tiefer Trauer begibt sich der Heros auf die Suche nach Unsterblichkeit, muss sich aber am Ende mit seiner Vergänglichkeit abfinden.

Eine biblische Variante dieses Motivs ist die Geschichte von Josef und Potiphars Frau im Alten Testament (Genesis, Kap. 39) aus dem neunten vorchristlichen Jahrhundert. Der ägyptische Kämmerer und Günstling des Pharao überlässt dem geschickten und schönen Sklaven aus Israel die Sorge für sein Haus und seine Gattin. Der junge Mann bemüht sich, den täglichen Annäherungsversuchen der sexuell frustrierten Ehefrau zu widerstehen, und kann einmal ihrer direkten Aufforderung zum Beischlaf nur knapp entkommen. Aus Rache verleumdet sie Josef bei ihrem Mann, der den Unschuldigen zornerfüllt ins Staatsgefängnis werfen lässt. Der „Koran" übernimmt im siebten nachchristlichen Jahrhundert diese Geschichte für seine zwölfte Sure, erweitert sie aber noch durch eine Bankettszene aus der jüdischen Erzähltradition. Hier lädt Potiphars Frau ihre Freundinnen zu einem Festessen ein und lässt Josef aus dem Gefängnis kommen. Die vornehmen Ägypterinnen sind nun von seiner Schönheit so geblendet, dass sie ihre Messer statt in die Früchte sich selbst in die Hände schneiden. Durch diesen kollektiven Ausdruck sexueller Erregung wird die Gattin des Kämmerers in ihrem Begehren bezüglich des jungen Mannes gerechtfertigt und entschuldigt. [33]

Die islamische Literatur spinnt dann vom elften bis zum fünfzehnten Jahrhundert den Faden der Geschichte auf ihre eigene Weise weiter. Der persische Dichter Dschami macht daraus 1483 ein reines Liebesepos mit allegorisch-moralischer Bedeutung. Josef heißt dann Yusuf, und seine bisher ungenannte Herrin erhält nun endgültig den Namen Zuleicha. Die Verführerin wandelt sich hier äußerlich und innerlich zur schönen jungen Witwe, die ihrem Geliebten allmählich geistig und seelisch ebenbürtig wird. Dabei verkörpert sie nicht nur die liebende Frau, sondern auch die menschliche Seele in ihrem Streben nach göttlicher Schönheit, die ihr in Yusufs Gestalt entgegentritt.

Schließlich befiehlt ihm der Engel Gabriel, sie zu heiraten. Nach Jahren der glücklichen Ehe mit Kindern und Enkeln wird Yusuf auf seinen Wunsch ins Paradies entrückt, wohin ihm Zuleicha bald danach folgen darf. So preist dieses mystische Werk die unerfüllte Liebe in der Jugend letztlich als Segensgabe von Gott. Die alte Liebesgöttin Ischtar-Astarte-Aphrodite macht hier einen jahrhundertelangen Wandlungsprozess durch, an dessen Ende die letzte Reifungsstufe des Großen Weiblichen, die Sophia, als hingebungsvolle liebende Frau steht. [34]

Goethe greift diese Gedanken noch einmal in seinem „West-östlichen Divan" von 1819 auf. In dieser literarischen Auseinandersetzung mit dem Islam verarbeitet er auch die entsagungsvolle Liebe zu seiner damaligen

Muse Marianne von Willemer, nennt sie darin Suleika und widmet ihr ein eigenes Kapitel. Das letzte Gedicht aus diesem „Buch Suleika" lässt die Geliebte mit der Gottheit verschmelzen. Der Dichter gibt darin der transzendenten Dimension ein unverkennbar weibliches Vorzeichen und verweist damit poetisch auf die Quintessenz des matriarchalen Hintergrunds aller drei monotheistischen Religionen. Das kleine Werk ist in der orientalischen Form des „Ghasels" verfasst und trägt keinen Titel. Es lautet in seiner veröffentlichten Fassung folgendermaßen:

In tausend Formen magst du dich verstecken,
Doch, Allerliebste, gleich erkenn ich dich;
Du magst mit Zauberschleiern dich bedecken,
Allgegenwärtige, gleich erkenn ich dich.

An der Zypresse reinstem, jungen Streben,
Allschöngewachsne, gleich erkenn ich dich;
In des Kanales reinem Wellenleben,
Allschmeichelhafte, wohl erkenn ich dich.

Wenn steigend sich der Wasserstrahl entfaltet,
Allspielende, wie froh erkenn ich dich;
Wenn Wolke sich gestaltend umgestaltet,
Allmannigfaltge, dort erkenn ich dich.

An des geblümten Schleiers Wiesenteppich,
Allbuntbesternte, schön erkenn ich dich;
Und greift umher ein tausendarmger Eppich,
O! Allumklammernde, da erkenn ich dich.

Wenn am Gebirg der Morgen sich entzündet,
Gleich, Allerheiternde, begrüß ich dich;
Dann über mir der Himmel rein sich ründet,
Allherzerweiternde, dann athm ich dich.

Was ich mit äußerm Sinn, mit innerm kenne,
Du Allbelehrende, kenn ich durch dich;
Und wenn ich Allahs Namenhundert nenne,
Mit jedem klingt ein Name nach für dich. [35]

2.3 Die religionsgeschichtlichen Frauenbilder und „Die drei Schlangenblätter"

Der Blick in die Religionsgeschichte der beiden wichtigsten Länder in Bezug auf die Verbreitung des Erzählstoffes AaTh 612 (vor allem seines zweiten Teils) ergibt fatale Parallelen. Zuerst existierte historisch eine weiblich-matriarchale Kultur, die durch Eindringlinge wie in Indien oder durch die Entstehung einer neuen Religion wie in Arabien zerstört wurde. Dann entwickelte sich daraus eine neue männlich-patriarchale Gesellschaft, die das weibliche Geschlecht dämonisierte und unterdrückte.

Das Märchen zeichnet auf dem Weg seiner Verbreitung quasi „die Blutspur" dieser misogynen Frauenverachtung nach, indem es diese Tendenz in sich aufsaugt und ihrer destruktiven Struktur immer wieder neue Variationen abgewinnt, bis es als KHM 16 seine endgültige Gestalt annimmt.

Ebenso wie der Held Rama im indischen Epos bleiben in der grimmschen Erzählung der König und sein Schwiegersohn am Ende allein zurück. Ohne Bezug zum Weiblichen erweisen sich alle drei mit ihrer rigiden Härte als mustergültige Vertreter einer patriarchalen Gerechtigkeit, die keine Skrupel kennt und gnadenlos verurteilt, was nicht ihren Gesetzen und Normen entspricht.

Der gleichen Grundhaltung, wie sie im „Ramayana" praktiziert wird, schließen sich auch später die buddhistischen „Jatakas" an, die genauso radikal und prinzipiell an der Treue von Frauen zweifeln. Sie dämonisieren auf zynische Weise das weibliche Geschlecht bis zur grotesken Perversion und bestrafen am Ende ganz legal die mörderischen Ehebrecherinnen. Ebenso wie in ihren hinduistischen Vorbildern stehen die gedemütigten Ehemänner durch den rächenden Richterspruch des Königs oder des „Jataka"-Buddha völlig gerechtfertigt da und antizipieren damit den am Schluss vereinsamten Märchenhelden von KHM 16.

Überall herrschen Über-Ich, Persona und männlich-patriarchales Bewusstsein vor, die erbarmungslos den weiblichen Eros zerstören und damit den Boden für ihr tragisches Scheitern und den eigenen Untergang am Ende bereiten. Das Märchen und seine indischen Vorläufer zeigen sehr eindringlich, dass extremes überspitztes Patriarchat durch seine rigorose Konsequenz schließlich und endlich sich selbst vernichtet.

Die Prinzessin aus KHM 16 ist eine Vatertochter und lebt rein nach den Geboten, die ihr der König aufgegeben hat. Ihr Über-Ich wirkt in ihr so stark, dass ihre Sehnsucht nach Liebe immer unter dem Aspekt des Todes gesehen wird. Die junge Frau geht aber in den patriarchalen Gesetzen ihrer autoritären Instanz nicht so vollständig wie die Gattinnen Sita, Lakshmi oder Parvati auf, sondern bewahrt sich noch einen Rest von Eigenwillen, der sich in ihrem Gelübde sehr wunderlich ausdrückt.

Als später die heilende Kraft der Schlangenblätter auf sie einwirkt, löst sich ihr durch die väterlichen Vorschriften deformierter Charakter nicht in das hinduistische Ideal der sich aufopfernden, hingebenden Ehefrau auf, sondern kommt unbewusst mit der alten matriarchalen Schicht des „Shakti"- oder „Kundalini"-Energiefeldes in Kontakt. Der Durchbruch dieser weiblichen Seelenkräfte hat in Indien die Kultverehrung von Kali hervorgebracht.

In der Tat hat nun die Prinzessin gewisse Gemeinsamkeiten mit der furchtbaren Göttin, die ihren Widerstand gegen das hinduistische Patriarchat in grausamen Ritualen feiert. Aus einem ähnlichen „Geist" der Opposition gegen die Gesetze ihres autoritären Vaters heraus fasst die gewandelte Königstochter eine „böse Neigung" zu einem Schiffer und Mordabsichten gegen ihren Gatten. Die an sich heilende Kraft der Schlange oder der „Shakti" kann sich in extrem patriarchalen Verhältnissen wie von KHM 16 oder Indien innerhalb des Unbewussten der Frauen erst einmal nur als furchtbare Aggression zeigen und sich dann nur entsprechend destruktiv auswirken.

Während der Buddhismus auf dem Subkontinent in Gestalt von Tara die Möglichkeit entwickelte, diese zerstörerische Energie in Weisheit zu verwandeln, die Buddha durch seine verständnisvolle Haltung schon entscheidend vorgelebt und vorbereitet hatte, sieht das rigorose Patriarchat der Welt des Märchens nur den einen Ausweg, die Repräsentantin der „Kundalini"-Kraft zu exekutieren und damit sich selbst abzuschaffen. Der Ehemann aus KHM 16 hat nicht im kleinsten Ansatz das Format eines Buddha, sondern ordnet sich dem Über-Ich seines Schwiegervaters ohne eigene Initiative völlig willenlos unter. Da sein Ich durch diese innere Unterwerfung entscheidend mit dazu beiträgt, die Anima in sich abzutöten, bleibt ihm der Zugang zur Dimension des Selbst total verschlossen.

Der Erzählstoff AaTh 612 kommt bei seinem „Wanderweg" durch Arabien auch mit dem jüdischen und islamischen „Geist" in Berührung und lässt sich davon „inspirieren". Die Prinzessin des Märchens weist gewisse Parallelen zu Eva und Potiphars Ehefrau aus dem „Alten Testament" und dem „Koran" auf. Wie diese Adam und Josef betören und für ihre egoistischen Absichten gewinnen wollen, so verführt die Königstochter den Schiffer, verrät ihren Gatten an diesen und belügt mit diesem ihren Vater.

Alle drei sind nach Auffassung ihrer patriarchalen Autoren dämonische Schattengestalten, die den Männern nur Unglück bringen. Ihre lichtvollen Gegenpole Maria, Schehrezad, Chadidscha und Fatima sind patriarchale Wunschprojektionen, die genau dem islamischen Frauenideal entsprechen und nichts mit dem Wesen der Prinzessin gemein haben.

Aischa begehrt zwar wie die Königstochter gegen männliche Machtstrukturen auf und erleidet letztlich eine politische Niederlage. Aber ihr geht es nicht um die Durchsetzung völlig eigensüchtiger Motive, sondern um den Kampf für Mohammeds Lehre und deren „richtige" Interpretation. Sie ist innerhalb des Islam zwar sehr umstritten, bildet aber durchaus eine große Autorität in der Nachfolge des Propheten und seines Über-Ich, während die Prinzessin die Gesetze ihres Vaters juristisch und moralisch bricht, dafür dann aber auch entsprechend verurteilt wird.

Über die türkische Sammlung „Erzählung von den 40 Wesiren" gelangt AaTh 612 schließlich auch in die Geschichten von „Tausendundeine Nacht". Die dort mit dem Namen Adileh genannte untreue Ehefrau ist eine wichtige Vorläuferin der Königstochter von KHM 16. Beide Frauengestalten entsprechen dem Typus der bösartigen Verführerin, die dem islamischen und christlichen Patriarchat die Berechtigung für ihre radikale Misogynie geben. Hier führt eine ungebrochene Linie von Eva über Potiphars Gattin und Adileh bis zur Prinzessin des Märchens.

Zwar gibt die islamische Mystik der untreuen ägyptischen Ehefrau den Namen Zuleicha und macht aus ihr eine hingebungsvolle Liebende im Sinne weiblicher Weisheit. Aber dieser Entwicklungsprozess wirkt sich nicht auf KHM 16 aus. Hier erhält die Königstochter keine Möglichkeit zur Reue und damit zur Wandlung ihrer „bösen Neigung". In der Geschichte von Adileh und ähnlichen Varianten von AaTh 612 übernimmt ein Geist oder Prophet die Rolle des Richters, der die Verführerin am Ende zum Tod verurteilt. Die historische Entsprechung dürfte der Sieg des Islam über das alte Matriarchat sein, als Mohammed in Mekka die weiblichen Kultbilder und Symbole zerstören und nach einer Legende darauf die Göttin Al-Uzza töten lässt. Damit begründet er die endgültige Herrschaft des arabischen Patriarchats und die legitime Unterdrückung der Frau durch den Mann. In KHM 16 hat der König diese Funktion inne und vollstreckt die gnadenlose und daher destruktive Tötungslogik des vaterrechtlichen Prinzips an seiner eigenen Tochter.

Die beiden Märchen „Die weiße Schlange" und „Die drei Schlangenblätter" sind vor allem deshalb zwei absolute Gegenpole, weil in ihnen die Schlangenkraft aus den Tiefen des Unbewussten völlig gegensätzliche Entwicklungen und Schicksale erfährt. In der ersten Erzählung darf die vitale Energie ungehindert fließen und sprudeln, kann sich dabei in jeder Richtung entfalten, wie es ihrem inneren Drang entspricht. Der Held bringt das nötige Mitgefühl mit, um die helfenden Kräfte in ihm zu aktivieren. Die Königstochter treibt ihn als fordernde Anima munter zu seelischen Höchstleistungen an, die ihn ihr immer näher bringen.

Da sich beide von der weißen Schlange führen lassen und sich ihrer Weisheit anvertrauen, erhalten sie am Schluss dieses inneren Prozesses den goldenen Apfel vom Baum des Lebens als Lohn für ihre Bemühungen. Die Handlung spielt jedoch nur im Märchenland des kollektiven Unbewussten, auf seiner zentralen Insel, auf der das Selbst regiert. Insofern stellt sie eine Utopie dar, die mühsam Schritt für Schritt in die Realität umgesetzt werden muss. Auch besteht durchaus die Hoffnung, dass dies auch allmählich gelingen könnte.

In der zweiten Erzählung kommt jedoch die Schlangenkraft immer wieder an ihre Grenzen, die eine Entfaltung der heilenden und wandelnden Energie verhindern. Die Königstochter wird nach der Einwirkung des erneuernden Lebenskrautes bösartig, ihr Ehemann bleibt nach dieser Erfahrung autoritätshörig, wie er war. Eine vitale Entwicklung der beiden unglücklich Liebenden scheitert am extremen Patriarchat, das durch den König, sein Gesetz und sein Über-Ich repräsentiert wird.

Die Handlung spielt auch nicht in einem utopischen Märchenreich, sondern steht in engem Zusammenhang mit der mythischen und historischen Realität von Indien, dem Ursprungsland der Erzählung, und von

Arabien, dem zentralen Verbreitungsgebiet des Märchens. Die negativen Frauenbilder, die dort vorherrschen, werden in die Geschichte „eingewoben" und von den Brüdern Grimm aufgenommen, die dabei unbewusst ihre eigene patriarchale Einstellung in ihre Bearbeitung des Erzählstoffes einfließen lassen. Eine tiefenpsychologische Interpretation kann positive Lösungsmöglichkeiten für den Konflikt der Hauptfiguren andeuten, darf aber das tragische Scheitern und das düstere Ende des Märchens nicht beschönigen, sondern muss dies bestätigen.

Beide „Schlangen-Erzählungen" sind aber in der Weise polar aufeinander bezogen, dass sie die Bedingungen für das Wirken der Vitalenergie darstellen. Die Heilungskraft des Reptils kann sich dann voll entfalten, wenn sie auf ideale utopische „Märchenbedingungen" trifft, und muss dann scheitern, wenn sie in Konflikt mit Strukturen gerät, die sehr stark von Grundzügen einer patriarchal bestimmten geschichtlichen Wirklichkeit geprägt sind.

3. Henrik Ibsens Schauspiel „Die Frau vom Meer"

3.1 Überleitung

Nun setzt der Verfasser dieser Studie mit einem ganz anderen Text aus Norwegen interpretatorisch scheinbar völlig neu an. Auf den ersten Blick haben die beiden Werke aus unterschiedlichen Gattungen äußerlich nichts gemein und auch literaturgeschichtlich nichts miteinander zu tun. Die Brüder Grimm hörten das Märchen „Die drei Schlangenblätter" in zwei Fassungen von jeweils verschiedenen Beiträgern und veröffentlichten es 1819 in der Zweitauflage ihrer „Kinder- und Hausmärchen". Da es sich bei der Erzählung um ein sog. „Volksmärchen" handelt, wurde es auf seinem Weg von Indien über Arabien nach Deutschland nur mündlich weitergegeben, bis es von den beiden Sammlern schriftlich fixiert und herausgegeben wurde.

Das Drama „Die Frau vom Meer" stammt dagegen aus der Feder eines genialen norwegischen Dichters, der sicherlich einige Zeit darüber nachsann und auch aus etlichen Vorlagen dabei schöpfte, dann aber 1888 das Schauspiel in wenigen Monaten niederschrieb und gleich publizierte. Doch die Unterschiede der Gattungen und Entstehungsformen sind nur rein äußerlich. Im Kern geht es aber in beiden Werken um die gleiche Dreieckskonstellation, in der eine Frau zwischen zwei Männern steht. Nur die Schlüsse der sehr ähnlichen Handlungsverläufe sind völlig gegensätzlich. Während das Märchen tragisch endet, mündet das Drama in eine positive Lösung des Beziehungskonflikts. Allein schon diese Unterschiedlichkeit reizt den Verfasser zur Gegenüberstellung und zum Versuch, die andersartigen historischen Voraussetzungen von Ibsen und seiner Zeit zu untersuchen.

Literaturgeschichtlich gehört die Zweitauflage der „Kinder- und Hausmärchen" von 1819 mit „Die drei Schlangenblätter" noch in die Zeit der deutschen Spätromantik, während „Die Frau vom Meer" von 1888 am Endpunkt des europäischen Naturalismus steht und den Übergang zum Symbolismus des „Fin de siècle" bildet. Was sich dazwischen kulturhistorisch im Zentrum und im Norden des Kontinents geändert hat, lässt sich am besten daran ermessen, wie sich Leben und Werk des Dichters von den Anfängen bis zur Spätzeit entwickelt haben.

Bei dieser Darstellung geht es dann darum, das Schauspiel in den Kontext des ganzen dramatischen Schaffens von Ibsen und der ihn prägenden literarischen Epochen zu stellen und darin einzuordnen. Erst auf diesem Hindergrund sind die Ähnlichkeit der Handlungsstrukturen und die Gegensätzlichkeit der Schlüsse von Erzählung und Stück besser zu verstehen.

In die Deutung des Schauspiels werden nach dieser umfassenden Einführung noch zusätzlich die Vorlagen einbezogen, die der Autor als Inspirationsquellen bei der Niederschrift benutzt hat, um durch die Integration dieser „Zwischenglieder" der ganzen Entwicklung den Übergang von der Romantik zum Naturalismus noch einmal konkret zu verdeutlichen.

Die tiefenpsychologische Interpretationsmethode zieht sich als „roter Faden" durch die Darstellung von Ibsens Werk im Allgemeinen der Gesamtschau und im Besonderen des Dramas „Die Frau vom Meer", weil sie die spezifische „analytische" Arbeitsweise und Bühnentechnik des Autors am prägnantesten charakterisieren kann.

3.2 Henrik Ibsen als literarischer Vorläufer der modernen Tiefenpsychologie

Henrik Ibsen gilt als einer der bedeutendsten europäischen Dramatiker des 19. Jahrhunderts. Er lebte von 1828 bis 1906 und stammte aus Norwegen. Um den Autor besser aus seiner Zeit heraus verstehen und historisch genauer einordnen zu können, skizziert die folgende Studie zunächst die geistesgeschichtliche Entwicklung von Ibsens Heimatland zu Lebzeiten des Dichters gerade auch in Verbindung mit den skandinavischen Nachbarstaaten Schweden und Dänemark.

Dann wird ein Bogen von der Kindheit des Schriftstellers über sein Jugendwerk bis zur mittleren Schaffensphase geschlagen. Im Zentrum der weiteren Ausführungen stehen danach die Vorstellung und kurze Werkbeschreibung von sieben wichtigen Dramen des Autors: „Brand", „Peer Gynt", „Die Stützen der Gesellschaft", „Nora oder ein Puppenheim", „Gespenster", „Rosmersholm" und „Wenn wir Toten erwachen". Anhand der Betrachtung des letzten Stückes soll auch ein Einblick in das Alterswerk und die entsprechende Lebensphase bis zum Tod des Dichters gegeben werden.

Die zentrale Perspektive der Gesamtinterpretation wird die These sein, dass Ibsen in seinen Werken Erkenntnisse der modernen Tiefenpsychologie durch die spezielle „analytische" Technik des Aufbaus seiner Dramen vorwegnahm. Zur Verdeutlichung dieses „roten Fadens" der Untersuchung werden daher immer wieder Kategorien aus den Methoden von Jung, Freud, Binswanger und Adler sowie aus der Psychiatrie in die Deutung einbezogen.

Zunächst seien kurze Hinweise auf die norwegische Geschichte vom Frühmittelalter bis zur Neuzeit am Beginn der Darstellung gegeben. Das Land war bis ins neunte Jahrhundert in Teilkönigreiche zersplittert, wurde dann um 872 von Harald Harfagr geeint, der bald darauf mit der Kolonisierung von Island anfing. Olaf Tryggvason führte am Ende seiner Regierungszeit um 1000 das Christentum in das vorher vom germanischen Heidentum geprägte Reich ein. Unter Hakon Hakonarson erreichte Norwegen um 1260 eine kulturelle Blüte durch die Förderung und Pflege altnordischer und westeuropäischer Dichtung. 1319 wurde das Land mit

Schweden unter dessen Herrscher Magnus Erikson vereinigt, aber 1397 durch die Kalmarer Union von Königin Margaretha mit Dänemark verbunden und in der Folgezeit phasenweise zur dänischen Provinz herabgesetzt. Diese Union mit dem südlichen Nachbarn dauerte über 400 Jahre und prägte entscheidend Geist, Kultur und Geschichte des einstigen Großreiches bis in die Neuzeit.

Die Vereinigung mit Schweden wurde 1523 beendet und hatte den Verlust von Grenzgebieten an den östlichen Nachbarn zur Folge. 1536 führte König Christian III. die Reformation in Norwegen ein. Am Ende von Napoleons Kaisertum wurde im Frieden von Kiel 1814 die Union mit Dänemark aufgelöst und die Verbindung mit Schweden erneuert. Das Land wollte dies nicht hinnehmen und gab sich eine eigene Verfassung. Doch der französische General Jean Baptiste Bernadotte, der 1810 als schwedischer Kronprinz Carl Johan adoptiert worden war, erzwang die Anerkennung der Kieler Bestimmungen mit Waffengewalt. Erst 1905 konnte Norwegen diese Zwangsvereinigung durch Volksabstimmung beenden, dem Reich eine selbstständige konstitutionelle Monarchie geben und den dänischen Prinzen Carl zu seinem neuen König Hakon VII. wählen. Die Hauptstadt hieß bis 1924 „Kristiania" und wurde nun in „Oslo" umbenannt. [1]

Die zwischen 1397 und 1814 bestehende staatsrechtliche Verbindung zwischen Norwegen und Dänemark hatte vor allem die tiefgreifende kulturelle Folge, dass die Literatur beider Länder als Einheit angesehen wurde. Kopenhagen bildete das politische und geistige Zentrum, von dem der nördliche Nachbar abhängig war. Eine norwegische Standardsprache gab es noch nicht, und geschrieben wurde auf Dänisch, das Verwaltung, Kirche und Theater dominierte. Daher suchte das Land politisch und kulturell nach seiner Identität.

In der zweiten Hälfte des 19. Jahrhunderts begann sich eine Schriftform der dänischen Sprache herauszubilden, die sich in Wortschatz, Satzbildung und Rechtschreibung dem gesprochenen Norwegisch anglich: das „riksmal" oder „bokmal". Dagegen konstruierte der Autodidakt Ivar Aasen die erstmals 1853 veröffentlichte Verbindung von einigen archaischen westnorwegischen Dialekten und dem Altisländischen: das „landsmal" oder „nynorsk". Beide Sprachen existieren bis heute gleichberechtigt in Alltag, Medien, Wissenschaft und Literatur nebeneinander.

Bahnbrechend für die Entwicklung der eigenen Kultur war auch 1847 die Herausgabe der norwegischen Volksmärchen, die Peter Christen Asbjörnsen und Jörgen Moe gesammelt hatten. Dabei besannen sich die beiden Forscher auf die Traditionen des Mittelalters und der neuzeitlichen Bauernkultur. Als wissenschaftliches Vorbild ihres Werkes diente die Sammlung der „Kinder- und Hausmärchen", die erstmals 1812 von den Brüdern Jacob und Wilhelm Grimm veröffentlicht worden war. Asbjörnsen und Moe standen vor dem Problem, die sprachliche Ursprünglichkeit der im Dialekt erzählten Märchen zu bewahren und sie zugleich durch Annäherung an die dänische Schriftsprache zu normieren. Dieser Verschmelzungsprozess bildete die Grundlage für das „bokmal", während Aasen im Gegenzug das „nynorsk" entwickelte. [2]

Norwegen gewann 1814 durch die Loslösung von Dänemark und die Personalunion mit Schweden eine größere staatliche Unabhängigkeit, die Raum zur Entstehung und Entfaltung der Ideen eines eigenen Nationalstaates und einer entsprechenden Nationalliteratur gab. Doch durch die intensiven geistigen Bindungen an Dänemark verlief diese Entwicklung zunächst nur langsam und uneinheitlich.

Immerhin war es der Vermittlung des Kulturbetriebs in Kopenhagen zu verdanken, dass Norwegen relativ früh die romantische Philosophie aus Deutschland kennenlernte und rezipierte. Einen literarischen Niederschlag gab es aber erst in den Schriften von Henrik Wergeland, der sein Versepos „Die Schöpfung, der Mensch und der Messias" 1830 veröffentlichte und es mit programmatischen Widmungsgedichten einleitete. Von diesem Zeitpunkt an begann in Norwegen die eigentliche geistesgeschichtliche Epoche der sog. „Nationalromantik", die etwa 40 Jahre dauerte.

Im Geist der Philosophen Henrik Steffens und Niels Treschow vermittelt Wergeland in seinem poetischen Hauptwerk den biblischen Mythos mit platonischer Philosophie und bildet dabei aus seiner sozialen und erotischen Sehnsucht eine kosmische Synthese. Hier verbinden sich aufklärerische und romantische Ideen, Formen und Bilder mit einem patriotisch-republikanischen Liberalismus und entsprechenden realistischen Inhalten. Sturm und Drang in Gestalt eines zügellosen Norwegertums kennzeichnen diesen freiheitlichen Volksaufklärer und seine radikal-nationale „Bauernpartei". [3]

Als Gegenspieler betrat bald darauf Johan Sebastian Welhaven in Norwegen die literarische und politische Bühne. In seinen polemischen Schriften, die ihren Höhepunkt in dem 1834 veröffentlichten Gedichtband „Norwegens Dämmerung" fanden, kritisierte er Wergelands Lyrik als chaotisch und unästhetisch, gleichzeitig aber auch die Grundeinstellung seiner Landsleute als hohl und oberflächlich. Dabei brachte er vor allem seine Vorliebe für dänische Geistesbildung, poetischen Geschmack und wissenschaftliche Methodik zum Ausdruck und scharte um sich die sog. „Partei der Intelligenz". Doch das Nationalgefühl verband diesen eher spätromantischen, biedermeierlichen Dichter mit seinem Kontrahenten, so dass Welhaven nach Wergelands frühem Tod von 1845 danach durch seine Volkslieder und Balladen zur Zentralfigur des norwegischen Geisteslebens wurde.

Neben ihm trat in der norwegischen Nationalromantik Aasmund Olafsson Vinje, der in „nynorsk" schrieb und so zum ersten Poeten des Hochgebirges wurde. Seine „Reiseerinnerungen vom Sommer 1860" verbanden ein tiefes Naturgefühl mit seiner realistischen Beobachtungsgabe. Die persönliche Mischung von Volkston und poetischen Traditionen in seinen Gedichten wirkte stilbildend auf die Lyrik der Folgezeit.

Wergelands Schwester Camilla Collet wurde durch ihren 1864 anonym publizierten Roman „Die Töchter des Amtmanns" die erste norwegische Schriftstellerin, die soziale Probleme der Frauen aufgriff und auf die Notwendigkeit ihrer Befreiung hinwies. Ebenso gehörten auch noch die Jugendwerke von Björnstjerne Björnson und Henrik Ibsen zur nationalromantischen Epoche des Landes. Sie wurden zwischen 1850 und 1870 geschrieben und bestanden vor allem aus epigonalen Gedichten, Bauernerzählungen und historischen Dramen. [4]

Danach zeigte die west- und mitteleuropäische Zeitströmung des Realismus und Naturalismus verspätet auch in Skandinavien ihre Wirkung und verschaffte der Literatur des „hohen Nordens" innerhalb weniger Jahre Weltgeltung. Sie begann dort 1871, als der junge Dozent und Kritiker Georg Brandes an der Universität von Kopenhagen eine Aufsehen und Unmut erregende Vorlesungsreihe über die „Hauptströmungen in der europäischen Literatur des 19. Jahrhunderts" hielt.

Darin behauptete er, dass Dänemark bisher nicht von der „gewaltigen, revolutionären Bewegung" des kontinentalen Geisteslebens erfasst worden wäre, stattdessen in den Sog der Reaktion geraten sei und sich in einem Zustand intellektueller Stagnation befinde. Brandes setzte sich dagegen für eine zeitnahe, liberale, problematisierende und realistische Kunst ein, die aktuelle Probleme behandeln und zur Debatte stellen müsse. Seine Thesen und Forderungen fanden besonders Gehör bei den Norwegern Björnson und Ibsen, denen sich im Laufe der Zeit weitere Schriftsteller anschlossen. Diese bildeten schließlich eine kulturradikale, kosmopolitische und antiklerikale Bewegung, die nach einer von Brandes 1883 veröffentlichten Aufsatzsammlung die „Literatur des modernen Durchbruchs" genannt wurde.

Björnson sorgte mit seinen beiden 1875 uraufgeführten gesellschaftskritischen Gegenwartsdramen „Ein Bankrott" und „Der Redakteur" für den ersten Höhepunkt der neuen Zeitströmung. Darin geißelte er die kapitalistischen und autoritären Machenschaften seiner Epoche, deren spekulierende Geschäftswut und Abhängigkeit von der Macht des Geldes. 1877 hieb Ibsen mit seinem Stück „Die Stützen der Gesellschaft" in die gleiche Kerbe.

Der aus einem alten Bauerngeschlecht stammende Björnson verkörperte gegenüber seinem eher urbanen Dichterkollegen den Typ des unintellektuellen, volksnahen Schriftstellers. Er hatte als liberaler Volksredner und Publizist damals weit über Skandinavien hinaus großen politischen Einfluss. Sein religionskritisches Drama „Über die Kraft" von 1883, das die Problematik der christlichen Glaubenshaltung in Bezug auf Wunder behandelt, war um die Jahrhundertwende eines der meistgespielten Stücke in Nord- und Mitteleuropa. Für sein literarisches Werk erhielt Björnson 1903 den Nobelpreis, hat aber heute seine Aktualität weitgehend eingebüßt. [5]

Neben den beiden Dramatikern wurden noch Alexander Kielland und Jonas Lie in Norwegen als bedeutende Autoren des „modernen Durchbruchs" angesehen, die aktuelle Probleme in Novellen- und Romanform zur Diskussion stellten. Ihre Themen sind Freidenkertum, Kirchen- und Autoritätskritik, Frauen- und Arbeiterfragen, die bigotte Gesellschaft und ihre materialistische Praxis.

Kiellands zweibändige Familienchronik "Garman und Worse" (1880 – 82) zeigt ein alteingesessenes Patrizierhaus in der Übergangszeit vom patriarchalen Familienbetrieb zu modernen kapitalistischen Geschäftsmethoden. In der „Gift"-Trilogie (1883 – 87) wird die scheinheilige, rein taktische Flucht der geldgierigen Spekulanten in den Schutz der Kirche sarkastisch an den Pranger gestellt.

Bei Jonas Lie ist die Arbeiterklasse in ihrem Konflikt mit den herrschenden Kapitalisten Gegenstand des Romans „Der Lebenssklave" von 1883, in dem das bürgerliche Bildungsprojekt einer Chancengleichheit für alle und seine Uneinlösbarkeit thematisiert und kritisch hinterfragt wird. Der Erzähler behandelt in seinen Werken „Die Familie auf Gilje" von 1883 und „Die Töchter des Kommandeurs" von 1886 die Lebensformen der Bourgeoisie in impressionistischer Manier und karikiert sie eher mild ironisch als bitter satirisch.

Amalie Skram war die konsequenteste Naturalistin des „modernen Durchbruchs" ganz im Sinne von Emile Zola und die herausragende Vertreterin der weiblichen Emanzipationsliteratur. Ihre autobiographisch gefärbten Romane wie „Constance Ring" von 1885 oder „Verraten" von 1897 behandeln drastisch die verheerende Beschädigung von Frauen in der damaligen Männergesellschaft. Darin stellt die Autorin nicht nur die mangelnden Rechte der Gattin in der Ehe, sondern vor allem auch die Verhinderung erfüllter Erotik dar. Um die Jahrhundertwende verebbte langsam die Begeisterung der Repräsentanten des „Durchbruchs" in Norwegen und wich einer schleichenden Resignation, die auch das Spätwerk von Ibsen erfasste. [6]

Nun gilt es, Leben und Werk des großen skandinavischen Dramatikers in die hier knapp skizzierte geistesgeschichtliche Situation seiner Zeit einzubetten und einzuordnen. Henrik Ibsen wurde genau zu der Zeit geboren, als Wergeland erstmals literarisch in Erscheinung trat. Dieser große Wegbereiter modernen Dichtens und Denkens in Norwegen übte damals einen entscheidenden Einfluss auf die Entwicklung seines Landes aus und erweckte später mit dem Sturm, den er in der Gesellschaft entfachte, auch das Genie des jungen Henrik.

Der spätere Dramatiker kam am 20. März 1828 als ältester Sohn des wohlhabenden Kaufmanns Knud Ibsen und dessen Frau Marichen, geb. Altenburg, zur Welt. Seine Mutter stammte auch aus einer angesehenen Familie und gebar nach Henrik noch fünf weitere Kinder. Der Junge wuchs mit seinen Geschwistern in der Kleinstadt Skien auf, die nicht weit von der norwegischen Südostküste entfernt lag und etwa 2000 Einwohner zählte. Die Familie bewohnte im Ortszentrum ein großes Haus mit Dienstpersonal und war in das gesellschaftliche Leben sehr gut integriert, so dass die Kinder eine wohlbehütete Kindheit verbrachten.

Dies änderte sich, als der Vater 1836 Bankrott machte und gezwungen war, Konkurs anzumelden. Nun musste Knud mit seiner Familie aus Skien weg nach Venstöp auf ein Landgut als den einzig verbliebenen Besitz umziehen. Die Eltern veränderten sich nach und nach auf negative Weise. Der Vater, ursprünglich ein geselliger und lebenslustiger Mann, neigte jetzt immer mehr zu Jähzorn, Brutalität und Trunksucht. Die Mutter war einst eine feinfühlige, liebenswürdige Frau, entwickelte aber nun einen Hang zu religiöser Grübelei und Melancholie und litt mehr und mehr unter den Aggressionen ihres Mannes, bis sich das Ehepaar 1865 entschloss, von da an getrennt zu leben. [7]

Das Erlebnis des ökonomischen und gesellschaftlichen Abstiegs und des seelischen Zerfalls der Familie schlug beim kleinen Henrik tiefe Wunden, die zeitlebens nie ganz verheilten. Das Trauma der sozialen Deklassierung und das daraus erwachsende Minderwertigkeitsgefühl erzeugten in der Psyche des sensiblen Jungen eine Neigung zu Angst, Schuldbewusstsein, Verschlossenheit und Außenseitertum. Ibsen entwickelte sich schon früh zu einem zurückgezogenen, introvertierten Menschen, der aufmerksam alle Vorgänge um sich herum genau registrierte.

Die Fähigkeit zur Distanz zeigt sich in der ersten Kindheitserinnerung des Dichters, als der Kleine am Fenster oben auf dem Kirchturm von Skien saß und den elterlichen Haushalt in der ihm wohltuenden Perspektive wahrnam, danach überdies noch von der Mutter geküsst und gehätschelt wurde. Hier drückten sich schon seine spätere Bewegung nach oben in geistige Höhen als auch die Möglichkeit und Notwendigkeit, Überblick und Erkenntnis nur im Abstand zum Vertrauten zu gewinnen, ebenso aus wie sein Gefühl, bei aller abenteuerlichen Dynamik letztlich doch vom mütterlichen Prinzip getragen und gehalten zu werden.

Marichen Altenburg war in ihrer Pubertät mit ihren dunklen Haaren und intelligenten, tief sinnenden Augen sehr schön. Sie interessierte sich leidenschaftlich für das Theater und liebte den Dichter Tormod Knudsen, den Sohn eines Kleinbauern. Doch auf Wunsch ihrer Familie musste sie standesgemäß den damals noch reichen Knud Ibsen heiraten. Die Vorliebe für die Künstlernatur übertrug dann die junge Mutter auf ihren ältesten Sohn, den sie sich als die Frucht ihrer Jugendliebe zum Poeten Knudsen erträumte.

Von ihr empfing der junge Henrik aber schon früh sich widersprechende Eindrücke: die Liebe und Zartheit zu ihm und ihren anderen Kindern, daneben jedoch auch das Leiden an ihrer Ehe, in der sich unausbleiblich Erbitterung, Hass und Rachsucht durch die totale Unterdrückung ihrer Person bildeten und an der sie geistig und seelisch zugrunde ging. Ibsen konnte sich aber auch kritisch über seine Mutter äußern und Ironie bezüglich ihrer übertriebenen Fürsorglichkeit bekunden. Aber seine negativen Gefühle zeigten sich vor allem gegenüber dem Vater: im Trotz gegen seine autoritäre Brutalität und seine sadistische Schadenfreude, aber auch in der Angst vor ihm und im starken Schuldgefühl, was vor allem seine eigenen Hass- und Rachegedanken betraf. [8]

Obwohl die familiären Spannungen eine große Gefühlsambivalenz in Henrik auslösten, die ihn sehr belasteten, nahm die äußere Entwicklung seines Lebensweges vorerst einen normalen Verlauf. Einige Jahre ging der Junge auf die Bürgerschule in Skien, später auf eine kleine Privatschule. Dort machte er im Frühjahr 1843 seinen Abschluss und wurde im Herbst konfirmiert. Gleich danach zogen die Eltern mit ihren Kindern wieder nach Skien zurück und mieteten ein Haus.

Doch Henrik durfte hier nicht lange bleiben, sondern musste seinen Lebensunterhalt selbst verdienen. Ursprünglich wollte er Maler werden, wurde aber nun Anfang 1844 als Lehrling zu einem Apotheker nach Grimstad vermittelt, einem kleinen Ort mit 800 Einwohnern an der norwegischen Südküste. Der junge Mann hoffte auf diese Weise, sich durch die Ausbildung den Weg zu einem Medizinstudium offen halten zu können. Er versah in der Apotheke seinen Dienst gewissenhaft, lebte aber dort in engen häuslichen Verhältnissen.

So freundete er sich als Achtzehnjähriger mit einem zehn Jahre älteren Dienstmädchen an, das im Zimmer nebenan wohnte, und zeugte mit ihr ein Kind. Die junge Mutter musste darauf das Haus verlassen und Henrik 14 Jahre Unterhalt für den Sohn bezahlen. Der mit dieser Beziehung völlig überforderte Lehrling kümmerte sich aber ansonsten weder um die Frau noch um den Sprössling. [9]

Die harte Lehrzeit und die triste, spießige Atmosphäre in Grimstad wirkten neben den bedrückenden Konflikten mit der Familie wie ein weiterer Stachel auf Ibsen, diese muffige, geistig-seelische Enge weit hinter sich zu lassen und in eine bessere Zukunft aufzubrechen. Er fühlte sich von seiner Umgebung größtenteils unverstanden und wollte sich daher von aller norwegischen Kleinbürgerlichkeit und den damit verbundenen Denkhemmungen emanzipieren. Innerlich ganz auf sich allein gestellt, musste er als Lehrling immer wieder Kränkungen und Demütigungen einstecken.

Als wichtigsten Ausweg aus dieser deprimierenden Situation sah Ibsen für sich wie schon in der Kindheit die Bewegung nach oben, diesmal in die Höhen des Geistes durch die Lektüre von literarischen und philosophischen Büchern. Im Rahmen der Vorbereitungen auf das Abitur und das medizinische Examen las er nicht nur den Prüfungsstoff, sondern auch Romane von Scott und Dickens, Komödien von Holberg, Werke von Oehlenschläger und Wergeland sowie Schriften von Voltaire und Kierkegaard. Außerdem betätigte er sich selbst künstlerisch, indem er malte und schrieb.

Catalina

Im Zuge dieser intensiven Studien und Versuche entstand zwischen 1848 und 1849 sein erstes Drama „Catalina", dessen Stoff er der altrömischen Geschichte entnahm. Dessen Titelheld hat ein „tief enttäuscht' Gemüt" und flieht glühend in ehrgeizige Träume genau wie der junge Autor selbst, der sein Erstlingswerk 1850 im Eigenverlag pseudonym veröffentlichte und Grimstad völlig frustriert verließ, um in der Hauptstadt Kristiania sein Glück zu suchen. [10]

Dort, im späteren Oslo, hatte Ibsen zunächst einige Misserfolge zu verkraften. Seine Tragödie „Catalina" erschien in einer Auflage von 250 Exemplaren, von denen aber nur 45 Bücher verkauft wurden. Das „Kristiania Theater" zeigte kein Interesse und lehnte eine Aufführung des Werkes ab. Auch bestand Henrik das Abitur nicht in allen Fächern und fiel in Griechisch und Mathematik durch. Er durfte zwar das Medizinstudium formal beginnen und sich „Student" nennen, sich aber nicht real an der Universität immatrikulieren. Doch er besuchte Vorlesungen über Literatur und Philosophie und kam mit der Kunst- und Theaterszene in engen Kontakt.

Das Hünengrab

Sein nächstes Drama „Das Hünengrab" behandelte nun ein nordisches Thema zur Wikingerzeit, wurde jetzt von der Direktion angenommen und schon im Herbst 1850 uraufgeführt. Ebenso nahm Ibsen Verbindung mit nationalen und revolutionären Kreisen wie der frühen Arbeiterbewegung auf, freundete sich mit Björnson an und begründete zusammen mit Vinje und Botten-Hansen die satirische Wochenschrift „Andhrimmer", in der er die Opernparodie „Norma" publizierte.

Das Drama stellte eine scharfe Satire auf die Liberalen dar und kritisierte deren wankelmütige, opportunistische Haltung. Die Regierung verbot daraufhin das weitere Erscheinen der Zeitschrift und ließ einige Führer der Arbeiterbewegung verhaften. Ibsen entging der Gefangenschaft nur mit knapper Not, indem er Ende 1851 nach Bergen reiste und dort eine neue Aufgabe fand. [11]

Hier hatte der patriotische Kulturpolitiker Ole Bull Anfang des Jahres 1850 das erste norwegische Nationaltheater gegründet. Dieser kam im Herbst 1851 nach Kristiania, lernte dort in einem Gespräch mit national gesinnten Studentengruppen auch den jungen Ibsen kennen und holte ihn bald darauf als Dramaturgen und Bühnenautor nach Bergen.

Bull schickte ihn im Frühjahr 1852 erst einmal zum Studium der Theaterverhältnisse für mehrere Monate ins Ausland. Die Bühnenpraxis in Kopenhagen und Dresden war für den angehenden Autor eine gute Voraussetzung, um in der großen Stadt an der Westküste von Norwegen weitere Theatererfahrungen zu sammeln und zu vertiefen. Seine Inszenierungen wurden in den nächsten Jahren unterschiedlich vom Publikum aufgenommen, machten ihn aber jedenfalls in Bergen bekannt.

Dabei lernte Ibsen auch Pfarrer Thoresen, seine Frau Magdalena, eine erfolgreiche Schriftstellerin, und seine Tochter Suzannah kennen, die er 1858 heiratete. Ein Jahr danach wurde der Sohn Sigurd geboren, der sich später mit Björnsons Familie verband, sich mit dessen Tochter vermählte und ein einflussreicher Politiker des Landes wurde. Henrik schrieb in seiner Bergener Zeit vor allem Dramen, deren Themen aus der norwegischen Geschichte stammten. Angereichert wurde diese Produktion auch durch die Beschäftigung mit skandinavischen Märchen und Mythen. Dabei fühlte sich der Dichter ganz seiner Zeit und ihrem nationalromantischen Geist verpflichtet.

1857 zog er wieder nach Kristiania zurück und wurde künstlerischer Leiter des dortigen „Norwegischen Theaters", das 1862 Bankrott machte. Ibsen ging dann für kurze Zeit an die große Bühne der Hauptstadt als „literarischer Berater", der aber schlecht bezahlt wurde. Er bemühte sich deswegen beim Kultusministerium um ein Reisestipendium, das er unverhofft nach der Ablehnung von zwei Anträgen schließlich dann doch noch erhielt. Außerdem veranstaltete Björnson eine Geldsammlung für den Dichterkollegen und ermöglichte ihm so eine zusätzliche finanzielle Absicherung. [12]

1864 verlor Dänemark den aussichtslosen Krieg gegen die Großmächte Preußen und Österreich. Norwegen und Schweden ließen dabei ihren kleinen skandinavischen Nachbarn im Stich und wollten ihm nur Hilfe leisten, wenn die Westmächte England und Frankreich eingreifen würden, was aber nicht geschah. Ibsen war darüber entsetzt und beschämt und ging mit seinen Landsleuten hart ins Gericht. Er kritisierte sie als feige, selbstgenügsam und unfähig, politisch und moralisch „groß" zu denken.

So verließ er seine Heimat in Zorn und Verbitterung Anfang April und wandte sich tief enttäuscht von Patriotismus und Nationalromantik ab. Auf der Fahrt nach Rom erlebte er in Berlin die preußische Siegesparade, auf der die erbeuteten dänischen Kanonen präsentiert wurden. Ursprünglich wollte Ibsen nur eine kurze Studienreise unternehmen, blieb aber dann doch insgesamt 27 Jahre im europäischen Ausland, davon zehn in Italien und siebzehn in Deutschland.

Dabei hielt er sich vor allem in Rom, Dresden und München auf und verbrachte den Sommer oft in Berchtesgaden oder dem österreichischen Gossensaß. Erst 1891 kehrte er endgültig in sein Heimatland zurück, an das er aber innerlich immer gefesselt blieb und mit dem er sich in seinem Spätwerk unaufhörlich auseinandersetzte. Denn seine letzten sechzehn Dramen spielten fast alle in Norwegen. [13]

Brand

Doch Ibsen brauchte die räumliche Distanz, um sich in der Fremde mit seiner nationalen und religiösen Grundhaltung sowie mit der Mentalität seiner Landsleute zu beschäftigen und diese Probleme produktiv zu verarbeiten. Dies tat er in Italien zunächst mit dem großen Ideendrama „Brand", das 1866 veröffentlicht wurde und einen ausgesprochenen Gegenwartsbezug zu Denk- und Handlungsweisen in einer norwegischen Provinz hat. Ibsen setzt sich darin mit dem Christentum und der Philosophie von Kierkegaard kritisch auseinander. Er selbst hatte zwischen seinem siebten und fünfzehnten Lebensjahr die Bibel gern und eifrig gelesen.

Auch prägte das Weltbild der christlichen Religion die Werke des jungen Dramatikers deutlich bis etwa 1860. Dieses enge Bekenntnis vor allem zu den Mythen des Alten Testaments wich dann langsam einer allgemeinen, eher humanistischen Grundhaltung, die den Menschen als moralisches Wesen im Sinne des Gewissens und weniger des religiösen Glaubens sah. Das fünfaktige dramatische Gedicht „Brand" ist in vielen Passagen ein Zeit- und Tendenzstück und nimmt mit seiner ätzenden Kritik an Staat und Kirche wichtige Themen der „Literatur des modernen Durchbruchs" vorweg.

Der eifernde, strengen Prinzipien verpflichtete Titelheld steht mit seinen Ansichten in scharfem Kontrast zu seiner Umwelt, besonders zu seinem Jugendfreund Ejnar, der Künstler geworden ist. Während dieser als ästhetischer Mensch in einer Welt des schönen Scheins verharrt, vertritt Pfarrer Brand radikal bis zum zwanghaften Starrsinn die Position eines durch und durch ethischen Lebens und stellt mit seiner kompromisslosen Forderung des „alles oder nichts" ein unerbittliches Ideal auf, dem die anderen Figuren des Dramas nicht entsprechen können. [14]

Die Titelgestalt des Stückes betreibt einen Kult des souveränen Subjektes, das den Glauben durch den Willen ersetzt, sich den Institutionen von Kirche und Staat entgegenstellt und auch vor dem Tod nicht zurückschreckt, um sich und seinen Grundsätzen treu zu bleiben. Mit seiner schroffen Abwehr jeglicher Konvention und der pathetischen Überhöhung des Ideals bildet sie über weite Strecken das Sprachrohr des Dichters, der in Brands Protesthaltung seine Kritik an Materialismus und kleinlichem Nützlichkeitsdenken, an der Prinzipienlosigkeit, Gleichgültigkeit und Oberflächlichkeit von Volk und Gesellschaft in Norwegen zum Ausdruck bringt.

Auf der anderen Seite verurteilt Ibsen den blinden, abstrakten Idealismus des Pfarrers, der sich in religiösem, puritanischem Sektierertum, lebens- und lustfeindlichem Masochismus und Verderben bringenden Konsequenzen seines Handelns zeigt. Psychiatrisch gesehen ist Brand ein „Kampffanatiker" und ein „expansiver Paranoiker", der eine enge Beziehung zu „schizophrenen" Krankheitsverläufen aufweist. In seinem Erlöserwahn verweigert er der sterbenden Mutter die Absolution, macht sich mitschuldig am Tod seines Kindes und seiner Frau und bringt schließlich die halbe Bevölkerung seines Dorfes in Gefahr. Ihm misslingt im Sinne des Existenzanalytikers Ludwig Binswanger das menschliche Dasein, das „den Weg aus der Verstiegenheit" nicht mehr zurückfindet, sondern „sich mehr und mehr in ihr" verfängt.

So wird Brand allmählich zu einem finsteren Desperado, dessen monströser Anspruch, Gottes auserwähltes Werkzeug zu sein, ihn nicht zu sich selbst, sondern nur in die Irre führt. Am Ende wird er von einer herabstürzenden Lawine mitgerissen und stirbt in einer eisigen Gletscherlandschaft. Eine mystische Stimme verkündet die Schlussworte des Dramas: „Gott ist deus caritatis". Ob sich dieser Satz als Absolution der Titelfigur auffassen lässt, sei dahingestellt.

Jedenfalls besteht die Größe von Ibsen nun darin, dass er kühl das Porträt eines maßlosen Idealisten entwerfen und trotzdem am Schluss selbst mit dessen psychopathologischen Verirrungen Mitleid erwecken konnte. Das Stück wurde in Skandinavien positiv aufgenommen und brachte dem Autor endgültig den literarischen Durchbruch, der ihn und seine Familie auch finanziell sanierte. [15]

Peer Gynt

1867 schrieb Ibsen in seinem italienischen Exil das fünfaktige, ebenso wie „Brand" in Versen geschriebene, dramatische Gedicht „Peer Gynt" und veröffentlichte es bald darauf. Den Stoff entnahm er der Sammlung „Norwegische Huldrenmärchen und Volkssagen", die Peter Christen Asbjörnsen zwischen 1845 und 1848 publiziert hatte. Ebenso fand er ihn in der mündlichen Tradition des Gudbrandstales, wo er im Sommer 1862 volkskundliche Studien getrieben hatte. Dort soll Peer Gynt zu Beginn des 19. Jahrhunderts auch wirklich gelebt haben.

Das Märchen aus Asbjörnsens Sammlung erzählt die Begegnung des Helden mit dem unsichtbaren Krummen und seine Raufereien mit den Trollen der heimischen Almen. Ibsen machte daraus ein Werk voller Tiefe mit einem Symbolreichtum und einer Themenvielfalt, in der sich die Situation seiner Landsleute, aber auch des Menschen an sich facettenreich widerspiegelt. So wurde das Drama oft einerseits als das norwegische Nationalschauspiel schlechthin und andererseits als Ibsens „Faust" bezeichnet.

Nach Georg Brandes war es „das poetische Gegenstück zu ‚Brand'".
Während im zuletzt genannten Werk die Idee das Handlungsgeschehen
trägt und unmittelbar demonstriert wird, erscheint sie in „Peer Gynt"
mehr indirekt und vom symbolischen Abglanz des Lebens verdeckt.
Was der Pfarrer konsequent bekämpft, ist im Helden des ursprünglichen
Märchens verkörpert: Feigheit, Lüge, Egoismus und Selbstbetrug. Lautet Brands Losung: „Sei du selbst!", ist Peers Wahlspruch: „Sei dir selbst
genug". Gibt sich der Erstere leidenschaftlich einer Lebensaufgabe hin,
folgt der Letztere Lust und Laune des Augenblicks und entzieht sich jeder
Art von moralischer Entscheidung.

Gynt repräsentiert nach Ibsens eigener Aussage „einen gewissen norwegischen Typus", der von „Willensschwäche", „Phantasterei" und „Selbstzu-
friedenheit" geprägt sei. Ergänzt werden die vom Dichter kritisierten Nati-
onaleigenschaften noch durch Engstirnigkeit und übertriebene Eigenliebe.
Innerhalb dieses Kontextes mag es besonders zugespitzt klingen, wenn der
Titelheld vom Standpunkt der Psychiatrie als geltungssüchtige Persönlichkeit und als aktiver expansiver Psychopath mit einem ausgeprägten Hang
zu Alkoholexzessen erscheint. [16]

In diesem symbolisch-allegorischen Stück der Desillusionierung rech-
net Ibsen mit der Provinzialität seiner Landsleute, den negativen Seiten
der Nationalromantik und den Schwächen der bürgerlichen Demokratie
ab. Er benutzte die folkloristischen Motive aus den nationalen Märchen
und Sagen, um seine Auffassung vom Wesen des zeitgenössischen Menschen darzulegen, der zwischen egoistischem Streben und mitmenschli-
cher Verantwortung hin- und hergerissen und wegen des Übergewichts
der ästhetischen Genusshaltung zu einem echten ethischen Handeln
unfähig sei.

Norwegen wird hier durch das Reich der Trolle repräsentiert. Sein
König, der Dovre-Alte, verkörpert den Inbegriff des selbstgerechten,
kleinlich gesinnten Bürgertums, das zänkisch nur auf den eigenen Vorteil
bedacht ist. Er vertritt die Devise: „Sei dir selbst genug!" und meint damit
den Rückzug ins satte, zufriedene Alltagsleben, wozu sich Peer Gynt auch
bekennen soll. Als Lohn winken die Heirat mit der Tochter des Königs
und die Thronfolge nach dessen Tod.

Doch der Held entkommt dieser Verführung, muss sich aber dann mit
dem großen Krummen auseinandersetzen, der die träge Masse, die öffent-

liche Meinung und die Konvention verkörpert. Dieser Vertreter der Maske und des Amtes, was C. G. Jung „Persona" nennt, rät nun seinem Gegner immer „außen herum" und damit allen moralischen Entscheidungen aus dem Weg zu gehen.

Beide Male wird Peer aus den Verstrickungen durch die Gedanken an seine Mutter Aase und seine Geliebte Solvejg gerettet, kann aber dieses Glück nicht festhalten, weil er noch zu sehr seiner Zwiespältigkeit verhaftet ist. Daher muss er noch zu Reife und Selbsterkenntnis finden.

Das Drama lebt so von der Spannung zwischen „Volkssatire" und „Seelenanatomie" und gewinnt dadurch eine existenzielle Tiefendimension, die über den literarischen Spott weit hinausweist. Es ist in fünf Akte eingeteilt: Die ersten drei spielen in Norwegen und bilden die ausholende Exposition; der vierte Akt greift auf die Welt aus, und der fünfte kehrt wieder in die Heimat zurück.

Darin werden drei Lebensabschnitte von Peer als Jüngling, Mann mittleren Alters und Greis sowie gleichzeitig dadurch auch drei Entwicklungsphasen der bürgerlichen Gesellschaft des 19. Jahrhunderts dargestellt. Gynt ist als Norweger noch den phantastischen Vorstellungen der Nationalromantik verhaftet, reicht aber als Weltbürger schon in das kapitalistische Zeitalter hinein, an dessen Entfaltung er gerade im vierten Akt auf verschiedene Weise beteiligt ist. [17]

Auf seiner Reise in die „bunte" Welt des Orients erfährt der Held viele Enttäuschungen, lernt aber dabei vor allem sein eigenes Wesen kennen. Er selbst nennt dabei das „Gyntsche Ich" das „Heer von Wünschen, Lüsten und Begehr" sowie von „Forderungen" und „Phantasien". Damit ist psychoanalytisch die Triebwelt der Instanz des „Es" gemeint. Peer gibt sich willenlos den Impulsen seines Unbewussten hin, verzichtet dabei auf den korrigierenden Kontakt zu anderen Menschen und gerät immer mehr in die Position des unbezogenen Narzissten, der in seiner Innenwelt immer nur sein eigenes Ego, aber kein Du findet.

Nun folgen die Selbstprüfung und das Selbstgericht: Eine Zwiebel, deren Schalen Gynt der Reihe nach ablöst, wird für ihn zum Gleichnis seines Wesens. Sie hat bis „zum innersten Innern" bloß „Häute", aber keinen festen Kern. Diese Einsicht zeigt ihm die Hohlheit und Gestaltlosigkeit seines Ich, das nie eine echte Bindung eingegangen ist und sein ganzes Leben mit sinnlosen Nichtigkeiten verbracht hat. Darauf tritt der Knopfgießer als Bote des Todes an ihn heran und kündigt ihm an, dass er ihn im „Ausschusstopf" der Masse „umschmelzen" wolle, weil seine Existenz wertlos gewesen sei und keine eigene Identität entwickelt habe. [18]

Peer steht hier ganz allein in seinem von Selbstbezogenheit ummauerten Ich, das dem Tod anheim zu fallen droht. Da erfolgt seine dritte und endgültige Rettung durch das weibliche Prinzip, das ihn von Anfang an getragen und gehalten hat. Während früher sein Vater Jon Haus und Vermögen der Familie verspielt und vertrunken hatte, liebte seine Mutter Aase ihren Jungen und glaubte trotz seiner Verlogenheit an ihn. Diese fundamentale Beziehung gab ihm das Urvertrauen und die Zuversicht, auch in aussichtslosen Situationen nicht den Lebensmut zu verlieren.

Später geht die beschützende Funktion von Aase auf Solvejg über, die all die Jahre auf ihren Geliebten gewartet hat. Als sie nun alt und erblindet ist, tritt Peer als Sünder vor sie hin und erlangt von ihr Vergebung. Sein Wesenskern hat nicht in der gelebten Realität existiert, sondern nur in der Sehnsucht dieser hingebungsvollen Frau „überwintert", in ihrem „Glauben", „Hoffen" und „Lieben", wie sie sich ausdrückt. Er nennt sie dafür „Mutter, Weib" und „Magd ohne Schuld und Fehle".

Damit verkörpert Solvejg nach C. G. Jung nicht nur die „Anima", das weibliche Seelenbild des Mannes, sondern auch den überpersönlichen Archetyp der Großen Mutter oder des Großen Weiblichen. Peer verbirgt am Ende beim Aufgang der Sonne „das Angesicht in ihrem Schoß", und sie singt ihm ein Wiegenlied, das die Forderung des Todes übertönt. Ob der Held hier stirbt oder nur einschläft, um dann verwandelt aufzuerstehen, lässt der Schluss offen. Jedenfalls wächst das Drama mit dieser Vision der Erlösung durch die Kraft der Liebe einer Frau über die Satire des Norwegertums weit hinaus. [19]

Kaiser und Galiläer

1873 veröffentlichte Ibsen das zehnaktige Doppeldrama „Kaiser und Galiläer", das die Geschichte des spätrömischen Kaisers Julian Apostata behandelt. Dies war der letzte Versuch des Dichters, die geistigen und politischen Tendenzen seiner Zeit in einem historischen Stoff darzustellen. Von nun an bildete auch das Christentum keinen eigenständigen Themenkreis in seinem Werk mehr, sondern tauchte darin nur noch am Rande auf. Nach „Brand" und „Peer Gynt" schloss „Kaiser und Galiläer" Ibsens mitlere Schaffensperiode ab, die den Übergang vom nationalromantischen Jugendwerk zu den späteren realistischen Gesellschaftsdramen vollzog.

Dem Autor ging es jetzt immer mehr um das Problem der Selbstverwirklichung in der Kunst. In einem Brief von 1882 an Björnson bezeichnete er die Fähigkeit, „in seiner Lebensführung sich selbst zu realisieren", als das „Höchste, was ein Mensch erreichen kann". Nach seiner Auffassung hat jeder „diese Aufgabe", die „aber die allermeisten verpfuschen". Ibsen versteht darunter das Ziel, ein einzelner, authentischer, in sich ruhender Mensch zu werden. C. G. Jung nennt das Selbst den zentralen Archetyp des kollektiven Unbewussten, der die seelische Mitte der Seele und in Anlehnung an Meister Eckhart das „göttliche Fünkchen in uns" darstellt.

Vom Erreichen oder Verfehlen dieser Dimension hängt für den Dichter das Gericht ab, das der Mensch über sich selbst hält. Ibsens weithin düsteres Werk ist Prüfung seiner eigenen Person und der anderen Menschen. Im Gedicht „Ein Vers" von 1878 definiert der Autor sein „Dichten" als „Gerichtstag halten über sein eigenes Ich". Da seine Bühnengestalten dieses Lebensgesetz missachten oder ihm ausweichen, führen sie ungewollt Katastrophen herbei und gehen an ihnen zugrunde. [20]

Selbstrealisation kann für Ibsen nur auf dem Boden innerer und äußerer Wahrhaftigkeit wachsen und gedeihen. Um diese meist in ihrem Scheitern darstellen zu können, bediente sich der Autor in seinen Werken neben einer hintergründigen Symbolik vor allem der analytischen Dramentechnik, d. h. der schrittweisen Aufhellung von früheren Ereignissen, die sich lange vor Beginn der Handlung ereignet haben und nun das Geschehen mit dem Schicksal der Akteure bestimmen.

Die allmähliche Aufdeckung von Geheimnissen aus der Vergangenheit gehört seit der Tragödie „König Oedipus" von Sophokles zu den klassischen Mitteln des Theaters und seiner Dramatik. Ibsen vertiefte sie aber zu einer sog. „Erinnerungsarbeit" und nahm damit eine wichtige Grundlage vieler psychotherapeutischen Verfahren vorweg. Dabei sollten die verdrängten Bereiche der Biographie und des Charakters eines Menschen in den Fluss der Sprache und des Erinnerns zurückgebracht werden. Zu diesem Zweck eignete sich der Autor eine fundierte Kenntnis des naturwissenschaftlichen Wissens seiner Zeit an und las vor allem auch die damalige psychiatrische Fachliteratur, deren Ergebnisse er genial auf die Charakterstruktur seiner Bühnengestalten anwendete.

Insofern war Ibsen ein Vorläufer und Pionier der modernen Tiefen-psychologie, der die analytische Dramentechnik geschickt mit der gesellschaftlichen Tendenz seines Spätwerks verband. Nach „Kaiser und Galiläer" orientierte er sich darin entschieden am konkreten Leben seiner Gegenwart, die durch die soziale politische Situation Norwegens in den siebziger und achtziger Jahren des 19. Jahrhunderts geprägt war. [21]

Die Stützen der Gesellschaft

Das Schauspiel „Die Stützen der Gesellschaft" war das erste Bühnenwerk, das Ibsen in der Realität seiner Zeit spielen ließ und das er 1877 in München veröffentlichte. Formal nahm er Einflüsse der französischen Salonstücke von Eugène Scribe mit ihrer glänzenden Dialogtechnik auf, überwand sie aber durch sozialkritische Themen im Sinne der von Georg Brandes propagierten „Literatur des modernen Durchbruchs". Besonders angeregt hatten ihn dabei das Drama „Ein Bankrott" von Björnstjerne Björnson aus dem Jahr 1874 und ein politischer Vorfall im englischen Unterhaus bezüglich des Kampfes gegen gewissenlose Reeder.

Mit Hilfe der analytischen Methode bringt der Autor hier zum ersten Mal vergangenes Geschehen als noch in der Gegenwart wirkendes Moment in die Handlung ein. Im Verlauf des Stückes wird die dunkle Vergangenheit des angesehenen Konsuls Karsten Bernick Schritt für Schritt aufgedeckt. Die Zwänge, welche dieser vor vielen Jahren selbst geschaffen hat, drohen ihn nun mit ihren Konsequenzen zu Fall zu bringen.

Doch trifft Ibsens Kritik nicht nur den Helden des Schauspiels, sondern auch gewisse Teile seiner Umgebung. In einem gereimten Brief an Brandes vergleicht der Dichter die europäische Gesellschaft mit einem wohl ausgerüsteten Dampfschiff, das „als Ladung eine Leiche" mit sich führen soll. Dieses Bild bezeichnet den Widerspruch zwischen Sein und Schein einer Kultur, die es nicht versteht, sich von überkommenen Vorstellungen zu lösen. Es charakterisiert die Atmosphäre des ganzen Dramas und gibt ihr einen Hauch von Zerfall und Niedergang. [22]

Zu Beginn erscheinen Konsul Bernick und seine Geschäftsfreunde als allseits geachtete Vertreter der öffentlichen Ordnung und gelten wegen ihrer bekannten moralischen Integrität und ihrer Sorge für die soziale Wohlfahrt als die „Stützen der Gesellschaft" einer kleinen norwegischen Küstenstadt. Sie alle werden am Beispiel des Helden von Ibsen an den

Pranger gestellt. Das Geld ist ihr wahrer Gott oder Götze, der die kapitalistische Gesellschaft beherrscht.

Um seine Expansionsträume zu verwirklichen, schreckt Karsten Bernick vor keiner Untat zurück. Er ist der skrupellose, rein ökonomisch denkende Egoist, der dem Erwerb alles opfert und dadurch sein inneres Lebensziel verfehlt. So verstieß er seine Jugendliebe Lona Hessel, die ihn hätte glücklich machen können, und heiratete stattdessen deren Halbschwester Betty, die eine reiche Mitgift in die Ehe brachte. Aus einem ungezügelten Schaffenstrieb heraus wird er zum berauschten Künstler und Organisator der Macht, der auch bereit ist, ein untaugliches, nur scheinbar repariertes Schiff aus seiner Werft in See stechen zu lassen, wenn dies seine Geschäftspläne begünstigt und der Profit dabei wächst. Vor allem will er dadurch seinen Schwager Johann beseitigen, dem er vor 15 Jahren einen selbst begangenen Betrug zugeschoben hatte und der sich nun dafür rächen will.

Die Aufdeckung des Verbrechens würde die gesellschaftliche Stellung des Konsuls vernichten. Doch gewisse Zufälle geben dem Geschehen des Dramas letztlich eine positive Wendung. Bernicks halbwüchsiger Sohn Olaf begibt sich auf den notdürftig überkleisterten Segler aus Abenteuerlust. Glücklicherweise wird dann die Ausfahrt verhindert, so dass der gewissenlose Konsul sein bereits verloren geglaubtes Kind wie durch höhere Fügung zurückbekommt. [23]

So wird das Schiff „Indian Girl" mit dem bedrohlichen Leck zum vorherrschenden Symbol des Schauspiels, das für den trügerischen Schein und die doppelbödige Heuchelei des Helden und der Gesellschaft steht. Den Gegenpol dazu verkörpert die ehemals geliebte Schwägerin Lona, die aus dem französischen Salonstück die Rolle des Intriganten übernimmt, diese Funktion aber auf eine gute weibliche Weise ins Positive wendet. Sie repräsentiert in ihrer Gestalt die damals höchst aktuelle und brisante Frage der Frauenemanzipation und verhilft Bernick Schritt für Schritt zu Einsicht, Reue, Läuterung und Selbstfindung. Er bekennt am Ende, dass die Frauen „treu und wahrheitsliebend" die „Stützen der Gesellschaft" seien.

Dem Helden stehen nun neben der Schwägerin auch seine Gattin Betty und seine Schwester Martha zur Seite. Psychologisch stehen sie alle für eine ganze Gruppe von Anima-Figuren, die das männliche Ich umgeben. Ihre Anführerin aber ist Lona Hessel, die auch Züge der Großen

Mutter und ihrer Weisheit besitzt und die auch das Schlusswort des Stückes spricht: Sie korrigiert den reumütigen Sünder und entgegnet ihm, dass nicht Ansehen, Doppelmoral und Wohlanständigkeit, sondern „der Geist der Wahrheit und der Geist der Freiheit" die wahren „Stützen der Gesellschaft" sind.

Das harmonisierende idealistische Ende des Dramas enthält pädagogisches Pathos und entspricht eher der Komödientradition als einer realistischen Lösung der dargestellten Probleme. Ob Konsul Bernick nur aus der Elterninstanz seines autoritären Gewissens kurzfristig Besserung gelobt oder sich aus der Mitte seines Wesens heraus im Sinne des humanistischen Gewissens (nach Erich Fromm) grundlegend zum Positiven wandelt, bleibt am Schluss in der Tat offen. [24]

Ein Puppenheim
Ibsen veröffentlichte 1879 sein dreiaktiges Schauspiel „Ein Puppenheim", das Ende des Jahres in Kopenhagen uraufgeführt und in Deutschland unter dem Titel „Nora" bekannt wurde. Der Autor verarbeitete darin die Beziehungsgeschichte der Schriftstellerin Laura Kieler und webte sie in Grundzüge der Handlung seines Dramas ein. Auch wurde er durch eine Streitschrift von Camilla Collett über die Frauenemanzipation angeregt und in seinem Schaffensdrang durch die ablehnende Haltung des Skandinavischen Vereins in Rom gegenüber zwei Anträgen von ihm zur Gleichstellung des weiblichen Geschlechts innerhalb dieses Kreises angestachelt.

Zwar betonte Ibsen viele Jahre später, dass es ihm hier um die Befreiung des Menschen an sich und nicht speziell der Frau gehe. Aber „Ein Puppenheim" provozierte 1879 und danach einen folgenreichen Theaterskandal und brach die Vorherrschaft der französischen Stücke auf den skandinavischen und deutschen Bühnen. Das Schauspiel wurde vor allem zu einem politischen Faktum und förderte maßgeblich die Gleichberechtigung der Frau in Nord- und Mitteleuropa. Der Autor verwendete auch hier wieder seine analytische Technik, verlegte dabei aber die Vorgeschichte nach Italien, wo er damals selbst gelebt und das Drama geschrieben hatte.

Nora Helmer hatte einst das Leben ihres kranken Gatten Torvald retten wollen, heimlich Geld für dessen notwendigen Kuraufenthalt bei Rechtsanwalt Krogstad beschafft und auf dem Schuldschein die Unterschrift ihres im Sterben liegenden Vaters gefälscht. Der Ehemann hielt sich mit seiner Familie ein Jahr in Capri auf und konnte dort geheilt werden. Er kehrte dann gesund nach Norwegen zurück, ohne etwas vom Betrug seiner Frau zu wissen; außerdem brachte Nora noch ihr Maskenballkostüm und ihren Tarantella-Tanz von der italienischen Reise in die nördliche Heimat mit. [25]

Wie in keinem anderen Stück geht es Ibsen hier um die Struktur der patriarchalen bürgerlichen Familie, das Verhältnis von Liebe und Ehe, die Abhängigkeit der Frau von ihrem Mann und ihre Bewertung als selbstständige Persönlichkeit. Die Unterschriftsfälschung aus der Vorgeschichte des Schauspiels droht nun durch die Erpressung von Krogstad aufgedeckt zu werden. Dieser Druck des zwielichtigen Anwalts auf Nora löst die Katastrophe aus und bringt sie im Verlauf der Handlung ins Rollen. Der dramatische Konflikt zwischen den beiden Ehegatten wird mit allen Konsequenzen ausgetragen und spitzt sich bis zum Ende immer mehr zu.

Die drei Akte des Stückes finden in der Gegenwart des Dichters während der Weihnachtstage statt und spielen in der Wohnung des ehrgeizigen, überaus korrekten Juristen Helmer, der soeben zum Direktor einer Aktienbank ernannt wurde. Torvald sieht seine Frau als sein lockeres „Vögelchen" und seine kleine Verschwenderin an, die in ihrem „Puppenheim" singt, einfältig daherplappert und sich mit Lügen herausredet, wenn sie beim Naschen ertappt wird.

Nicht umsonst ist ihr Vorname auf dem Substantiv „nor" aufgebaut, das im Norwegischen „kleines, kindliches Wesen" bedeutet. Insofern besitzt die weibliche Hauptfigur nach psychiatrischer Auffassung zumindest an der Oberfläche gewisse infantile und hysterische Züge. Doch hinter der Maske von „Lerche" und „Puppe" verbirgt sich eine andere Nora, die sich bereits in der Vorgeschichte gezeigt hat. Diese besitzt einen inneren Stolz, der ihren eigenen Gefühlen und intuitiven Bewertungen entspringt.

Im Gegensatz zur Gesellschaft erscheint Nora in ihrer moralischen Grundhaltung ursprünglich, echt, authentisch und auf dieser Basis auch durchdacht. Für sie ist ein persönliches Leben weit wichtiger als der starre Drang von Helmer, Gesetze einzuhalten und soziale Erwartungen zu erfüllen. Die ganze Erwartung des Schauspiels ist auf den entscheidenden Augenblick von Torvalds Reaktion auf Krogstads Brief angelegt, der Noras Vergehen aus der Vorgeschichte aufdeckt.

Doch als Helmer ihn gelesen hat, handelt er nicht wie seine Frau aus Zuneigung und Fürsorge und lässt nicht wie sie das Gesetz der Liebe und des Eros gelten, sondern bemüht das männliche Prinzip von Recht und Ordnung, von öffentlicher Meinung und konventioneller Moral, um die Fälschung seiner Gattin zu verurteilen. Er bleibt bis zum Schluss ein Mann mit der Maske einer angepassten „Persona", einer autoritären Gewissensinstanz und einer tief verwurzelten patriarchalen Gesinnung. [26]

Nora gerät durch die äußere Auseinandersetzung mit ihrem Mann und seinen Grundsätzen sowie durch den inneren Konflikt zwischen ihren infantilen Unterordnungsstrategien und ihrem Selbst mit seiner ganzheitlichen Ethik in eine schwere seelische Krise, die sich in Symptomen wie Todesangst, Wahnsinnsgefühl und Selbstmordgedanken zeigt. Die Heldin muss hier eine „Hölle" durchmachen und den Weg in den dunklen Schattenbereich ihres Unbewussten gehen.

Dabei wird Noras Tarantella zum zentralen Motiv und Symbol des Dramas. Ibsen selbst hatte in Italien von den Eigenschaften gehört, die der Volksglaube diesem mitreißenden, schnellen Tanz zuschrieb. Wurde man von der Spinne Tarantel gestochen und war so von der Geisteskrankheit des Tarantismus befallen, dann konnte nur eine wirbelnde Tarantella heilen. Andererseits gilt sie auch als Brautwerbetanz, dessen Schritte sexuelles Begehren ausdrücken.

Die Spinne ist nach C. G. Jung ein Attribut des Archetyps der Großen Mutter, und ihre Tätigkeit des Spinnens weist bei Freud auf den Geschlechtsverkehr hin. In Märchen gibt es bösartige Spinnenfrauen, die tanzend ihre Opfer in den Abgrund ziehen wollen, dabei aber selbst durch den Sonnenvater eine Wandlung zum Positiven erfahren.

So führt auch der indische Gott Shiva durch seinen Tanz den von ihm Ergriffenen zur dionysischen Freiheit in Rausch und Ekstase. Dabei setzt sich die Ganzheit der Körperpsyche im wahrsten Sinn des Wortes während des Rituals in Bewegung um. Gerade im orgiastisch erregten und erregenden Tanz werden die Große Göttin und ihr Sohngeliebter gefeiert, die in Indien Kali und Shiva heißen.

In Ibsens Schauspiel ist Nora vom Wirbel der Großen Mutter gepackt und kann nicht widerstehen. Willenlos wird sie in die Rhythmen der Tarantella eingefangen und tanzt mit sich steigernder Wildheit, wobei sich ihr Haar löst und ihr auf die Schultern fällt. Ihre Maske der Infantilität und Anpassung fällt damit symbolisch ab, und Nora steht quasi „nackt" in der Ursprünglichkeit ihres weiblichen Wesens im Raum. Nun ist sie von Wahnsinn und Todesangst geheilt und gerettet. Der Tanz hat sie mit den Kräften ihres Unbewussten bekannt gemacht und in ihr einen Reifungs- und Emanzipationsprozess im Sinne einer Individuation oder Ganzwerdung (nach C. G. Jung) angestoßen. Damit macht er sie zu einer Anhängerin und zugleich Repräsentantin der Großen Mutter. [27]

Noras Ekstase steigert zunächst nur den Reglementierungsdrang und den Besitzerstolz ihres Mannes. Im entscheidenden Schlussgespräch verweist Helmer auf Pflicht und Ehre, Staat und Religion, Tradition und Moral, und damit auf alle zentralen Werte der autoritären Gewissensinstanz des Über-Ich. Zuletzt beteuert er, seine Frau zukünftig „auf Händen zu tragen". Aber Nora ist nun nicht mehr gewillt, ihre alte Rolle als „Lerche" und „Eichhörnchen" im „Puppenheim" einfach weiterzuspielen, sondern legt ihrem Mann illusionslos eine Beurteilung ihrer Ehe vor. Trotz all seiner Überredungsbemühungen bleib sie bei ihrem Entschluss, sich von ihm zu trennen, und geht effektvoll ab, indem „unten die Haustür dröhnend ins Schloss fällt".

Ihre Revolte bedeutet eine Ablehnung gegen ein Dasein ohne eigenes, wahrhaftiges Denken und Fühlen sowie einen Aufbruch ins Unbekannte zur eigentlichen Individualität. Mit dieser Zielvorstellung hat Nora die geschlechtsspezifische „reine" Frauensache zu einer allgemein menschlichen Emanzipation erweitert, die auch die Männer auffordert, sich von ihrem alten Rollenverständnis zu lösen und sich in diesem Sinne selbst zu befreien.

Dies war jedenfalls Ibsens grundlegende Absicht bei der Niederschrift des Schauspiels. Nora ist in dieser Hinsicht die Hoffnungsträgerin des Dichters und seine liebste Dramenfigur, die er mit aller ihm zur Verfügung stehenden Hingabe und Zärtlichkeit gestaltet. Seine Heldin stellt das ursprüngliche Gefühl der Sehnsucht nach Glück und Vollkommenheit dar, womit der junge Ibsen dem Leben begegnete, ehe es ihn in vieler Hinsicht ernüchterte. Sein Traum ist in ihrer Gestalt die Verheißung, die trotz allem Pessimismus stets die Welt des Autors erhellt, und „ein Stück vom Himmel", das für immer die totale Hoffnungslosigkeit ausschließt.

Insofern verkörpert Nora wie keine andere Frauenfigur tiefenpsychologisch Ibsens weibliches Seelenbild, das als persönliche Anima aus den Tiefen des Unbewussten auftauchte und vom Bewusstsein des Dichters die dramatische Gestaltung verlangte. Bis heute übt diese Heldin des Stückes eine unwiderstehliche Faszination auf Leser und Publikum aus. [28]

Gespenster

Ibsen verfasste sein nächstes Schauspiel „Gespenster", das er als Familiendrama bezeichnete und in drei Akte aufteilte, 1881 auch in Italien. Das nachfolgende Stück musste nach seinen eigenen Angaben „geschrieben werden", weil er „innerlich „nicht bei ‚Ein Puppenheim' stehen bleiben" konnte, und zog daher Entwicklungslinien aus, die im vorausgegangenen Werk erst angedeutet waren. Sein norwegischer Titel lautet „Gengangere", was eigentlich „Wiedergänger" bedeutet. Dieses neue Schauspiel sollte nun zeigen, was mit einer Frau wie Nora hätte geschehen können, wenn sie nicht aus dem Puppenhaus entflohen wäre. Für Ibsen musste daher nach seiner sich emanzipierenden Heldin jetzt „notwendigerweise Frau Alving kommen".

In „Gespenster" sind Milieu und Vererbung in noch stärkerem Maß als bisher die Mächte, die das Schicksal des Menschen determinieren. Die Motivation der Gegenwart aus der Vergangenheit ist ebenso lückenlos wie in den beiden vorhergehenden Gesellschaftsdramen durchgeführt. Formal entwickelt der Autor die Handlung des Stückes als retrospektive Analyse, die dramaturgisch noch deutlicher als früher an „König Oedipus" von Sophokles und der hier angewendeten speziellen Bühnentechnik anknüpft. Dabei holt er das „Fatum", den von den Göttern über den Menschen verhängten Schicksalsspruch, aus der griechischen Tragödie auf das Landgut der Familie Alving an einem großen, düsteren „Fjord im westlichen Norwegen" und macht Helene, die Herrin des Hauses, zum Mittelpunkt des neuen Schauspiels.

Dessen Hauptthema ist nun die Gesellschafts- oder Lebenslüge, der sich vorher Nora am Ende um keinen Preis unterwerfen wollte. Doch im Gegensatz zur Heldin von „Ein Puppenheim" blieb Frau Alving aus Pflichtbewusstsein bei ihrer Familie, weil sie nicht die Kraft besaß, ihre zerrüttete Ehe zu beenden und ihren untreuen Gatten zu verlassen. Hier stellt Ibsen auch die grundsätzliche Frage, ob nicht nur das männliche, sondern gerade auch das weibliche Geschlecht stärker von Konventionen und äußeren Faktoren geprägt ist, als es von vielen anderen

130

Literaten des „modernen Durchbruchs" angenommen und dargestellt wurde. Aber Helene macht im Verlauf der Handlung eine gewisse Entwicklung durch und erkennt durchaus ihre Fehler, die sie früher begangen hat. [29]

In „König Oedipus" kritisierte Sophokles die um sich greifende Freigeisterei seiner Zeit und rief darin zum wahren Gottesglauben der Urväter zurück. Seine weibliche Hauptfigur Jokaste, die Mutter und Gattin des Helden, erweist sich viel unbefangener und kühler als die männlichen Figuren, wenn es gilt, Altgeheiligtes zu überprüfen. Darin gleicht ihr Helene Alving, die bei ihrer Suche nach der Wahrheit bereit ist, „bis an die äußerste Grenze zu gehen". Beide Frauen werden im Stillen das, was die Hüter der Religion als „aufgeklärt" oder „gottlos" bezeichnen, und kennen schließlich am Ende keine Scheu vor gesellschaftlichen Tabus mehr.

Mit sachlicher Gelassenheit spricht Jokaste von der Mutterehe, und ähnlich offen äußert sich Helene über den Geschwisterinzest. Wie die antike Frauengestalt das Geheimnis der Herkunft ihres Sohngatten durchschaut und trotzdem bereit wäre, dem Oedipus weiter vermählt zu bleiben, so erkennt Ibsens weibliche Hauptfigur die Abstammung von Osvald und Regine als Kinder desselben Vaters und wäre nichtsdestotrotz damit einverstanden, wenn ihr Sohn und ihre Stieftochter in „wilder" oder gesetzlicher Ehe zusammenleben würden.

Während aber Sophokles Jokaste als gottlos und unweiblich verurteilt, erhebt der norwegische Dichter Helene zum tröstlichen Vorbild für die erwachenden, sich emanzipierenden Frauen seiner Zeit und bekundet dadurch seine Hingabe zu ihr. Doch was in „König Oedipus" als Landplage grausig geheimnisvoll war, wird in „Gespenster" aus dem Dunkel an das Licht des Bewusstseins und der Realität hervorgezogen und als ein schattenhaftes Ungeheuer benannt, das in den Abgrund des Unbewussten stürzen muss, wenn ihm innerlich frei gewordene Menschen gegenüberstehen. [30]

Der Name Alving bedeutet „Abkömmling der Elfen", d. h. der Triebsphäre des „Es". Die männlichen Figuren des Stückes mit diesem Familiennamen, nämlich Vater und Sohn, sind von einer tiefen Lebensfreude, einer geistigen Unabhängigkeit und einer egoistischen Ungezwungenheit geprägt, die konservative Gemüter schockiert und provoziert. Ihre Elfennatur veranlasst die beiden männlichen Alvings, das puritanische

Ideal einer pharisäischen Moralauffassung zu verwerfen und ihre Existenz gemäß den Antrieben ihrer Sinnlichkeit zu gestalten.

Helene, die unglückliche Gattin und Mutter, versucht vergeblich, sie zur Übernahme der konventionellen Grundhaltung im Sinne des „Über-Ich" der etablierten Gesellschaft zu bewegen, und muss dabei das Scheitern ihrer Bemühungen erfahren. Doch einst hatte sie sich selbst durch den Einfluss ihrer Verwandten gegen die Neigung ihres Herzens entschieden und nicht den mittellosen Pastor Manders, sondern den sehr wohlhabenden Leutnant Alving geheiratet, der aber sein ausschweifendes Leben auch während der Ehe fortsetzte.

In ihrer Not suchte die gedemütigte Frau Zuflucht bei ihrem früheren Jugendfreund, der sie aber zu ihrem Gatten zurückschickte, weil die Pflicht höher als das Glück stehe. Diese Ermahnung von Manders verstärkte verhängnisvoll die Macht der autoritären Gewissensinstanz, die Helene dazu zwang, die Ehehölle mit dem Verführer Alving zu ertragen und nach außen den Schein einer intakten Familie aufrechtzuerhalten. Dazu gehörte auch, das nicht folgenlose Verhältnis ihres Mannes mit dem Dienstmädchen Johanne und die daraus hervorgegangene Geburt des Mädchens Regine zu vertuschen und Helenes eigenen Sohn Osvald aus dem Haus zu bringen, damit er nicht die Wahrheit über seinen Vater erfahre.

Sinnbild für die Fassade und Lebenslüge der Familie wird der Bau einer sog. „Hauptmann-Alving-Stiftung", eines Kinderheims, das zum Andenken an den verstorbenen Hausherrn am Anfang des Stückes feierlich eingeweiht werden soll, aber am Ende abbrennt. Hinter der Maske ihrer „Persona" hat Frau Alving ihr Leben der Instanz des Über-Ich geopfert und dessen Forderungen bis jetzt bedingungslos erfüllt. Aber gerade dadurch hat sie das Unglück heraufbeschworen, das nun mit grausamer Konsequenz über sie hereinbricht.[31]

Das Drama „Gespenster" stellt schonungslos und analytisch präzise eine Familienstruktur dar, unter der besonders – wie so oft bei Ibsen – das Kind zu leiden hat. Kammerherr Alving hatte sich durch seinen exzessiven Lebenswandel mit Syphilis infiziert und diese Krankheit an seinen Sohn vererbt. Als Osvald aus dem Ausland zurückkehrt, befindet er sich bereits in einem fortgeschrittenen Stadium der „Progressiven Paralyse". Doch zeigt sich diese bei ihm vor allem in ihrer depressiven Form, bei der das Gefühlsleben mehr als die Verstandestätigkeit gestört ist.

Indirekt hat der junge Alving seine Krankheit auch Helenes Kapitulation vor der Pflichtmoral des Pastor Manders und seines bzw. ihres eigenen autoritären Gewissens zu verdanken. Seine Paralyse ist somit das Produkt aus den Ausschweifungen seines Vaters und den Versäumnissen seiner Mutter. Osvald wird so zum wichtigsten Repräsentanten des sog. „Wiedergängers", der das Hauptsymbol und Kernmotiv des ganzen Schauspiels bildet und in der Handlung immer wieder auftaucht.

„Gengangere", die im deutschen Titel des Stückes „Gespenster" genannt werden, sind einerseits real als „auf die Erde zurückkehrende, unerlöste Tote, die in das Leben der Menschen eingreifen können", andererseits auch symbolisch als „alte abgestorbene Ansichten, Sitten und Konventionen" im Dienst des Über-Ich zu verstehen.

Einmal zeigt sich dieses Symbol im geplanten Kinderheim, das auf Helenes missglückte Ehe zurückverweist, zum anderen kehrt der Kammerherr Alving durch seinen jungen Sohn wieder „auf die Erde" zurück und lebt in ihm über die vererbte Syphilis weiter. Gerade die hinter der Gesellschaftslüge zum Vorschein kommenden wirklichen Verhältnisse der Familie und ihre Aufklärung beschleunigen noch den Ausbruch von Osvalds Geisteskrankheit. [32]

Die Fixierung auf die Vergangenheit paralysiert physisch und moralisch nicht nur den Sohn, sondern alle Hausbewohner und verwandelt sie in innerlich Tote und Abgestorbene noch zu Lebzeiten. Am Schluss muss Helene entscheiden, ob sie Osvald den Wunsch nach Sterbehilfe erfüllen kann und will. Das Drama lässt auch hier die Lösung offen, endet aber mit einem Sieg der „Wiedergänger" und ihrer autoritären Gewissensinstanz.

Doch trotz ihrer äußeren Niederlage macht Frau Alving einen Prozess zur inneren Reifung durch. Sie erkennt, dass die Rücksichten und Pflichten ihres Lebens einem Mangel an Mut zur Wahrhaftigkeit entsprangen. Auch sieht sie jetzt hinter der biederen Sittenfestigkeit von Pastor Manders nur noch Feigheit, Dummheit und Selbstgerechtigkeit. Gerade ihr einstiger Jugendfreund verkörpert auf besondere Weise die Verlogenheit und den Kleingeist der Gesellschaft, deren Konventionen die eigentlichen „Gespenster" des Stückes sind.

Indem Helene sich so an die Geschichte ihres Hauses und ihrer Umgebung erinnert und sie kritisch reflektiert, wird sie zur Aufklärerin, die den

„Wiedergängern" und ihrer irrationalen Herrschaft über die Menschen den Kampf ansagt. Selbstrealisation und Emanzipation des Einzelnen beginnen hier in einer Auseinandersetzung mit den im eigenen Inneren noch wirksamen Überzeugungen. Durch diese implizierte Botschaft seines Dramas wollte Ibsen seine Zeitgenossen aufrütteln und löste damit den von ihm erwarteten Sturm der Entrüstung aus. [33]

Rosmersholm

Nachdem der Autor sich in den folgenden Werken „Ein Volksfeind" von 1882 und in „Die Wildente" von 1884 mit gesellschaftlichen und familiären Strukturen kritisch beschäftigt hatte, kehrte er in dem 1886 veröffentlichten und in München geschriebenen Schauspiel „Rosmersholm" wieder zur Grundkonstellation des Stückes „Gespenster" mit seinem Kernmotiv der „Wiedergänger" auf eine gewisse Weise zurück.

So spielt etwa das neue Drama auf einem alten „Herrensitz" in der Nähe „einer kleinen Fjordstadt im westlichen Norwegen". Auch verwendet Ibsen wieder alle analytischen Bühnentechniken, um den an sich epischen Stoff durch die schrittweise Aufdeckung der Vorgeschichte in den Dialogen dramatisch darstellen zu können. Gleichzeitig befindet er sich mit diesem Werk bereits deutlich auf dem Weg zum Symbolismus seiner spätesten Schaffensphase.

Zwar spielt das politische Leben in die Handlung von „Rosmersholm" noch hinein, aber es geht darin im Kern um die beiden Hauptfiguren und die Entwicklung ihrer Beziehung. Aus der Gesellschaftsanalyse und dem sozialen Raum des Geschehens wird nun Seelenanalyse und psychischer Raum des eigenen Inneren. Dadurch gewinnt das Symbol eine neue Qualität; denn es wird zum Ausdruck des rational nicht mehr Fassbaren und ermöglicht die Einbringung der unbewussten Empfindungsstrukturen und Motivationsketten des einzelnen Akteurs in den realistischen Handlungskontext.

Vielschichtiges zentrales Sinnbild des Dramas ist das mehrmals erwähnte weiße Pferd, das den kurz bevorstehenden Tod einer auf Rosmersholm lebenden Person anzeigt. Wie die „Wiedergänger" in dem vorhergehenden Stück „Gespenster" bedeutet es die „Vergangenheit", die „Tradition" und das „Gesetz" des alten Herrensitzes und steht auch symbolisch für die Gewissensbisse und Schuldgefühle der beiden Hauptgestalten im Sinne der autoritären Über-Ich-Instanz. Aber es reicht auch als real erfahrbare Spukerscheinung in Mythos und Volksglauben hinein und holt in diesem Bereich die Lebenden zu den Toten.

Rosmersholm ist nach einer dänischen Zauberballade das Heim des Wassergeistes Rosmer, den die geliebte Frau dazu zwingt, sich in das Reich der Wellen zu stürzen. Damit ist wie bei den Alvings aus „Gengangere" eine Herkunft aus der Triebsphäre des „Es" angedeutet, die aber im Verlauf der geschichtlichen und gesellschaftlichen Entwicklung auf dem Herrenhof in die genau entgegengesetzte Dimension des Über-Ich umgeschlagen ist. [34]

Doch nicht nur Johannes Rosmer kommt ursprünglich aus diesem Bereich des Unbewussten, sondern auch seine Gesellschafterin Rebekka West wird im Schauspiel der gleichen Sphäre zugerechnet und als „verführerische Frau" sowie als „reizendes Meerweib" bezeichnet. Mit der Stärke ihrer sinnlichen Energie will sie ihren Artverwandten Rosmer der kleingeistigen Enge des Herrensitzes und seiner Umgebung entreißen, die ihn innerlich immer noch gefangen hält.

Gerade im Hinblick auf ihre triebhafte Nixennatur hat Rebekka eine entsprechende Vorgeschichte, die bis zum Ende des Stückes in den Dialogen immer wieder entfaltet wird. Sie ist die uneheliche Tochter der verheirateten Hebamme Gamvik und des Arztes West, der seine Tochter später adoptierte, ohne ihr etwas von seiner leiblichen Vaterschaft mitzuteilen. Stattdessen erzog er sie zur Freidenkerin und Verächterin einer religiös begründeten Moralauffassung und machte sie dann zu seiner Geliebten.

Rebekka ahnte wohl unbewusst etwas von diesen Zusammenhängen, konnte sie sich aber damals noch nicht bewusst machen. Sie liebte inzestuös ihren leiblichen Vater und verhielt sich dabei nach dem Schema des sog. Ödipuskomplexes, bei dem nach Sigmund Freud das kleine Kind den gegengeschlechtlichen Elternteil psychosexuell besitzen und den gleichgeschlechtlichen weghaben will.

Nach dem Tod von Dr. West verschaffte sich Rebekka Aufnahme in Rosmersholm und drängte sich dort in die Ehe des Hausherrn und seiner Frau Beate. Dabei trieb sie die innere Gewalt des ersten Erlebnisses bezüglich ihrer Liebe zum Vatertypus dazu an, durch tatkräftiges Handeln dieselbe Situation herbeizuführen, die sich einst ohne ihr Dazutun durch den natürlichen Tod der Hebamme Gamvik verwirklicht hatte, jetzt nämlich die Frau und Mutter zu beseitigen, um beim Mann und Vater ihre Stelle einzunehmen. Die Verliebtheit in Rosmer und die Feindseligkeit gegen Beate ist in Freuds Interpretation des Schauspiels der Erfolg des Ödipuskomplexes und die erzwungene Nachbildung von Rebekkas Verhältnis zur Mutter und zu Dr. West.

Unter dem Einfluss des Hausherrn wandelt sich nun die frühere Freidenkerin zum „Gewissens- und Adelsmenschen" und kann von daher nach Aufdeckung aller Zusammenhänge die Früchte ihrer skrupellosen Intrigen gegen die tote Ehefrau nicht mehr genießen. Sie scheitert psychoanalytisch am Grauen vor dem Gewahrwerden der Bodenlosigkeit ihrer archaischen Impulse und vor dem Ausgeliefertsein an die unkontrollierbaren Zwänge, die alle Selbstgewissheit von innen her auszuhöhlen. [35]

Die männliche Hauptfigur Johannes ist vom Abscheu gegen seinen brutalen Vater geprägt, der als Major dem sensiblen Jungen auf gewalttätige Weise den Geist von Rosmersholm vermittelte, wo „Menschen nicht lachen und Kinder nicht weinen" durften. So bleibt er in einer passiven, infantilen Haltung gegenüber dem Leben verhaftet und schätzt seine Mitmenschen naiv und unrealistisch ein. Er baut in sich eine Schein- und Ersatzwelt auf, in der idealistisches Denken und Werten vorherrschen. Dabei will er alle Leute zu „Adelsmenschen" erziehen, sie geistig befreien und seelisch läutern.

Doch dieser Ehrgeiz steht bei ihm in krassem Gegensatz zu den ihm gegebenen inneren Möglichkeiten. Rosmer erscheint in einer psychiatrischen Sichtweise als zwanghafter, unsicherer, „kraftloser" Psychopath, der vom „kraftvollen Stachel" seiner Ideale angetrieben wird. Er hat Probleme mit Eros und Sexualität und plagt sich mit quälenden Skrupeln, an Krankheit und Tod seiner Frau schuld zu sein. Durch diese irrationale Einstellung bekommt sein Verhalten eine fast paranoide Färbung, die sich bis zum Schluss noch verstärkt und ihn schließlich dazu bringt, Beates Weg in den Selbstmord nachzugehen.

In der Kindheit schloss sich Johannes eng an die sanfte, introvertierte Mutter an und suchte bei ihr Schutz vor dem Vater, der zu Hause „mit der Reitpeitsche" herrschte. Doch die alte Frau Rosmer hatte ein zart gebautes, überaus schwächliches und insofern krankes Gewissen, das sie dem Sohn vermittelte. Dadurch erhielt dieser kein gesundes Selbstvertrauen, sondern

136

nur eine ideale Scheinwelt als narzisstische Kompensation für ein Leben ohne Bezug zur Welt der Realität und echten Gefühlen.

Diese Grundhaltung überträgt er nun auf Rebekka, in der sich durch das Zusammensein mit ihm allmählich ein Schuldbewusstsein im Sinne der autoritären Gewissensinstanz entwickelt, so dass es ihr schließlich unmöglich wird, weiterhin „von wildem, unbezwinglichem Gelüst" nach der Liebe von Rosmer ergriffen zu sein und entsprechend ihren triebhaften Impulsen zu folgen. [36]

Doch beide Hauptfiguren haben ursächlich keine direkte Schuld an Beates Freitod. Denn diese hatte psychiatrisch gesehen eine endogene Depression mit paranoiden Inhalten, die sich von grundlosen Befürchtungen bis zu ausgeprägten Wahnvorstellungen steigerten und so die Kranke in den Selbstmord trieben. Rebekka ist als Aufklärerin am Ende gescheitert. Sie kann Johannes nicht vom Geist des alten Herrensitzes befreien, weil sich die Tradition von Rosmersholm als stärker erweist und alles Leben in die kollektive Kraft ihres Mythos einschließt, dem der Individualitätsanspruch des Einzelnen nicht gewachsen ist.

Beide Hauptfiguren sind angesichts der umfassenden Macht des Über-Ich unfähig, ihre indirekte Schuld an Beates Tod anzunehmen und ihre Liebe real und vital zu leben, und gehen am Ende den Weg, den ihnen das „weiße Pferd" als Bote der scheinbar vergangenen Welt von Rosmersholm weist. Das Schauspiel wird so am Schluss zur Tragödie eines vielleicht unabwendbaren Scheiterns, hinter der eine tief pessimistische Haltung gegenüber der Fähigkeit des Menschen aufscheint, sich durch einen aufgeklärten, emanzipierten Lebenswandel Glück zu verschaffen, weil dieses nach Rosmers Auffassung "vor allen Dingen das stille, frohe, sichere Gefühl der Schuldlosigkeit" ist.

Vielleicht mag die hier durchschimmernde Skepsis von Ibsen der Hauptgrund dafür gewesen sein, dass dieses vieraktige Stück damals nicht mehr ganz so beunruhigend wie frühere Dramen des Autors wirkte. Es wurde vom Publikum zwar teilweise abgelehnt, erntete aber keinen Sturm der Entrüstung mehr. [37]

Wenn wir Toten erwachen

Mit „Die Frau vom Meer" von 1888 und „Hedda Gabler" von 1890 beginnt das Alterswerk des Dichters, das auf keine politischen Zeitereignisse mehr anspielt und keine protestierenden Rebellen mehr auf der

Bühne zeigt. Die späteren Schauspiele sind dagegen Zeugnisse des Zweifels und der Resignation, die vom eisigen Hauch der Todesnähe geprägt werden und die Frage nach dem wahren Künstlertum immer kritischer stellen.

Das sozial Bedingte der Personen nimmt zugunsten ihrer symbolischen Bedeutung ab; die äußere Handlung wird deswegen reduziert und die analytische Dramentechnik immer konsequenter angewendet. Ibsen zeichnet in seinem Alterswerk die Helden klarer denn je als zwiespältige egozentrische Individualisten, indem er ihnen einerseits seelische Größe verleiht, sie aber andererseits im Namen ihrer Ideale zum Untergang verdammt, wenn sie zur Erreichung ihrer Ziele Leben und Glück anderer Menschen zerstören.

Dies wird besonders an seinem letzten Schauspiel „Wenn wir Toten erwachen" deutlich, das der Autor 1899 in Norwegen schrieb und als „dramatischen Epilog" bezeichnete. Angeregt wurde er dazu durch den Selbstmord der schwedischen Schriftstellerin Victoria Benedictsson 1888 aus unerwiderter Liebe zu Georg Brandes und durch ihr posthum 1890 veröffentlichtes Stück „Die Verzauberte", in dem sie diese zutiefst ambivalente Beziehung verarbeitete. Doch Ibsen benutzte diese Geschichte nur als Vorlage, um im „Epilog" seine Kritik an der eigenen Person und ihrer Form des Dichtertums darzustellen. Er tut es in Gestalt des Bildhauers Arnold Rubek, der fernen idealen Zielen zustrebt und darüber die realen Forderungen des Lebens vergisst. [38]

Der Held lud in der Vergangenheit eine existenzielle Schuld auf sich, indem er damals sein Modell Irene trotz wechselseitiger Zuneigung nicht als Frau, sondern nur als Muse sah, die ihn zu seiner Kunst inspirierte. So verriet er die Liebe zu ihr, weil er glaubte, dass menschliche Gefühle seinen schöpferischen Absichten im Wege stünden. Daher bekämpfte er die Begierde, die ihn beim Anblick der nackten Schönheit des Mädchens packte, und unterdrückte sie für das Werk erfolgreich.

Hingerissen war er hier vor allem von der eigenen kreativen Potenz und seinen narzisstischen Größenphantasien. Dabei betrachtete er seine Arbeit als „hochheilig" und die Frau als „rein" und „unberührt", um durch diese Überhöhung die Dimension der Sexualität innerlich abzuwehren und mithilfe von asketischer Überlegenheit Herrschaft über seinen Körper und das weibliche Wesen auszuüben.

Irene dagegen war damals bereit, sich ganz auf Rubek einzulassen und ihr ganzes Leben mit ihm zu teilen. So gab sie für ihn ihre Familie auf und zog mit ihm in die Welt. Sie zerbrach an der Enttäuschung einer unerwiderten Liebe, stellte sich dann auf internationalen Tingeltangelbühnen nackt zur Schau, brachte zwei unglückliche Ehen hinter sich und wurde schließlich schwer gemüts- und geisteskrank.

Der Künstler Rubek folgte genau wie der Pfarrer Brand einem „verstiegenen" Ideal und zerstörte so Irenes Existenz und damit auch ihren inneren „Frieden", den die Bedeutung ihres Namens eigentlich verheißt. Das menschliche Dasein misslang ihm im Sinne von Ludwig Binswanger und rieb ihn auf.

Rubek wurde zwar durch sein Kunstwerk berühmt, aber nicht glücklich. Mit dem Verlust von Irene versiegte auch seine Produktivität, die sich nur noch in am Zeitgeschmack orientierten Werken zeigte. Arnold heiratete zwar Maja, deren Name an lockende sinnliche Liebe erinnert, fand aber in der oberflächlichen Ehe keine erotische Erfüllung. Beide langweilen sich in dieser von Überdruss und Verständnislosigkeit ausgehöhlten Beziehung und wollen sich zu Beginn des Stückes eigentlich trennen. [39]

Zentrales Symbol des dreiaktigen Dramas ist Rubeks erstes Kunstwerk, das den Titel „Auferstehungstag" trägt. Durch den Verrat des Bildhauers an der Ganzheit seiner Vision mit dem daraus entstandenen geistigen „Kind" wird die Statue im Verlauf der Handlung zu einem Traum der Vergangenheit, der sich nicht verwirklicht hat und sich auch nicht mehr realisieren lässt. Der „Auferstehungstag" zeigt schon am Anfang die Ahnung einer Faszination des Todes und stellt die Sehnsucht nach ewigem Leben und Gottähnlichkeit dar.

Im Kurpark seines Badeortes trifft Rubek jetzt nach vielen Jahren Irene wieder, die gerade aus der Heilanstalt entlassen wurde, aber immer noch von ihrer Psychose innerlich und äußerlich gezeichnet ist. Beide kommen wieder intensiv ins Gespräch und reden von ihrer gemeinsamen Vergangenheit, besonders von der Statue. Nach eigener Aussage „starb" die Kranke symbolisch, als sie erkannte, dass der Geliebte den Reiz ihres Körpers nur bewunderte, weil er darin das Wesen der „Auferstehung" gesehen hatte. Auch Arnold beklagt den unwiederbringlichen Verlust des Lebens und spürt, dass er ebenfalls zu den „Toten" im sinnbildlichen Sinn gehört.

Im Überschwang ihres neu entflammten Gefühls füreinander wollen beide „empor zum Licht" wandern und „den Berg der Verheißung" besteigen. Trotz eines drohenden Unwetters machen sie sich auf den Weg nach oben, um doch noch den Gipfel der „strahlenden Herrlichkeit" zu erreichen, werden aber von einer plötzlich niedergehenden Lawine wie Pfarrer Brand am Ende in den Tod gerissen. [40]

Für die zwei „toten Seelen" ist der Neuanfang einer gemeinsamen Liebe „zu spät" gekommen und daher unmöglich geworden. Beide sind schon lange vom Gedanken des Sterbens fasziniert und suchen im Tod die Verschmelzung mit ihren jeweiligen künstlichen, illusionären Ich-Idealen und die Vollendung ihrer Selbstzerstörung, die schon im Leben begonnen hatte.

Der Selbstmord bedeutet für die schizophrene Irene nach Binswanger die Möglichkeit, dass die tiefste Dimension des menschlichen Daseins noch einmal die „Erstarrung" ihrer Krankheit „durchbrechen" könnte. Rubek erkennt im Freitod die falsche Einseitigkeit eines die Mitmenschen verachtenden, nur eigenen egoistischen Machtansprüchen verpflichteten Lebens.

Im Gegensatz zum Künstler und seinem Modell sucht Maja nach der Trennung von ihrem Mann Lust und Sinnlichkeit und schließt sich dem Bärenjäger Ulfhejm an, der mit seinem tierhaften Aussehen an den griechischen Hirtengott Pan erinnert und um ihre Gunst wirbt. Früher oder später wird sie ihn erhören. Ihr triumphierendes Lied, das am Schluss des „Epilogs" das Ende der Gefangenschaft und den Beginn der Freiheit besingt, ist der letzte Ton auf der Bühne des Dichters und symbolisiert den Sieg des entfesselten Triebbereichs über das nur um sich kreisende Ich-Ideal und damit im Grunde des Es über das Über-Ich. Dieser Abgesang zeigt deutlich die resignierende Stimmung von Ibsen, der hier strenger den je „Gerichtstag" über „sein eigenes Ich" hält und zum Ausdruck bringt, dass er selbst sich vom wahren Menschen- und Künstlertum immer mehr entfernt hat. [41]

Zwischen 1889 und 1891 pflegte der Dichter intensive Freundschaften mit jungen Frauen wie Emilie Burdach, Helene Raff und Hildur Andersen, mit denen er lange vertrauliche Gespräche führte und die ihn zu einigen weiblichen Hauptfiguren in seinen letzten Dramen inspirierten. Nach einer gewissen Zeit brach er diese Beziehungen ab, um aus Rücksicht auf die kränkelnde eifersüchtige Suzannah seine abgekühlte Ehe nicht noch mehr zu gefährden. Mit der Zeit begrub er endgültig die Hoffnung auf erneute erotische Aufschwünge und verstärkte damit auch seine Schuldgefühle, die sich aus der Unvereinbarkeit seiner künstlerischen Berufungsidee mit seinem Verlangen nach sozialer und menschlicher Selbstrealisation ergaben und die er durchgängig in seinen letzten Werken thematisierte.

1891 kehrte Ibsen nach 27 Jahren freiwilligen Exils im Ausland wieder nach Norwegen zurück und wohnte bis zu seinem Tod in Kristiania. Zwar wurde er nun in seiner Heimat als Schriftsteller von Weltrang verehrt und anerkannt, litt aber trotzdem wieder unter der spießigen Kleingeisterei des Landes. Nun traf ihn jedoch zusätzlich die Kritik der nachstrebenden Dichtergeneration unter der Führung des jungen Knut Hamsun, der Ibsen etwa mangelndes psychologisches Einfühlungsvermögen in die Gestalten seiner Schauspiele vorwarf.

Bis 1899 konnte der Autor seine Probleme und inneren Konflikte zwischen Ich-Ideal und Triebanspruch noch produktiv bewältigen. Dann aber riss der „innere Faden" und löste sich psychosomatisch in Krankheit auf. Zwischen 1900 und 1903 erlitt Ibsen drei schwere Schlaganfälle, von denen er sich nicht mehr erholen konnte. Er vermochte seit 1900 nicht mehr zu schreiben und ab 1902 das Bett nicht mehr zu verlassen, so dass er von seiner Frau, Ärzten und Hilfskräften gepflegt werden musste. 1906 erlöste ihn der Tod von seinem jahrelangen Siechtum, und das Land ehrte ihn mit einem Staatsbegräbnis.[42]

Der Dichter wurde von der Psychoanalyse her als „Freud des Nordens" und von der Individualpsychologie her als „Adler des Nordens" bezeichnet. Auch die Methode von C. G. Jung könnte ihn auf gewisse Weise als Vorläufer ihres Ansatzes betrachten. Denn tiefenpsychologisch gesehen symbolisiert der Norden das Reich des Satans, der Geister und Toten sowie das „Ursprungsland voll tiefsten Geheimnisses", wo „die Weltseele" im Dunkel des „Unbewussten wohnt" und „verborgen lebt". Ibsen erscheint nun als der „nordische Magier, schlimm verschmitzte alte Hexenmeister", der „in allen Einflüsterungs- und Faszinationskünsten" einer „sinnigen wie ausgepichten Teufelsartistik" bewandert ist.

Es drängt sich gar die Frage auf, „welche Entwicklung die Psychiatrie genommen hätte", wenn sein Wunsch, Medizin zu studieren, in Erfüllung gegangen wäre. Immerhin „heilte" der Dichter als „Arzt der Kultur", indem er die Krankheit der Gesellschaft „beim richtigen Namen" nannte, um „für die Gesundheit Raum zu schaffen" und beim Zuschauer bzw. Leser „seelische Kräftigung" zu bewirken. [43]

3.3 Tiefenpsychologische Interpretation des Dramas „Die Frau vom Meer"

Henrik Ibsen veröffentlichte sein Stück „Die Frau vom Meer" 1888 und damit zwischen „Rosmersholm" von 1886 und „Hedda Gabler" von 1890. Im Gegensatz zu den beiden Tragödien gab er ihm einen positiven Schluss und bezeichnete es ganz neutral als „Schauspiel in fünf Akten". Das Werk bildete im Schaffen des Autors einen Übergang von den naturalistischen Gesellschaftsdramen, die wie „Nora" und „Gespenster" eine ausgesprochen emanzipatorische Tendenz hatten, zu den Bühnenarbeiten seiner letzten produktiven Phase, die immer mehr von Skeptizismus und Mystizismus geprägt war.

„Die Frau vom Meer" markierte dabei sogar einen Wendepunkt in der schöpferischen Entwicklung von Ibsen, weil dieser hier zum ersten Mal in aller Deutlichkeit eine Verbindung von hintergründigem Realismus und Symbolismus anstrebte. Wie in den vorhergehenden Stücken benutzte der Dichter auch nun wieder die „analytische" Dramentechnik und ließ die Vorgeschichte des Schauspiels im Verlauf der Handlung von den Hauptfiguren erzählen.

Die vorliegende Interpretation geht zunächst einmal von der Darstellung äußerer Entstehungsdaten aus und führt dann Schritt für Schritt in die innere Symbolebene des Werkes ein. Dies geschieht vor allem mit tiefenpsychologischen Kategorien von C. G. Jung, aber auch gelegentlich von Freud. Fromms Terminologie und psychiatrische Begrifflichkeit werden dabei eher selten einbezogen.

Manchmal ergeben sich auch Vergleiche mit Richard Wagners Oper „Der fliegende Holländer", Hans Christian Andersens Märchen „Die kleine Meerjungfrau" und der nordischen Heldensage von Frithjof dem Kühnen. Die folgenden Ausführungen schließen mit einem Ausblick auf Lou Andreas-Salomé, die 1891 eine Abhandlung über „Henrik Ibsens Frauen-Gestalten" publizierte und dabei das „Schauspiel in fünf Akten" auf besondere Weise deutete, indem sie es auch auf ihren eigenen Lebensentwurf bezog. [1]

Erste Anregungen zum Stück erhielt der Autor schon, als er noch an „Rosmersholm" arbeitete. Kulissen und Requisiten holte er sich aus der norwegischen Fjordstadt Molde, wo er sich im Sommer 1885 regenerierte. Dort lernte er einige Geschichten kennen, die auf dem Aberglauben des Volkes und der Seeleute beruhten. Zwei Jahre später verbrachte er vom Juli bis Anfang September 1887 seinen Urlaub in Saeby an der weit offenen Küste Nordjütlands und spürte dort besonders die fast hypnotische Kraft, die vom Meer ausging und der er sich nicht entziehen konnte. Hier empfing er den unmittelbaren Impuls zur Abfassung des neuen Werkes, sammelte eifrig weiterhin Stoff zu einem Entwurf, den er zuerst „Seejungfrau" nannte, und setzte dabei die Handlung aus den Vorbildern von zwei skandinavischen Sagen zusammen.

Parallelen dazu aus den Lebensgeschichten seiner Schwiegermutter Magdalene Thoresen und der Schriftstellerin Camilla Collet und aus eigenen Erinnerungen an seine frühere Beziehung zu Henrikke Holst sowie die Lektüre der Abhandlung „Entweder-Oder" des dänischen Philosophen Sören Kierkegaard von 1843 und der Schrift „Natürliche Schöpfungslehre" des deutschen Darwin-Schülers Ernst Haeckel von 1868 mögen ihn noch zusätzlich inspiriert haben. Bei der Arbeit verwandelte aber der Dichter den landschaftlichen Hintergrund der dänischen Naturszenerie in die strenge Schönheit der Felsenküste Mittelnorwegens.

1888 weilte Ibsen wieder in München, schrieb das Drama vor allem in den Sommermonaten nieder und schickte die Endfassung Ende September an seinen Verleger Jacob Hegel, der sie am 28. November in Kopenhagen und Kristiania bei einer Auflage von 10.000 Exemplaren veröffentlichte. Das Schauspiel erhielt jetzt den endgültigen Titel „Die Frau vom Meer" und wurde am 12. Februar 1889 gleichzeitig am Hoftheater in Weimar auf deutsch und am Christiania Theater auf norwegisch uraufgeführt.

Publikum und Kritik reagierten unterschiedlich auf die beiden „Bühnenereignisse". In Norwegen wurde das Stück positiver als „Rosmersholm" beurteilt, wozu auch der glückliche Schluss beigetragen haben dürfte. Aber in Deutschland nahm man es mit gemischten Gefühlen auf. Kritiker lobten seinen psychologischen Tiefgang, stellten aber die sittliche Qualität seiner zentralen „Botschaft" am Ende in Frage. Die Forschung betrachtet bis heute mehrheitlich das Schauspiel als eines der schwächsten Dramen innerhalb des Spätwerks von Henrik Ibsen. [2]

Das Stück spielt „zur Sommerszeit" in einer nicht mit Namen genannten "kleinen Fjordstadt des nördlichen Norwegen". Hier lebt seine weibli-

144

che Hauptfigur Ellida zusammen mit ihrem Mann, dem Bezirksarzt Doktor Wangel, und dessen Töchtern Bolette und Hilde aus erster Ehe. Sie fühlt sich in der Familie nicht wohl, hat keinen Bezug zu ihren Stieftöchtern und entzieht sich sexuell ihrem Ehemann seit dem Tod des gemeinsamen Sohnes. Wangel macht sich Sorgen um die geistig-seelische Gesundheit seiner Frau und lädt brieflich Bolettes ehemaligen Hauslehrer und Ellidas früheren Verehrer Arnholm ein, auf Besuch zu kommen, um dadurch das Wohlbefinden seiner Gattin zu verbessern.

Die Ankunft des alten Bekannten lässt auch die beiden Eheleute wieder ins Gespräch kommen, und Ellida erzählt Wangel, was sie seit langem bedrückt. Schon immer fühlte sie sich von der Gewalt des Meeres angezogen und verliebte sich als junge Frau in einen Repräsentanten dieser unberechenbaren Dimension. Der geheimnisvolle Seemann verlobte sich mit ihr durch einen symbolischen Akt, indem er zwei Ringe in den Fluten versenkte, musste aber kurz darauf fliehen, weil er einen Kapitän ermordet hatte.

Auch jetzt noch fühlt sich Ellida an ihn und das damalige Eheversprechen gebunden und glaubt, dass ihr verstorbener Sohn die Augen des Fremden gehabt habe. Auch wirft sie sich selbst vor, die Verbindung mit Wangel nicht wirklich aus freier Entscheidung eingegangen zu sein.

Eines Tages erscheint nun der Seemann unerwartet bei den Eheleuten und erinnert Ellida an ihre Verlobung. Diese fühlt sich zunächst auf magische Weise zu ihm hingezogen und schwankt verzweifelt zwischen dem Ehemann und dem einstigen Geliebten. Doch Wangel ist bereit, um seine Frau zu kämpfen. Dabei beruft er sich als Vertreter der bürgerlichen Welt gegenüber dem dämonischen Fremden auf sein Gattenrecht, überwindet sich aber dann schließlich selbst und lässt Ellida allein entscheiden, was sie in dieser Situation tun will.

Da sie nun in Freiheit wählen kann, erlischt die Macht des mysteriösen Unbekannten über sie. So beschließt sie, bei ihrem Mann zu bleiben und sich künftig mehr um ihre Stieftöchter zu kümmern. Bolette nimmt auch Arnholms Heiratsantrag an, weil sie darin ihre einzige Chance sieht, in die Welt hinauskommen und ihren Bildungshorizont entscheidend erweitern zu können. Am Ende scheinen alle Probleme zumindest oberflächlich gelöst zu sein. [3]

Der Titel des Schauspiels verweist schon auf das Leitmotiv und das zentrale Symbol, welches wie ein „roter Faden" die Handlung durchzieht und immer wieder an wichtigen Stellen der Gespräche auftaucht: das Meer als Urelement der Existenz schlechthin, das deren ganze Ambivalenz und Doppelbödigkeit in sich trägt. Gerade das Wasser in seiner ozeanischen Weite und Tiefe ist die Quelle des Lebens, die noch alle Möglichkeiten enthält. Es schützt und trägt, bietet Nahrung und birgt versunkene Schätze, die auf seinem Grunde ruhen und vom Menschen an die Oberfläche geholt werden sollen.

Das Meer wird dabei auch zum Sinnbild der unbekannten Ferne und des Abenteuers, das die Lebensreise ausmacht und auf diesem Weg den Prüfstein für die Reifung des Helden oder der Heldin darstellt. Aber es erscheint auch gefährlich, unberechenbar und unergründlich, indem es den Menschen in sein „feuchtes Grab" zieht und so dessen Leben wieder zurücknimmt. Wie die Natur und das Unbewusste wirkt es gebärend und verschlingend zugleich. Mit seinem Wechsel von Ebbe und Flut weist es eine ständige Dynamik auf und wird so zu einem Symbol der Seele, die gotisch „saivalo" (= das Bewegte und Bewegende) hieß.

Als „anima mundi" erscheint das Meer als Urbild der Großen Mutter oder Magna Mater, das die lebendige Ureinheit der Psyche und des unbewussten Lebensgrundes repräsentiert. Dieser ursprünglichen Dimension entsteigt alles Wirkliche, das aber wiederum von seiner Quelle überflutet werden kann. Das Symbol des verschlingenden Meeres bedeutet auf der seelischen Ebene eine starke Mutterbindung, die den erwachsenen Menschen an der vollen Entfaltung seiner Persönlichkeit hindern kann. [4]

Die Frau vom Meer als mythologische Gestalt tauchte schon in der Antike auf und fand auch Eingang in mittelalterliche Erzählungen. Sie erscheint oft im Bild der Nixe, die oberhalb der Gürtellinie ein weiblicher Mensch ist, aber unten einen Fisch- oder Schlangenschwanz hat und so ein Mischwesen zwischen Tierhaftigkeit und Humanität darstellt.

Die Wasserfrau verkörpert in dieser Körperform den Archetyp der Großen Mutter in seiner ganzen Ambivalenz, indem sie das Leben des Mannes sehr fruchtbar gestalten, aber den Geliebten auch tödlich in ihre Tiefe ziehen kann. Ihre bekannteste Vertreterin ist die griechisch-römische Liebes- und Schönheitsgöttin Aphrodite oder Venus, die im Schaum des Meeres geboren wurde.

So gehört die Nixe einem Bereich göttlich-dämonischer Naturwesen an, die eine eheähnliche Verbindung mit einem sterblichen Mann suchen, diese aber mit einem Tabu belasten. Eine solche Beziehung setzt schöpferische Kräfte frei, scheitert aber letztlich daran, dass der Gatte oder Liebhaber das Schweigegebot nicht einhält und so die Treue gegenüber seiner Partnerin bricht.

Die Erzählforschung gebraucht dafür den Begriff der „gestörten Marthenehe", wobei „Mahrte" einen nächtlichen Alpdruck weiblichen Geschlechts bedeutet. Nach der Tiefenpsychologie von C. G. Jung ist hier die Anima als Persönlichkeitskomponente des Mannes gemeint, die aus den Tiefen des Unbewusstsen als Nixe auftaucht und mit dem männlichen Bewusstsein eine Verbindung anstrebt, um von ihm in die Ganzheit der Person und ihres Lebens integriert zu werden. [5]

Die Romantik zu Beginn des 19. Jahrhunderts erweiterte das Thema um eine dritte Person und verschärfte die Problematik durch eine Dreieckskonstellation. Dies tat Friedrich de la Motte Fouqué in seiner 1811 veröffentlichten Erzählung „Undine". So heißt auch die Nixe, die sich in den sterblichen Ritter Huldbrand verliebt und ihn heiratet. Doch dieser wendet sich nach einiger Zeit der Menschenfrau Bertalda zu und beschimpft Undine, so dass sie wieder ins Reich der Wassergeister zurückkehren muss. Doch als sich Huldbrand mit seiner Geliebten trauen lässt, kommt die Nixe wieder und tötet ihn mit einem Kuss.

Eine andere Lösung des Problems stellte Hans Christian Andersen in seinem Märchen „Die kleine Meerjungfrau" von 1837 dar. Hier verliebt sich das Wasserwesen in den Prinzen eines Königreichs, der sie aber nicht erhört, sondern die Tochter eines benachbarten Herrschers heiratet. Nach der Vermählung stürzt sich die kleine Nixe aus Trauer und Verzweiflung ins Meer.

Richard Wagner stellte diese Dreieckskonstellation mit umgekehrten Geschlechtsvorzeichen in seiner 1843 uraufgeführten Oper „Der fliegende Holländer" dar. Hier ist das dämonische Wesen ein Seemann, der zu seiner Erlösung die junge Norwegerin Senta heiraten will. Diese lehnt die Werbung des Jägers Erik ab und geht freiwillig in den Tod, um dem verfluchten Holländer wenigstens im Jenseits angehören zu können.

Ibsen kannte all diese Werke und davon vor allem Andersens Märchen und Wagners Oper, die daher beide gelegentlich bei der Interpretation des Schauspiels berücksichtigt werden. Freuds Psychoanalyse nennt als psychische Gesetzmäßigkeit für die Entwicklung von Dreieckskonstellationen

die sog. „Bedingung des geschädigten Dritten", nach der einer der Beteiligten im Verlauf der Zuspitzung des Beziehungskonflikts aus dem Kampf
als Verlierer ausscheiden muss. Auch dieser Aspekt wird bei der Deutung
des Stückes eine gewisse Beachtung finden. [6]

Im Drama heißt die weibliche Hauptfigur Ellida. Der „alte Pfarrer"
aus ihrem Dorf Skjoldviken hatte sie deshalb „Heidin" genannt, weil ihr
Vater sie auf einen unchristlichen „Schiffsnamen hatte taufen lassen".
Der Leuchtturmwärter hatte damit seine Tochter auch auf der formalen
Bezeichnungsebene mit der Sphäre des Meeres in Verbindung gebracht.

Seit alters schon hatte das Schiff weiblich-mütterliche Bedeutung und
wurde von daher als Gefäß, Schoß oder Wiege mit dem entsprechenden
Höhlen- und Hauscharakter des Bergens, Schützens und Tragens aufgefasst. Die Ursymbole in dieser Hinsicht waren im babylonischen „Gilgamesch"-Epos die Fähre von Utnapishtim und später im Alten Testament
die Arche von Noah, die beide gebaut wurden, um die Menschheit und
andere Lebewesen vor der Sintflut zu erretten.

Griechische Schiffe trugen Namen wie „Heil", „Gnade", „Selige",
„Friede" oder „Lichtträgerin", um diese schützende, helfende Funktion
des Weiblichen zu betonen. Die buddhistische Göttin Tara als „Herrin
der Boote" und die christliche Madonna als „stella maris" beruhigen die
tobenden Wasserfluten, um die Seefahrer vor dem Untergang zu bewahren.

Als Träger von Sonne und Mond stellen Schiffe Schöpferkraft und
Fruchtbarkeit der Meere dar, versinnbildlichen Abenteuerlust und Erkun-
dungsdrang, stehen aber auch für die Überfahrt aus dieser Welt in das Jenseits. Sie befördern neugeborene Helden ins Leben und setzten sie, von
den Wellen des Schicksals angetrieben, dort an Land, wo sie ins Rad des
Geschehens mit ihren Kräften eingreifen können. Wie aber nach alter Auffassung der Mensch ursprünglich aus dem Wasser kam, so fuhr er auch
wieder an seinen Entstehungsort zurück.

So spielen Schiffe auch im Totenkult und Weltuntergangsmythos der
Germanen eine große Rolle. Bootsbestattungen waren in Skandinavien
lange verbreitet, und das Totengefährt Naglfar trug die Feinde der Asen-
götter für den Endkampf über das weite Meer. Magische Schiffe waren
auch Attribute der Liebesgöttin Freyja und ihres Bruders Freyr, der durch
seinen Bezug zur Sonne für die Fruchtbarkeit des Landes sorgte. Sein

„Fortbewegungswunder" Skithblathnir verschaffte sich eigenständig Wind und segelte von selbst an sein Ziel. [7]

Der Name „Ellida" verweist auf die nordische Heldenerzählung von Frithjof dem Kühnen, die als Vorzeitsaga in Island um 1400 entstand und vom schwedischen Dichter Esaias Tegnér 1825 als modernisiertes Versepos im Sinne des Humanitätsideals der Nationalromantik veröffentlicht wurde. In der mittelalterlichen Sage heißt das Schiff des Helden „Ellidi", was ursprünglich ein männliches Wort ist und etwa „Sturmpferd" bedeutet. Tegnér machte aus dem letzten Vokal „i" ein „a" und verweiblichte damit den Namen.

Das Schiff „Ellida" hatte nun magische Eigenschaften und war ein Wunderwerk. Es hatte Bewusstsein, verstand menschliche Rede, befolgte die Befehle seines Besitzers und war fähig, sich selbst zu steuern. In der Notsituation eines gewaltigen Seesturms bat Frithjof es um Beistand und nannte es dabei „Hamingja". Nach altgermanischer Auffassung war dies ein seelenhafter Schutzgeist meist weiblichen Geschlechts, der seinem Herrn Glück verhieß und brachte.

Die Heldin von Ibsens Schauspiel kommt übrigens aus Skjoldviken. Dieses Dorf rund um den alten Leuchtturm von Ellidas Vater heißt übersetzt „Schildbucht". Von ihrem Ursprung her ist damit die zentrale Figur des Stückes als „Schildmaid" oder „Walküre" gemeint, die kampffähig und mit einem Schild bewaffnet ist.

In der nordischen Mythologie erscheint die Gestalt dieser Jungfrau als Botin des höchsten Gottes Odin, die in der Schlacht Sieg oder Niederlage verleiht, die gefallenen Krieger zu ihrem Dienstherrn nach Walhall bringt und ihnen dort das Trinkhorn reicht. Gelegentlich wird manche Walküre zum Schutzgeist ihres Helden, verliebt sich in ihn und geht mit ihm gemeinsam in den Tod. Tiefenpsychologisch handelt es sich auch hier um eine archetypische Form der Anima, die das leidenschaftliche Streben eines kämpferischen Mannes verkörpert und daher in kriegerischer Gestalt auftritt.

Um Ellidas Wesen besser verstehen zu können, müssen die Funktionen der Anima als Nixe und Walküre immer wieder ins Blickfeld der Interpretation rücken. Auch können manchmal kurze Hinweise auf die Beziehungsverhältnisse der Frithjof-Saga zur Klärung der Dreieckskonstellation von Ibsens Schauspiel durchaus nützlich sein. [8]

Im ersten Akt des Stückes tritt Ellida Wangel nicht sofort auf, wird aber von einer männlichen Nebenfigur gleich durch eine charakteristisch zutreffende Aussage eingeführt. Der überall dilettierende Allerweltskünstler Ballested will ein Bild malen, das eine „halbtote" oder „sterbende Meerfrau" darstellen soll, und erläutert sein Vorhaben auf folgende Weise:

> *Sie hat sich vom Meere hereinverirrt und kann nicht wieder hinausfinden, und nun liegt sie da und kommt im Brackwasser um, verstehen Sie. [...] Die Frau des Hauses hier, die hat mich auf den Gedanken gebracht, so etwas zu malen.*

Ellida ist im Dorf rund um den Leuchtturm ihres Vaters direkt am Meer aufgewachsen und sehnt sich seither immer nach dieser elementaren, triebhaften Sphäre des Unbewussten. Nun ist sie durch ihre Heirat mit Dr. Wangel in die kleinbürgerliche Enge einer Fjordstadt gekommen und fühlt sich in deren beschränkter Bewusstseinswelt mit ihren konventionellen, kollektiv angepassten Einstellungen nicht wohl.

Hier lebt sie nur im „Brackwasser" eines zivilisierten „Menschentümpels", aber nicht mehr in der Weite ihrer ursprünglichen Dimension und stirbt quasi innerlich an der Langeweile eines – aus ihrer Sicht – sinnentleerten Daseins. Ihr Tod ist dabei wohl symbolisch als Depression zu verstehen. Die Leute in der Stadt nennen sie verständnislos nur die „Frau vom Meer", die jeden Tag in ihrem Element badet, um sich zu regenerieren und zu sich selbst zu kommen.

Als Ellida aus ihrem ureigenen Bereich auftaucht und „mit nassem, über die Schulter ausgebreitetem Haar" endlich die Szene betritt, erscheint sie als Verkörperung einer leibhaftigen Nixe, die in diesem Augenblick die ganze erotische Vitalität ihres Wesens ausstrahlt. Wangel „streckt ihr die Hände entgegen" und nennt sie selbst liebevoll „die Meerfrau". [9]

Am Ende des ersten Aktes spricht der frühere Matrose Lyngstrand, der nun Bildhauer werden will, über sein nächstes Werk und erklärt es den anwesenden Ellida und Arnholm mit folgenden Worten:

> *Ich hatte mir so gedacht, es sollte eine junge Seemannsfrau sein, die daliegt und merkwürdig unruhig schläft. Und träumen tut sie auch. [...]*

Es soll noch eine Figur mit dabei sein. Eine „Erscheinung", die ihren Mann darstellt, dem sie die Treue gebrochen hat, während er fort war. Er ist im Meer ertrunken. [...] Und nun steht er da an ihrem Bett und sieht sie an. Er soll dastehen so vor Nässe triefend, wie einer, den man aus dem Wasser gezogen hat.

In ironischer Brechung durch die Perspektive des naiven Phantasten wird hier auf die alte Beziehung der Hauptfigur zu einem geheimnisvollen Seemann angespielt. Lyngstrand betrachtet sie aber nicht aus einem mythologischen, sondern einem ethisch-moralischen Blickwinkel als untreue Ehefrau. Der einstige Geliebte wird in dieser Sicht zum ursprünglichen Gatten, der als nasses, totes Gespenst aus dem Jenseits kommt und im Traum als schlechtes Gewissen der „Sünderin" erscheint. Nach dieser Vorstellung steht deren Heirat mit Wangel unter einem negativen Vorzeichen und bedeutet eigentlich einen Treuebruch an der früheren Liebe.

Der kränkelnde, vom Tod gezeichnete Pseudokünstler kennt den früheren Verlobten der „Meerfrau" noch aus seiner Zeit als Matrose und erzählt die Episode, als der Seemann von der Vermählung erfuhr und danach verärgert Rachegedanken äußerte. Ellida erkennt in Lyngstrands Phantasien und Schilderungen ihre eigene Lebensgeschichte wieder und bekommt einen furchtbaren Schrecken. Sie wird dadurch ganz aufgewühlt, erhält aber dadurch erst die Fähigkeit, sich ihrem Ehemann zu öffnen und ihm genauer als bisher ihre Vergangenheit darzulegen. [10]

Wangel tut nun den ersten Schritt und geht auf seine Frau zu, um sich mit ihr über ihr „Verhältnis zueinander" zu unterhalten, weil es für ihn so „nicht weitergehen" kann. Nachdem er einige Spekulationen über die derzeitige Distanz zwischen ihnen beiden angeführt hat, nennt Ellida den wahren Grund von ihrer Seite aus und erzählt ihrem Mann von ihrer früheren Beziehung zum zweiten Steuermann eines amerikanischen Schiffes, das wegen einer Beschädigung „nach Skjoldviken" gekommen war.

Dieser mysteriöse Seemann verlobte sich mit ihr direkt am Meer auf der Landspitze in der Nähe des väterlichen Leuchtturms, indem er einen Ring von Ellida und einen von sich selbst an einen Schlüsselbund „steckte" und diesen dann „mit aller Kraft" in die See hinauswarf. Damit wollte er sie „beide dem Meer vermählen". Im Verzeichnis der Personen des Schauspiels wird er nur als „ein fremder Mann" angegeben, der keinen Namen trägt. Zuerst nannte er sich gegenüber seiner Verlobten „Friman", also „freier Mann", später dann „Alfred Johnston".

Er stammte aus Finnmarken, der nördlichsten norwegischen Provinz und gehörte als Kwäne zur finnischen Minderheit des Landes, die als unheimlich und verwegen galt und im Volksglauben mit heidnischer Magie in Verbindung gebracht wurde. Für Ibsen war der hohe Norden eine wilde, archaische, von bürgerlichen Moralvorstellungen unberührte Welt.

Der aus mythischen Sphären gekommene Matrose „will leben und sterben als ein freier Mann". Damit erinnert er an den Helden Frithjof den Kühnen, weil beide die gleiche Vorsilbe, nämlich „fri", im Namen tragen, der somit ihr Freiheitsstreben ausdrückt. Seemann und Heros beugen sich keinem Gesetz und keiner Gewalt und ziehen den Selbstmord der Gefangenschaft vor. An Frithjofs Schicksal ist auch sein Schiff Ellidi als seine „Hamingja" gebunden, die ihm Glück bringt oder mit ihm untergeht. Friman hat den gleichen Absolutheitsanspruch an seine Verlobte, die dazu höchst ambivalent steht und innerlich hin- und hergerissen ist. [11]

In der Zeit seines nationalromantischen Frühwerks hatte sich Ibsen auch mit den norwegischen und dänischen Zauberballaden beschäftigt, die er auch für seine späteren Gesellschaftsdramen „Gespenster" und „Rosmersholm" benutzte und in Osvald Alving und Rebekka West lebendig werden ließ. Auch „Die Frau vom Meer" ist von dieser Inspirationsquelle des Autors sehr stark beeinflusst.

Die alten Balladentexte werden durch den Gegensatz von zwei nebeneinander existierenden Welten geprägt. „Beijarland" umfasst den Bereich der Menschen und des Bewusstseins und „Elfarland" stellt die Sphäre der Naturdämonen und des Unbewussten dar. Hauptthema ist hier meist die Begegnung von Vertretern verschiedenen Geschlechts aus beiden Dimensionen mit ihrem oft tragischen Scheitern, das im Leitmotiv der „gestörten Mahrtenehe" seinen Ausdruck findet.

Der weibliche Wassergeist tauchte hier als „merwib", „havfrue" oder „havfruga" besonders häufig auf und wirkte auf die literarischen Werke der deutschen und skandinavischen Romantik des 19. Jahrhunderts ein. In Fouqués Erzählung sowie gleichnamigen Opern und Schauspielen wird die Nixe Undine von ihrem Vater oder Oheim Kühleborn bewacht und beschützt.

Dieser mächtige Wasserfürst lenkt den Verlauf der Handlung aus dem Hintergrund und sorgt auch für das tragische und manchmal auch versöhnliche Ende der Geschichte. Er erscheint in der Tiefenpsychologie von C. G. Jung als Archetyp des „alten Weisen", der die Anima als Urbild des Lebens auf ihrem Weg vom Unbewussten zum Bewusstsein begleitet bzw. dabei hinter ihr steht. Er wird hier als der in den seelischen Tiefenschichten vorhandene sinngebende Faktor verstanden, der die Vermenschlichung des weiblichen Naturwesens und damit seine Bewusstwerdung in der Persönlichkeit des Mannes ermöglicht. [12]

Freuds Psychoanalyse geht bei ihrer Interpretation nicht vom umfassenden kollektiven, sondern vom persönlichen Unbewussten des Einzelnen aus und würde hier die infantile Fixierung an den Vater in den Vordergrund stellen. Nach ihr ist Ibsens „Frau im Meer" von dieser psychischen Struktur geprägt. Dabei fließen der alte Leuchtturmwärter und der fremde Meermann in einer Person zusammen, die als autoritäre väterliche Instanz auch im Inneren von Ellidas Seele wirkt.

In Wagners Oper „Der fliegende Holländer" geht die Tochter Senta organisch von der Hand des Vaters in diejenige des dämonischen Seemanns über und gibt sich durch ihre Aufopferung am Ende ganz ihrem Ich-Ideal hin, hinter dem aber das patriarchale Gewissensprinzip des Gehorsams gegenüber der väterlichen Autorität steht.

Andersens namenlose Meerjungfrau verliebt sich in die Statue eines Jünglings am Meeresgrund und überträgt diese Neigung auf den menschlichen Prinzen, der sie aber nicht erwidert. Die autoritäre Über-Ich-Instanz wird hier von der Großmutter verkörpert, die ihrer Enkelin aber nur verständnislose Ratschläge gibt, weil sie deren Gefühlen sehr distanziert gegenübersteht. Die junge Nixe muss nun ihren eigenen Weg vom Unbewussten zum Bewusstsein finden und dabei ihrem eigenen Ich-Ideal folgen, das sie in den Untergang führt. [13]

In Ibsens Schauspiel ist Ellidas Vater bereits verstorben; aber die Tochter hat die Ausstrahlung seiner Persönlichkeit auf zwei Männer übertragen: die emotionale Seite auf den Seemann und den rationalen Aspekt auf den Ehemann. Beide sind nur Verkörperungen abgetrennter Pole im seelischen Bereich der weiblichen Hauptfigur und damit Ausdruck ihrer inneren Spaltung. Um den ersten Schritt auf dem Weg zur Einheit ihrer

Psyche zu gehen, erzählt Ellida Dr. Wangel von den Gesprächen mit Friman-Johnston über das Meer:

> *Denk mal, – ist es nicht seltsam, – wenn wir von solchen Dingen sprachen, da kam's mir vor, als wären sie alle, Seetiere und Seevögel, mit ihm verwandt. […] Ja, es schien mir fast, als wär auch ich mit ihnen allen verwandt geworden.*

Der Seemann kommt aus der triebhaften Dimension des „Es" – nach Freud – oder aus der noch umfassenderen Sphäre des kollektiven Unbewussten – nach Jung. Er ist ein Teil von ihr und macht Ellida mit ihr bekannt, so dass sie sich schließlich mit diesem Bereich tief „verwandt geworden" fühlt, nachdem sie natürlich vorher schon durch den Einfluss des Vaters und das Leben im Leuchtturm lange darauf vorbereitet war. Die Erscheinung des Steuermanns bringt also nur an die Oberfläche, was eigentlich schon keimhaft in ihr vorhanden war, und die Verlobung mit ihm stellt symbolisch nur die bewusste Verbindung her. [14]

Andererseits ist für Ellida der Matrose nur ein „fremder Mann", der sie fast gewaltsam in seinen Bann zwingt und dem sie sich nicht entziehen kann. Ihre ambivalenten Gefühle für ihn fasst sie in das Bild des Grauens:

> *Der grauenvolle Mensch! […] Das Grauenvolle, mein ich. Diese unbegreifliche Macht über die Seele – […] Ein Entsetzen, so grauenvoll, wie es, glaub ich, nur das Meer haben kann.*

Die weibliche Hauptfigur ist von Friman-Johnston nicht nur fasziniert, sondern empfindet für ihn auch das, „was abschreckt und anzieht". Sie nennt dieses Gefühl auch „jene lockende Stimme in meiner eigenen Brust". Im Volksglauben war übrigens das Meer ein Ort des Grauens, ein Sitz der Dämonen und das Sinnbild einer furchtbaren Gewalt, der das Menschenleben ausgeliefert ist und die kaum jemand bezwingen kann.

Ellida erkennt, dass der Seemann nicht nur mit dieser Dimension verwandt scheint, sondern auch genau wie sie selbst ist und sie damit auch authentisch repräsentiert. Frau Wangel fühlt sich ihm ebenso wie der „lockenden Stimme" ihres Unbewussten ausgeliefert und von ihm abhängig.

Freud nennt diese Sphäre des Grauens das „Unheimliche" und sieht darin besonders „die Herrschaft eines von den Triebregungen ausgehenden Wiederholungszwanges", der „stark genug ist, sich über das Lustprinzip" hinwegzusetzen, und „gewissen Seiten des Seelenlebens den dämonischen Charakter verleiht".

Jung gewinnt dem Unbewussten vor allem einen positiven Aspekt ab, indem der Mensch sich auf dem Weg zu seiner Ganzwerdung mit dunklen Schattenbereichen und gegengeschlechtlichen Aspekten auseinanderzusetzen hat, wodurch ihm die „schwer zu erreichende Kostbarkeit" des Selbst als Symbol seines seelischen Zentrums erfahrbar wird.

Der Seemann kann somit auch als eine unbekannte Facette des Animus – dem inneren männlichen Prinzip in Ellida – verstanden werden. Dieses Urbild hat aufgrund seiner unbewusst-archaischen Natur oft einen ambivalenten, fremd-vertraulichen, bedrohlich-faszinierenden Charakter. Solche Aspekte werden gerne auf Abenteurer und heroisch erscheinende Männer projiziert, die aus der Ferne kommen (das Fremde und Ferne ist besonders für Projektionen geeignet) und eine Erfüllung der Sehnsucht nach leidenschaftlichem und ganzheitlichem Leben erhoffen lassen. Ellidas frühere Verlobung mit dem fremden Mann kann auch als ein Treueversprechen ihrer eigenen männlichen Seite gegenüber verstanden werden. Dieser Seite von sich untreu zu werden, hieße, sich selbst und der eigenen Ganzheit untreu zu sein. Nur durch deren Integration kann Ellida das Meer in ihrer „eigenen Brust" bezwingen und dessen Schatz aus seiner verborgenen Tiefe heben. [15]

Die Heirat mit Dr. Wangel und die Geburt des Kindes haben den inneren Konflikt der weiblichen Hauptfigur Schritt für Schritt weiter zugespitzt. Damals „kam es über" sie in der Weise, dass sie Friman-Johnston „dann plötzlich leibhaftig vor" sich oder „eigentlich mehr neben" sich stehen sah. Auf die Frage nach seiner Erscheinung gibt sie folgende Antwort:

Am allerdeutlichsten sehe ich an seiner Brust die Nadel mit der großen blauweißen Perle. Die Perle gleicht dem Auge eines toten Fisches. Und das starrt mich so an! [...] – wie sollen wir es je ergründen – dieses Rätsel mit den Augen des Kindes -? [...] Des Kindes Augen wechselten die Farbe wie die See. [...] Das Kind hatte die Augen des fremden Mannes.

Die „große blauweiße Perle" an der Brustnadel des Seemanns strahlt nicht den Glanz des inneren Schatzes aus, der als Sinnbild des Selbst aus den Tiefen aufleuchtet, sondern gleicht dem „Auge eines toten Fisches" und wird damit eher zum Symbol der kalten, elementaren Naturgewalt des Meeres und damit der Triebkraft des Unbewussten, die sich nach eigenen blinden Gesetzen unabhängig von kultureller Beschränkung austobt.

Nadel und Augen des Matrosen hypnotisieren Ellida und ziehen ihr erotisches Begehren gleichsam magnetisch an sich. Ihre Willensentscheidung ist dabei blockiert und somit außer Kraft gesetzt, so dass die Seele hier eine Spaltung erfährt, die noch durch ein doppeltes Schuldgefühl zusätzlich erschwert und verstärkt wird. Die weibliche Hauptfigur glaubt zu empfinden, dass sie durch ihre Heirat dem früheren Verlobten die Treue gebrochen hat. Lyngstrands Phantasie von der jungen Seemannsfrau weist schon im ersten Akt auf diese seelische Wirklichkeit hin, worin sich Ellida wiederkennt und worauf sie dann tief erschrocken reagiert.

Da ihre Sexualität innerlich an Friman-Johnston fast magisch gebunden ist, fühlt sie sich auch gegenüber Dr. Wangel schuldig. Einerseits zieht sie sich nun von ihm äußerlich zurück und verweigert das eheliche Zusammenleben. Andererseits überträgt sie ihre erotische Sehnsucht auf das neugeborene Kind, das für sie die „Augen des fremden Mannes" hat, weil in ihnen die gemeinsame Heimat des Meeres mit seiner wechselhaften Triebdynamik aufleuchte.

In ihrer Einbildung stellt sie sich den Matrosen anstelle des Arztes als Vater des Sohnes vor und schreckt dabei doch vor den Phantasien des imaginierten Sinnenrausches zurück, was wiederum Ausdruck der Ambivalenz und Spaltung ihrer Gefühle ist, die zwischen Begehren und Entsetzen wechseln und sich so ständig im Kreis drehen. [16]

Nach diesen Enthüllungen seiner Frau kommt Dr. Wangel zu dem Schluss, dass sie „kränker" sei, als er geglaubt habe und als sie „selbst" wisse. Ellida wurde schon seit Beginn der Rezeption des Schauspiels von der literaturwissenschaftlichen Forschung als „ein eigentümlicher psychiatrischer Kasus" empfunden. Ibsen betone immer wieder, dass sie „hysterisch", in „ihren Reaktionen unangepasst, sogar psychopathisch" sei.

Der Autor habe sich „über derartige Psychosen auf das genaueste unterrichtet", um den „Zustand" seiner weiblichen Hauptfigur „bis ins einzelne medizinisch wissenschaftlich" begründen und ihre Krankheit „als Mittel zum dramatischen Zweck" benutzen zu können. Dieser habe darin bestanden, „den zwischenmenschlichen Problemen, die Ibsen darstellen" wolle, einen „eindrucksvollen, bühnenwirksamen Rahmen zu geben".

Vom psychiatrischen Standpunkt aus handelt es sich bei Ellidas Verhalten vor und nach der Geburt ihres Kindes um eine sog. „protrahierte", d.h. verzögerte Wochenbettpsychose. Nach dieser Auffassung leidet die weibliche Hauptfigur unter einem depressiven Wahn und sonderbaren Illusionen der Wahrnehmung wie etwa der Halluzination des fremden Seemanns und der Beunruhigung über die Augen des Kindes. Im Gegensatz dazu sieht die feministische Hysterieforschung Ellida auf dem Hintergrund ihres Arbeitsbereiches gerade durch ihr Verlangen nach dem Grenzenlosen des Meeres bestimmt, das in Friman-Johnston verkörpert wird.

Auch die psychoanalytische Interpretation reduziert die weibliche Hauptfigur auf einen rein medizinischen Fall und charakterisiert das Schauspiel als psychopathologisches Drama, das eine Gesprächstherapie beinhalte, wie sie Freud selbst in der Frühzeit seiner Behandlungen bei seinen Patienten anwendete.

Der Begründer des psychoanalytischen Verfahrens hält das Unheimliche im seelischen Erleben der Neurotiker für eine „Überbetonung der psychischen Realität im Vergleich zur materiellen" und liefert damit einen fließenden Übergang zur psychiatrischen Deutung des Stückes und seiner zentralen Gestalt. [17]

Ibsen würde solchen Auslegungen seines Werkes nicht von Grund auf widersprechen, sie aber als zu einseitig empfinden, weil ihre Konzentration auf Ellidas Fallgeschichte die Allgemeingültigkeit der Aussage des Schauspiels erheblich einschränkt. Der Autor legt Dr. Wangel auch den Satz in den Mund, dass es sich hier auch um „keine gewöhnliche Krankheit" handle, die von einem normalen Arzt mit traditionellen Mitteln behandelt werden könne.

Vor allem tritt dabei noch der Umstand hinzu, dass der behandelnde Mediziner seiner Patientin „so nahesteht" und daher keine Distanz hat, die nötig ist, „um ein richtiges Urteil zu gewinnen". Ellida leidet als Naturwesen, das in der magisch-mythischen Atmosphäre des Meeres und seiner besonderen Nähe zum Unbewussten aufgewachsen ist, unter den Einschränkungen der Zivilisation und der Stadt. Diese gehören zum Bereich des Bewusstseins und stehen im Gegensatz zur Welt der Großen Mutter mit ihrer seelischen Tiefe.

Die weibliche Hauptfigur glaubt allen Ernstes, dass die Menschen eine „geheime Reue", „Kümmernis" und „Schwermut" in sich trügen, weil sie „ihr Leben" nicht mehr „auf dem Meere" verbrächten, wo sie „weit vollkommener" und „glücklicher" wären. So kommt es bei der Beurteilung von Gesundheit und Krankheit auf den jeweiligen Standpunkt des Betrachters an. Aus der Sicht der „Frau vom Meer" sind die Bewohner der Kleinstadt ihres Urgrunds beraubt und daher depressiv und krank. [18]

Hier lässt Ibsen die endgültige Antwort auf diese Frage nicht nur offen, sondern gibt auch dem Bereich der Magie und des Mythos eine gewisse äußere Existenzberechtigung und lässt die Objektivierbarkeit seiner Wirklichkeitsdimension bewusst in der Schwebe. Vergangenheit und Gegenwart der Handlung sind hier zugleich einerseits so mythisch determiniert und andererseits doch so konkret dargestellt wie in keinem anderen Stück des Autors zuvor.

Die hintergründige Doppelbödigkeit von phantastischer und realistischer Perspektive erzeugt hier erstmals den mystischen Symbolismus, der für Ibsens letzte Schaffensperiode charakteristisch ist. So wird der ehelich gezeugte Nachkomme von Dr. Wangel aus einer magisch-mythischen Konstellation heraus durch das Sinnbild der Augen mit den Farben des Meeres auf einmal zum realen Kind des fremden Mannes. So relativiert Ibsen durch diese geheimnisvolle Verschränkung von Symbolik und Wirklichkeit auch entscheidend die einseitige, von Psychiatrie und Psychoanalyse vertretene Auffassung von Ellidas „Krankheit".

C. G. Jung würde in diesem Fall den Hauptakzent weniger auf die Psychopathologie als auf die seelische Dynamik der weiblichen Hauptfigur legen und hier eher von einem inneren Konflikt sprechen, der sich im Gegensatz der beiden Männer ausdrückte und nur durch einen Prozess der Integration von Schatten und Animus gelöst werden könnte. [19]

Nun steigert der Autor sein doppelbödiges Spiel mit den Ebenen des Mythos und der Realität, indem er auf dem Höhepunkt der Handlung den Seemann selbst auftreten lässt. Dieser erscheint nicht als normaler Mensch, der eine gewisse Persona besitzt und sich an die allgemeinen Regeln des Anstands und der Höflichkeit hält, sondern als triebgesteuerter Abenteurer und Draufgänger, der unbekümmert und rücksichtslos nur den Launen seiner unbezogenen Natur folgt.

Ibsen lässt ganz bewusst offen, was und wer er ist und wie er eigentlich heißt. Mit seinen ständig wechselnden Namen bleibt er von Anfang bis Ende „ein Fremder", der urplötzlich in die bürgerlich geordnete Bewusstseinswelt von Dr. Wangel einbricht, um Ellida zu holen, von der er völlig egoistisch annimmt, dass sie zu ihm gehöre. Er verkörpert den destruktiv-verschlingenden Aspekt des Meeres als Ausdruck seines Urelements wie auch die faszinierend-gewalttätige Energie des männlichen Prinzips, tötet andere Menschen skrupellos und spielt auch durch den Besitz eines Revolvers ständig mit der Möglichkeit des Selbstmordes. [20]

Der Seemann geht unbeirrt auf sein Ziel zu und „steigt über den Zaun" als Grenze, die ihm Gesetze und Konventionen setzen. Als er von der weiblichen Hauptfigur wiedererkannt wird, hat er sofort über die Augen erneut wieder „magische" Macht über sie. Seine Faszinationskraft liegt in einem durchdringenden Blick, der bis auf den Grund der Seele vorstößt und dort deren existenziellen Konflikt aufspürt.

Ellida merkt dabei bewusst die ganze Ambivalenz ihrer Gefühlslage, die zwischen Anziehung und Abstoßung schwankt und symbolisch mit dem Meer verbunden ist, und nennt sie verzweifelt „dies Entsetzliche" und noch gesteigerter „dies Grauenvolle". Hinter dem Leiden an der Unfähigkeit, sich klar entscheiden zu können, steht innerseelisch die immer mehr sich zuspitzende Konfrontation zwischen Es und Über-Ich, zwischen dem regressiven Wunsch, unbewusst bleiben zu wollen und der progressiven Tendenz, Autonomie und geistige Unabhängigkeit zu entwickeln.

Der Vertreter des Triebbereichs redet seine frühere Verlobte mit dem vertraulichen „Du" an, sie ihn mit der distanzierten Höflichkeitsform des „Sie". Als er ihr immer näher kommt, bedeckt sie „die Augen mit den Händen" und versucht mit dieser hilflosen Geste, ihn abzuwehren. In dieser äußersten Not des weiblichen Ich erscheint der Ehemann als Repräsentant der Gewissensinstanz und der Persona und stellt sich Friman-Johnston „entgegen". Er verbietet ihm die Anrede des Vornamens seiner Frau, weist ihn auf ihr reales, auf Abstand gehendes Verhalten in der Vergangenheit hin und tut die Position des Matrosen bezüglich der früheren Verlobung als „Kinderei" ab. [21]

Dr. Wangel vertritt in seiner Argumentation vor allem die Prinzipien der Vernunft, der bürgerlichen Ordnung, des positiven Rechts und des Realismus und wirft seinem Kontrahenten vor, „nicht bei Trost", d. h. wahnsinnig zu sein. Der Seemann kann mit solchen rationalen Werten nichts anfangen, weil er nur aus der Notwendigkeit seiner elementaren Naturkraft heraus handelt und nicht anders kann, als ihr bedingungslos zu folgen. Die Auseinandersetzung der beiden steuert auf einen Punkt zu, der den Konflikt durch die Reaktion der Frau erstmals auf eine neue Ebene hebt:

WANGEL:
Sie bilden sich doch nicht etwa ein, Sie könnten sie mir mit Gewalt nehmen. Gegen ihren eigenen Willen!

DER FREMDE:
Nein. Was sollte das auch nützen? Will Ellida mit mir kommen, so muss sie es freiwillig tun.

ELLIDA stutzt und sagt stürmisch:
Freiwillig – !

WANGEL:
Und das könnten Sie denken – !

ELLIDA vor sich hin:
Freiwillig – !

Beide Rivalen nennen gemeinsam den Bereich, der Ellida bisher fremd geblieben ist und sie nun umso mehr aufhorchen lässt. Wangel spricht von ihrem „eigenen Willen", Friman-Johnston von „freiwillig". Gerade dadurch, dass der Repräsentant jener grenzenlosen Freiheitsdimension, nach der sich die weibliche Hauptfigur im Bild des weiten, offenen Meeres sehnt, dieses Wort benutzt, wird ihr schlagartig bewusst, was ihr bis jetzt wirklich gefehlt hat, und dies bringt sie zum Nachdenken.

Sie war bisher gewohnt, nichts selbstständig zu tun und nie auf die eigene Kraft zu bauen. Von ihrer „verrückten" Mutter hat sie kein Urvertrauen und Selbstbewusstsein erhalten, sondern ihr Bedürfnis nach dem tragenden Urgrund auf das Meer als Archetyp der Magna Mater projiziert, die sie „zieht und lockt".

Ihre grundlegenden Lebensentscheidungen wurden bisher immer von Männern getroffen. Vom Vater über den Seemann bis zum Gatten ging Ellida immer von einer patriarchalen Autorität zur nächsten über und blieb dieser gegenüber immer kindlich oder töchterlich verhaftet. Über diese infantile Fixierung muss sie sich nun Gedanken machen, und die Worte vom „eigenen Willen" und besonders von der „Freiwilligkeit" wirken dabei als Verheißung eines neuen Lebensideals. [22]

Nach dem Abgang des Fremden, der aber am nächsten Abend wiederkommen will, um von seiner früheren Verlobten die endgültige Entscheidung über ihre Zukunftspläne zu erfahren, geht die weibliche Hauptfigur wirklich in sich und entschließt sich, mit ihrem Mann über das zentrale Problem ihrer Beziehung zu sprechen, bei dem es nicht primär um den Seemann, sondern um die mangelnde Authentizität im Umgang miteinander und die damit zusammenhängende Lebenslüge geht. Die Ankunft des Matrosen in der Fjordstadt erscheint dabei nur als Katalysator, der den von Anfang an schwelenden Konflikt der Eheleute jetzt an die Oberfläche kommen lässt. Ellida ergreift nun mutig die Initiative und wagt den ersten Schritt zur Aussprache:

> *Denn die Wahrheit – die klare, nackte Wahrheit – die ist doch, – dass du herauskamst zu uns und – mich kauftest. [...] Ach, ich war ja doch nicht um ein Haar besser als du. Ich schlug ein. Ging hin und verkaufte mich an dich. [...] Du hattest mich ja doch nur gesehen – und ein paarmal flüchtig mit mir gesprochen. Dann bekamst du Lust auf mich, [...] Ich stand ja so ganz hilflos da und ratlos und so ganz allein. Es war ja so selbstverständlich, dass ich einschlug – als du kamst und mir anbotest, mich auf Lebenszeit zu versorgen.*

Die weibliche Hauptfigur nennt als Grundlage ihrer Eheschließung „Kaufen" und „Verkaufen". Diese beiden ökonomischen Begriffe bezeichnen nach Auffassung des Sozialpsychologen Erich Fromm die äußere, materielle Dimension des „Habens", die sich nur auf „Besitzen" und „Vereinnahmen" im Sinne eines blanken Egoismus ohne Rücksicht auf den anderen bezieht.

Ellida unterstellt dabei Wangel Triebgier aus Einsamkeit und Langeweile und sich selbst Sicherheitsverlangen aus hilfloser Angst vor dem Alleinsein.

Nach ihrer Meinung fehlte hier die Sphäre des „Seins", die Fromm dem „Haben" gegenüberstellt, im Sinne von Liebe, Respekt, Fürsorge und Verständnis. Für Frau Wangel bestimmte der Bereich des Es und des Schattens den Anfang ihrer Beziehung, die dann in eine Versorgungsehe unter dem Vorzeichen des Über-Ich und der Persona einmündete. Eros und Sexualität blieben dabei „auf der Strecke", weil die Dimension der Autonomie des Ich hier keine Rolle spielte, was nur auf der Basis von Freiheit und Freiwilligkeit sich entwickeln und entfalten kann. [23]

Nachdem Ellida diese Zusammenhänge der Struktur ihrer Partnerschaft erkannt hat, bittet sie nun Wangel, den früher eingegangenen „Handel rückgängig zu machen" und sie freizugeben, damit sie die Wahl und Entscheidung „nach beiden Seiten hin" haben könne. Es geht hier letztlich nicht mehr als Alternative um die mögliche Beziehung zum Fremden, vor dem ihr im Grunde graut.

Seine Ankunft in der Fjordstadt dient ihr schließlich nur als Anlass und Anstoß, sich mit jener „lockenden Stimme" in ihrer „eigenen Brust" auseinanderzusetzen und sie zur Autonomie und Authentizität des Ich-Bewusstseins hin zu entwickeln. Nur das Einlassen auf diesen Individuationsprozess zur inneren Ganzheit hin vermag die Gespaltenheit ihres Gefühlsbereichs zu heilen, indem diese Schritt für Schritt in die neue Struktur der Persönlichkeit durch Einbeziehung des Selbst integriert wird.

Dr. Wangel versteht noch nicht so recht, was Ellida von ihm will, und reagiert zunächst „verwundert", „schwermütig" und „bitter" auf ihre Bitte. Aber dann „beherrscht" er „seinen Schmerz" und fragt immer mehr nach, was sie eigentlich meint. Dabei werden seine Selbstsicherheit und sein Selbstverständnis als Rationalist und Realist immer mehr aufgebrochen. Einmal erkennt er seine emotionale und triebhafte Abhängigkeit von seiner Frau und bezeichnet sie als das „Grauenvolle" und „das, was anzieht". Diese erotisch-vitale Ausstrahlungskraft, die sie symbolisch mit dem Meer und dem Seemann verbindet, ist für ihn jetzt „das Stärkere" gegenüber seiner Verstandestätigkeit.

Dann will er wieder sein „Recht" als Ehemann „geltend" machen und seine Gattin pflichtgemäß „beschützen". Diesen Konflikt zwischen Es und Über-Ich kann Wangel momentan nicht lösen und bittet Ellida seinerseits um Aufschub. Nicht schon heute, sondern erst „morgen" nach dem end-gültigen Abgang des Seemanns ist er bereit, sie „freizugeben und ziehen zu lassen". Danach verkündet er vor seinen Töchtern in einer Art Notlüge, dass ihre Stiefmutter „morgen" für „einige Zeit" heim „zum Meer" nach „Skjoldviken" gehen werde. [24]

Die endgültige Entscheidung über Trennung oder Fortführung der Ehe fällt erst bei der zweiten und letzten Begegnung mit dem Fremden. Wangel rafft sich nun dazu auf, als Ehemann und Arzt aufzutreten, seiner Frau alles abzunehmen und in ihrem Namen zu handeln. Friman-Johnston erscheint nun als Versucher, der Ellida „zieht und lockt", indem er sie fragt, ob sie „bereit" sei, ihm zu „folgen". Der Doktor stellt sich „ihm ent-gegen" mit der Behauptung, dass er da sei, für seine Gattin „zu wählen" und „sie zu schützen".

Die Auseinandersetzung droht zu einem Kampf auf Leben und Tod zu werden, indem der Fremde „einen Revolver aus der Brusttasche" zieht und Ellida „sich zwischen beide" Kontrahenten wirft. Sie sagt „in zunehmen-der Erregung", dass Wangel sie „hier zurückhalten", aber ihre Seele „nicht in Fesseln schlagen" könne, weil diese „ins Unbekannte" hinausstrebe. Der Ehemann erkennt daraufhin, dass ihr „Verlangen nach dem Grenzenlosen" sie „zuletzt noch ganz ins nächtige Dunkel" der Krankheit treiben werde, und sieht schließlich keine „andere" Möglichkeit der „Rettung" für sie, als auf ihre ursprüngliche Forderung folgendermaßen einzugehen:

> Und darum – darum mach ich – den Handel jetzt auf der Stelle rückgängig. – Nun magst du also deinen Weg wählen – in voller – voller Freiheit. […] Nun kann dein eigenes, dein wahres Leben seinen eigenen Weg gehen. Jetzt kannst du in Freiheit wählen und in eigener Verantwortung, Ellida.

Wangels Entschluss, Ellida die Freiheit der Entscheidung zwischen seinem nüchtern-bürgerlichen Dasein und der mystisch-dämonischen Welt des Fremden zu überlassen, erinnert an Kierkegaards These von der Wahl des Menschen zwischen der ästhetischen und der ethischen Form des Lebens aus seiner Schrift „Entweder-Oder". Bei der ersten Möglichkeit geht es um die „Genialität" des Eros und der Verführung, bei der zweiten um die „Gültigkeit" von Ehe und Moral. [25]

163

Der Doktor handelt hier aber nicht aus dem distanzierten Kalkül des dia-gnostizierenden Arztes, der rational die richtige Therapie für seine „kranke" Patientin erkennt und anwendet, sondern aus „innerstem, qualvollem Her-zen" eines liebenden Ehemannes heraus. Er lässt die Persona-Maske des pat-riarchalen Beschützers jetzt ganz schnell fallen, fühlt sich in Ellida ein und gibt ihr, was sie braucht und auch von ihm vorher gefordert hat. So kann er über den „Machtschatten" seiner autoritären Gewissensinstanz „springen" und deren Besitzansprüche für die Freiheit seiner Frau opfern.

Seine Liebe ist durch die Jahre des Zusammenlebens gewachsen und besteht aus der Einsicht in das Wesen seiner Gattin. Wangel weiß, dass hinter ihrer Krankheit der unterdrückte weibliche Eros steht, der ihn anzieht und den er als Gegenpol auch braucht. Ellida hat die ganze Zeit „das so gar nicht gesehen", sich in das „Schneckenhaus" ihrer sexualisier-ten Träume vom Meer und Seemann zurückgezogen und real am Leben der Familie kaum teilgenommen.

Nun geschieht in ihr durch die Erfüllung ihrer Wünsche nach Frei-heit und eigener Verantwortung eine spontane Wandlung. Sie sieht jetzt den Fremden nicht mehr als idealen Helden ihrer Sehnsuchtsbilder, son-dern als triebgebundenen Abenteurer, der seinem Trugbild zerstörter Illusi-onen nachjagt, innerlich „tot" wieder in das Urelement seiner unbezogenen Natur zurückkehrt und seine hypnotisierende Macht über die einstige Ver-lobte endgültig verloren hat. Der „abgehalfterte" dämonische „Verführer" hakt den Abschied von seinem „Opfer" eiskalt ganz schnell als „überstande-nen Schiffbruch" ab und geht ohne Zeichen von Bedauern und Trauer wei-teren „Schiffbrüchen" seines gescheiterten sinnlosen Lebens entgegen.[26]

Nun tritt Ellida aus der Welt ihrer infantil-pubertären Vorstellungen heraus und ersetzt ihre Illusionen durch ein realistischeres Bild von der Wirklichkeit. Ihre Reife besteht im Durchgang durch die Auseinanderset-zung mit ihrer Vergangenheit, der Triebwelt des Meeres und der sie faszi-nierenden schattenhaften Animusgestalt Friman-Johnston. Indem sie die Projektion auf ihn zurücknimmt, kann sie sie ihre erotische Vitalität in das Leben der Ehefrau eines Arztes innerhalb des sozialen Rahmens einer Kleinstadt integrieren.

Ibsen nennt diese Wandlung am Ende des Schauspiels „Akklimatisie-rung" und verwendet damit einen Begriff von Darwin und Haeckel, den er vom Biologischen auf das Psychische überträgt.

Ellida erkennt in diesem nur kurz angedeuteten Prozess, dass ihre Freiheit nicht bedeutet, ihrer alten Leidenschaft verhaftet zu bleiben, sondern vor allem die Kraft meint, ihren eigenen Weg zu wählen. Die Sehnsucht nach dem Meer und die Anziehungskraft des Fremden stehen bei ihr für den Wunsch nach einer selbstbestimmten Ehe in verantwortlicher Liebe und kritischem Umgang mit den bestehenden Konventionen. Dr. Wangel fasst dies gegenüber seiner Frau in folgende eigene Worte:

> *Du denkst und empfindest in Bildern – und in sichtbaren Vorstellungen. Deine Sehnsucht nach dem Meer, – jenes Etwas, das dich lockte und zu ihm hinzog, zu diesem fremden Mann, das war der Ausdruck für den Freiheitstrieb, der in dir erwacht und gewachsen war. Nichts andres.*

Der Arzt diagnostiziert hier als grundlegende Strebung in seiner Frau einen „Freiheitstrieb", der „erwacht und gewachsen" und damit ins Bewusstsein vorgestoßen sei und das weibliche Ich zum Handeln gedrängt habe. Nach seiner Auffassung stehen hinter Ellidas „Bildern" und „Vorstellungen" ihre unbewussten Wünsche, die sie auf den Fremden projiziert habe. Für ihn hat die weibliche Hauptfigur ihre verborgenen Antriebe erkannt und artikuliert. Damit habe aber das Unheimlich-Grauenvolle in Form des lockenden Meeres und des anziehenden Seemanns seine Macht verloren.

Doch Dr. Wangel spielt mit dieser Deutung das Problem des unterdrückten Eros herunter, unter dem Ellida besonders gelitten hat. Aber sie geht mit ihrer Antwort nicht direkt darauf ein, sondern lobt ihn als „guten Arzt", der „das rechte Mittel" gefunden und gebraucht habe, um ihr „helfen" zu können. Hier unterschlägt sie aber, dass sie es war, die gegen ihn die Forderungen nach Freiheit und Freiwilligkeit erhob und ihn drängte, ihr in diesen Punkten nachzugeben. Er ergänzte diese Schlagworte lediglich durch den Begriff der „eigenen Verantwortung". Im Grunde verschweigen beide hier, dass Wangel nicht als behandelnder Arzt, sondern als liebender Ehemann handelte, der seine gefährdete Beziehung retten wollte. [27]

An der Oberfläche endet das Schauspiel mit einem positiven Schluss. Wieder vereint – aber aus einem tieferen Verständnis füreinander heraus – „besingen" die beiden Gatten das „Hohelied" der Akklimatisierung des Menschen auf dem Festland in Freiheit und eigener Verantwortung. Die „Feier" dieser Schlussformel wird noch durch die Musik unterstrichen, die „näher am Ufer" ertönt, während „das große Dampfschiff" des Fremden „lautlos über den Fjord" weggleitet.

Doch verläuft Ellidas Entwicklung von der zwiespältigen zur frei bekennenden Ehefrau sehr schnell und glatt, so dass am Ende durchaus Zweifel aufkommen können, ob die Beziehung der beiden sich auch auf Dauer stabilisiert. Auch sind die Nebenfiguren des Stückes auf gewisse Weise ambivalent und ironisch gebrochen vom Autor gezeichnet.

Der lungenkranke Künstler Lyngstrand ist voller Pläne und Ideale, die er nicht mehr verwirklichen kann, weil sein Tod kurz bevorsteht. Er selbst weiß nichts davon, nur seine Umgebung redet darüber hinter seinem Rücken. Wangels jüngere Tochter Hilde fällt vor allem durch ihre zynischen Kommentare auf, die aber Ausdruck ihrer Unsicherheit sind. Ibsen lässt sie wieder in seiner Tragödie „Baumeister Solness" als dämonischen „Todesengel" auftreten, der den Titelhelden durch seine maßlosen Forderungen ins Unglück stürzt.

Außerdem bahnt sich zwischen Oberlehrer Arnholm, dem langjährigen Freund des Hauses, und Wangels älterer Tochter Bolette eine Versorgungsehe an, die gerade nicht durch Selbstbestimmung und freie Verantwortung der Partner, sondern durch die finanzielle Abhängigkeit der Frau vom Mann gekennzeichnet ist. Hier könnte sich das wiederholen, was sich in der bisherigen Beziehung von Ellida und ihrem Doktor so unheilvoll entwickelt und zugespitzt hat.

All diese Gestalten repräsentieren Handlungsstränge, die im Schauspiel nicht zu Ende geführt sind, aber möglicherweise einen negativen Verlauf nehmen. So relativiert Ibsen durch die gebrochene Darstellung der Nebenfiguren den positiven Schluss des Stückes, lässt letztlich alles offen und hält die grundlegende Tendenz der Gesamtaussage bewusst in der Schwebe einer hintergründigen Doppelbödigkeit.[28]

Die personale Grundstruktur des Stückes besteht aus einer spannungsreichen Dreieckskonstellation, in der sich eine Frau zwischen zwei Männern befindet. Dr. Wangel gehört dem Bereich des bürgerlichen Bewusstseins, Friman-Johnston der Sphäre des ungelebten und faszinierenden Unbewussten an. Ellida steht auch hier genau dazwischen. Im Laufe ihrer Lebensgeschichte und der Handlung des Dramas entwickelte sie sich von der Mentalität eines weiblichen Naturwesens zur menschlichen Reife einer Ehefrau, die in freier Selbstbestimmung und eigener Verantwortlichkeit die Beziehungsform ihrer bürgerlichen Existenz wählt und auch bewusst dazu steht.

Wenn man Dr. Wangel als Helden des Schauspiels interpretiert, wäre Ellida auf der inneren Ebene die Verkörperung seiner Anima. Beim Versuch, die Meerfrau als weibliche Hauptfigur zu deuten, würde der Arzt umgekehrt auf der rein psychischen Subjektstufe eine andere Facette des männlichen Seelenbildes seiner Ehefrau repräsentieren, das C. G. Jung „Animus" nennt. Er hilft mit seinem Fachwissen und seiner Lebenserfahrung, ihren Weg in Beziehung, Familie und Gemeinschaft zu gehen, indem er sie begleitet, ermutigt und damit entscheidend zur Stabilisierung ihrer Entwicklung beiträgt. Denn Ellidas elementare Fähigkeiten, die ihr als ursprüngliches Naturwesen zukommen und sich in den archetypischen Bildern von Nixe und Walküre auszudrücken, waren jahrelang durch ihren inneren Konflikt seelisch blockiert und warten darauf, Schritt für Schritt entfaltet und im Leben realisiert zu werden.

Dazu war das konkrete Auftreten von Friman-Johnston, das ihr zur Bewusstwerdung ihres Konfliktes verhalf, notwendig. Mit ihrer nun befreiten erotischen Vitalität könnte sie ihren eher introvertierten Ehemann inspirieren und dazu „beflügeln", den ziemlich langweiligen Alltag voller Pflichten mit Schwung, innerem „Feuer" und Einfallsreichtum zu gestalten.

Nur wenn diese Beziehung von beiden gemeinsam durch die Aktivierung und Durchdringung von Anima und Animus entwickelt wird, hat sie eine Chance auf dauerhaften Bestand durch ständige innere Wandlung. Ibsen dürfte sich als Mann am ehesten mit Dr. Wangel identifiziert haben. Aber Ellida ist die intensivere und ausdrucksstärkere Gestalt.

Hier dürfte sich die Anima des Autors selbst Ausdruck verschafft haben. Im nationalromantischen Frühwerk des Dichters wurde sie schon mehrfach aus Stoffen der norwegischen Zauberballade, der germanischen Mythologie, der klassischen und romantischen Literatur gestaltet. Aber ihre bekannteste Ausprägung fand sie in den Gesellschaftsdramen durch die „Elfe" Nora aus „Ein Puppenheim" und die „Nixe" Rebekka aus „Rosmersholm", das eine Mal auf emanzipatorische Weise, das andere Mal auf tragisch scheiternde Art.

Mit Ellida bricht Ibsens Anima nicht mehr wie bei Nora aus und auf, sondern kehrt in die eheliche Gemeinschaft zurück und integriert ihren

Anspruch auf persönliches Glück in die Beziehung und die Familie. Damit wird sie zum produktiven Ferment der Entwicklung, das die „gestörte Mahrtenehe" aus der Krise herausführt und in ein fruchtbares Gelingen verwandelt. [29]

Richard Wagner stellt in den Mittelpunkt seiner Oper „Der fliegende Holländer" auch eine Dreieckskonstellation mit einer Frau zwischen zwei Männern. Der eine ist Erik, der dem bürgerlich-realistischen Bereich des Bewusstseins angehört und sich mit Senta heimlich verlobt hat, der andere die männliche Haupt- und Titelfigur der Oper, die aus der geisterhaft-dämonischen Sphäre des Unbewussten stammt und eine absolut treue Frau sucht, um von ihrem Fluch erlöst zu werden. Der Holländer erscheint von Anfang an als zentrale Gestalt des Werkes, der mit ihm konkurrierende Jäger quasi nur als Statist in einer wichtigen Nebenrolle. Die Tochter des Norwegers Daland ist aber schon lange vom Bild des ruhelosen Seefahrers fasziniert und träumt davon, ihm das Heil der Erlösung zu bringen.

Wagner identifiziert sich in seiner Oper mit dem Holländer und sieht sich dabei selbst als rastloses dämonisches Genie. Senta entspricht genau seinem weiblichen Ideal, das von der Frau verlangt, dem Meister hörig zu sein und ihn kritiklos zu verehren. Sie verkörpert damit seine Anima, die das männliche Ich nicht ebenbürtig inspirieren, sondern nur durch vollkommene Unterordnung anbeten darf.

Die Psychoanalyse findet in Wagners Liebesverhältnissen immer wieder die „Bedingung des geschädigten Dritten" vor, bei der ein Mann sich nicht in eine Frau, die „noch frei ist", sondern immer in die Verlobte oder Gattin eines anderen verliebt. Nach Freud handelt es sich hier um einen infantil gebliebenen Charakter, der an seine Mutter fixiert ist und innerhalb seines Ödipuskomplexes den Vater überwinden will. Dabei versucht er nicht nur, eine Frau für sich zu gewinnen, sondern auch einen Nebenbuhler auszustechen.

Wagner hat dieses Prinzip auf sein reales Leben unbewusst angewendet und auch auf seine Opern übertragen. Der Holländer braucht nur in Dalands Haus zu kommen, um Senta in seinen zwingenden Bann zu ziehen. Sie ist schon seit langem von seinem Traumbild besessen und hat sich so in ihre innere Welt damit eingesponnen, dass Eriks reale Werbung nicht den Hauch einer Chance hat, von ihr erhört zu werden. In der Oper bleiben die Figuren der Dreieckskonstellation ihren infantilen Fixierungen verhaftet und gehen den Weg ihrer inneren Wunschbilder konsequent bis zum tragischen Ende weiter, während bei Ibsen die weibliche Hauptfigur eine Entwicklung zur seelischen Reife durchmacht, sich klar zu ihrem Ehemann bekennt und den dämonischen Seemann am Schluss sehr entschieden wegschickt. [30]

Hans Christian Andersen legt seinem Kunstmärchen „Die kleine Meerjungfrau" in der Handlungsstruktur ebenfalls eine Dreieckskonstellation zugrunde, in der aber ein Mann zwischen zwei Frauen steht. Der Prinz soll nach dem Willen seiner Eltern die Königstochter aus dem Nachbarreich heiraten, was er nach anfänglichem Zögern auch tut, weil er glaubt, in der nach monarchistischen Konventionen bestimmten Gattin seine vermeintliche Lebensretterin wiedererkannt zu haben.

Die Prinzessin vertritt damit ebenso wie ihr künftiger Gemahl den Bereich des Bewusstseins, des Über-Ich und der Persona. Ihre Rivalin ist die weibliche Haupt- und Titelfigur der Erzählung, die aus der Sphäre des Es und des Unbewussten kommt. Aber diese Welt der Tiefe wirkt nicht allzu triebhaft und dämonisch, sondern eher melancholisch, unbezogen und unterkühlt. Sie besitzt zwar äußerlich andere Regeln und Normen als die Dimension der irdischen Oberfläche, enthält aber innerlich die gleiche patriarchale Grundstruktur.

Die sensible Meerjungfrau will nun ihren heimatlichen Bereich verlassen und meint, durch die Liebe eines normalen Mannes eine unsterbliche Seele gewinnen zu können. Aber sie scheitert tragisch damit ebenso wie Undine aus Fouqués Märchen, vollzieht aber nicht wie die deutsche Nixe ihre Rache am einstigen Geliebten, sondern geht freiwillig in den ihr vom Schicksal ausersehenen Tod.

Andersen identifiziert sich hier größtenteils selbst mit der Titelfigur seines Werkes, die quasi auch die Anima des Dichters verkörpert. Er ist gegenüber den von ihm verehrten Frauen genauso stumm wie die Meerjungfrau gegenüber ihrem Prinzen und kann ihnen seine Liebe nicht mit der notwendigen vitalen Willenskraft erklären, weil er aus Minderwertigkeitsgefühl, Lebensangst und Depressivität in der Fähigkeit blockiert ist, seine erotischen Bedürfnisse adäquat äußern zu können.

Wie Wagner verhält sich Andersen hier unbewusst nach der „Bedingung des geschädigten Dritten" und sucht sich immer wieder Frauen aus, die schon verlobt oder anderweitig versprochen sind. Aber der Dichter nimmt nun nicht wie der Komponist den Kampf mit dem Rivalen auf, sondern verzichtet resigniert und zieht sich in das „Schneckenhaus" seiner Schwermut und Kunst zurück. Hier im Reich der Phantasie kann er das ausleben oder zumindest artikulieren, was ihm im realen Leben versagt bleibt.

Produkt dieser Sublimierung ist das Märchen von der Meerjungfrau, die am Ende als Belohnung für ihren Verzicht in das Reich der Luftgeister aufgenommen wird. Andersens Anima bleibt introvertiert und kreist auch in vergeistigter Form nur um sich selbst und die Welt ihrer Ideale, während Ibsens weibliches Seelenbild sich innerlich öffnet, aus ihrer Ichbezogenheit sich löst und den Weg zur Realität von Ehe und Familie findet. [31]

Die Heldensage von Frithjof dem Kühnen thematisiert nicht das Motiv der „gestörten Martenehe" als Verbindung eines sterblichen Menschen und eines dämonischen Naturwesens, enthält aber im Handlungsverlauf eine Dreieckskonstellation innerhalb der „normalen", irdisch-humanen Dimension mit einer Frau zwischen zwei Männern. Doch die von beiden Begehrte und Verehrte steht nicht im Mittelpunkt des Geschehens, sondern eher an dessen Rand.

Das Zentrum bildet gerade im Schlussteil der Saga nicht der Kampf um die Prinzessin und spätere Königin Ingibjörg, sondern die sich entwickelnde Freundschaft zwischen dem ruhelosen Wikinger Frithjof und dem alternden König Hring. Der Held wird im Wald von seinem Gastgeber auf die Probe gestellt und besteht sie würdig, indem er die ihm einmal gebotene Gelegenheit, den schlafenden Rivalen zu töten, vorübergehen lässt und sein Schwert weit von sich wirft.

Auf diesen Vertrauensbeweis hin verspricht Hring dem Heros Reich und Gattin nach seinem Tod mit dem Zusatz, dass Frithjof so lange das Land regieren soll, bis die noch jungen Söhne des altersschwachen, kranken Königs selbst die Herrschaft übernehmen können. Während beide Männer ganz aus der Authentizität ihres Selbst – der eine aus seinem Heldentum, der andere aus seiner Weisheit – heraus handeln, wirkt Ingibjorg auf merkwürdige Weise apathisch, passiv und unterschwellig depressiv.

Nicht ihre Liebe, sondern ihre Persona scheint ihr Verhalten zu bestimmen. Sie geht schließlich widerspruchslos aus der Hand des einen Mannes in diejenige des anderen über. Der entschlossene geistig-seelische „Funke" von Frithjofs „Hamingja" Ellidi springt in keiner Weise auf sie über. Die

170

beschützenden und inspirierenden Funktionen der Anima des Helden bleiben bei seinem Schiff und werden nicht von seiner Geliebten und späteren Gattin übernommen.

Tegnér hat diese melancholischen Züge der Frau in seiner Nachdichtung der Saga im Sinne seines klassisch-romantischen Humanitätsideals noch verfeinert, die Geschichte der beiden Liebenden voller Sentimentalität dargestellt und die Erotik zwischen ihnen weitgehend ausgeblendet. Ibsen verstrickt dagegen seine Anima Ellida in einen inneren Konflikt zwischen Eros und Ethos oder Sehnsucht und Realität, lässt sie darunter authentisch leiden und führt sie liebevoll Schritt für Schritt zur Entscheidung und Wandlung in Freiheit und Selbstverantwortung. [32]

Lou Andreas-Salomé gilt als eine der bedeutendsten und emanzipiertesten Frauen der Wende vom 19. zum 20. Jahrhundert. Sie schrieb Romane und Erzählungen, verfasste aber auch Abhandlungen und Aufsätze in den Bereichen Psychologie, Philosophie, Religion und Literatur und wurde in ihren späteren Jahren praktizierende Psychoanalytikerin.

Ihre Studie über „Henrik Ibsens Frauen-Gestalten" mit dem Untertitel „Psychologische Bilder nach seinen sechs Familiendramen" war 1891 ihr erster wissenschaftlicher Essay, der auch viele eigene persönliche, dichterische und lebensphilosophische Kommentare enthielt. Ibsen schickte der jungen Schriftstellerin für dieses Werk einen kurzen Dankesbrief, pflegte aber sonst keinen Kontakt zu ihr und traf sie auch niemals persönlich.

Die Interpretationen des Buches handeln von Nora aus „Ein Puppenheim", Helene aus „Gespenster", Hedwig aus „Die Wildente", Rebekka aus „Rosmersholm", Ellida aus „Die Frau vom Meer" und Hedda aus „Hedda Gabler". Lou Andreas-Salomé untersucht dabei die allgemeine Problematik der Bildung und Kultivierung seelischer Möglichkeiten, versinnbildlicht sie in der Einleitung als sogenanntes „Märchen" am Schicksal einer Wildente und spielt sie an Ibsens Dramengestalten durch.

Dabei sind die sechs Frauen nicht mehr nur literarische Figuren eines Dichters, sondern verselbständigen sich zu sechs Beispielen zeitgenössischer weiblicher Existenz- und Emanzipationsformen. Die Wildenten-Metapher wird auf die genannten Gestalten bezogen und dient zur Verdeutlichung ihrer jeweiligen Lebenssituationen. [33]

Die Autorin projiziert dabei stets sich selbst, ihre eigenen persönlichen Umstände und ihre Weltsicht auf die von ihr interpretierten Frauen. So empfand sie sich 1887 nach ihrer Heirat mit dem Orientalisten Friedrich Carl Andreas selbst wie eine Wildente, die der Freiheit beraubt war. Aus dem Gefängnis der Ehe wurde für sie im Lauf der Zeit aber ein „Asyl der Freiheit" und eine Stätte der Versöhnung und Vermählung des eigenen inneren und äußeren Gegensatzes von „zahm" und „wild".

Ihr unruhiger Wandertrieb in die Ferne beschränkte sich dabei mehr und mehr freiwillig auf den Gegenpol eines Heimes, das ihr Andreas als verständnisvoller Ehemann bot und zu dem sie immer wieder gern zurückkehrte. Ellida entspricht in Lou Andreas-Salomés Deutung am ehesten jener aus dem „Märchen" der Einleitung zitierten Wildente, die aus Freiheit bleibt, wo man ihr Liebe und Respekt entgegenbringt. Die träumerische Frau „vom Meer", die zwischen der Sehnsucht nach Grenzenlosigkeit und der Beschränkung auf eine wohlwollende, liebevolle Partnerschaft eine Entscheidung in eigener Selbstverantwortung trifft, steht von den interpretierten weiblichen Dramengestalten der jungen Autorin in ihrem persönlichen Lebenszusammenhang eindeutig am nächsten.

Lou Andreas-Salomé hat so nicht nur durch ihre Deutung des Stückes, sondern auch durch ihren eigenen Existenzentwurf als erste Ibsens Schauspiel wegen seines konventionellen Schlusses vom Ruch der konservativen Gesamtaussage befreit und damit wichtige Anregungen dafür gegeben, sich auch heute noch mit diesem Drama und seinen irritierenden ambivalenten Aspekten auseinanderzusetzen. [34]

3.4 „Die Frau vom Meer"
und „Die drei Schlangenblätter"

Das grimmsche Märchen „Die drei Schlangenblätter" und Ibsens Schauspiel „Die Frau vom Meer" lassen sich an der Textoberfläche kaum miteinander vergleichen, weil beide völlig verschiedenen Gattungen entstammen. Doch in der Tiefe ihrer inhaltlichen Strukturen gibt es zwei wesentliche Gemeinsamkeiten. Einmal existiert die gleiche Dreieckskonstellation, in der eine Frau zwischen zwei Männern steht. Dabei ist sie mit dem einen verheiratet, mit dem anderen erotisch verstrickt. In KHM 16 kommt der Schiffer erst nach der Eheschließung dazu, im Drama ist der Seemann Teil von Ellidas Vorgeschichte, die verstörend in die Gegenwart hineinragt und durch den leibhaftigen Auftritt des einstigen Verlobten noch einmal ganz lebendig wird.

Zum anderen sind die Heilenergie des Schlangenkrauts im Märchen und die Naturkraft des Meeres im Stück auf verschiedenen Ebenen nur zwei Seiten der gleichen Tiefenschicht des kollektiven Unbewussten, das mit seinen schöpferischen Quellen grundsätzlich positiv auf das Bewusstsein des Menschen einzuwirken versucht, es aber nicht immer schafft. Der eine Text zeigt das Scheitern dieser seelischen Angliederungsbemühung, der andere thematisiert das Gelingen der Integration außen wie innen.

Die Prinzessin in KHM 16 kommt erst durch ihren Tod mit der Schlangenkraft in Berührung und wird nach ihrer Heilung bösartig. Ellida ist schon seit ihrer Kindheit der elementaren Dimension des Meeres verhaftet und entwickelt durch ihre „Verpflanzung" in die „Zivilisation" einer Kleinstadt gewisse krankhafte Züge. Die Ehe der beiden jungen Leute im Märchen endet symptomatisch in der Gruft nach einer Zeit mit großen Erwartungen, aber geringer Vitalität. Mit der Auferstehung vom Tod beginnt eine neue Episode der Beziehung ohne Liebe der Frau, die eine „böse Neigung zu dem Schiffer" erfasst.

In Ibsens Drama sind die Ehe mit Wangel und das Leben in der Kleinstadt für Ellida ein Gefängnis, aus dem sie sich innerlich mit Bildern der Sehnsucht nach Meer und Seemann hinausträumt. Die beiden weiblichen Hauptfiguren leiden, gehen aber damit völlig unterschiedlich um. Dabei verhält sich die Königstochter in KHM 16 viel sorgloser, aktiver und skrupelloser. Sie denkt nicht lange nach, sondern will ihr Eheproblem mit der Ermordung des Gatten so schnell wie möglich „aus der Welt" schaffen. Ellida ist viel sensibler und macht sich von daher die Sache nicht so einfach. Sie schwankt nicht nur äußerlich zwischen den beiden Männern, sondern auch innerlich zwischen Es und Über-Ich. Auch ist sie zwischen Anziehung und Grauen hin- und hergerissen. Die seelische Spaltung blockiert ihre Entscheidungsfähigkeit.

Der König repräsentiert in KHM 16 die alles beherrschende Vaterfigur, deren Werte und Gesetze absolute Geltung haben. Ihm ordnet sich sein Schwiegersohn ohne Bedenken und Kritik unter und bleibt damit infantil auf ihn fixiert. Nicht Mitgefühl und Verständnis für seine Frau prägen sein Verhalten, sondern ausschließlich sein Gehorsam gegenüber den Geboten des Über-Ich und seine Abhängigkeit von dessen Autorität.

Dr. Wangel steht in Ibsens Schauspiel als Ehemann ohne irgendwelche Bei- oder Unterordnung allein für sich da. Zwar wird gelegentlich Ellidas Vater erwähnt, der aber nur für seine Tochter, nicht aber für seinen Schwiegersohn eine wichtige Rolle spielt. Zwar spricht der Arzt manchmal mit Oberlehrer Arnholm über seine Probleme, lässt sich aber von ihm nicht allzu sehr beeinflussen. Zwar hat auch er eine gewisse autoritäre Über-Ich-Seite, indem er sich gelegentlich auf seine Rechte als Gatte etwas einbildet, dann aber auch darauf nicht durchgehend, sondern nur kurz beharrt.

Vor allem aber liebt er auch als Rationalist seine Frau, ist um sie besorgt und macht sich ständig Gedanken über sie. Dabei steht für ihn ihr Wohlergehen an erster Stelle noch vor dem eigenen. Im Gespräch hört er ihr zu, versucht auch, auf sie einzugehen, und ist auch bereit, in entscheidenden Punkten nachzugeben, wenn es ihr und der Beziehung dient. Im Märchen herrscht ein strenges, gnadenloses Patriarchat vor, bei Ibsen eine verfeinerte, liberale, aufgeklärte vaterrechtliche Struktur, die aber die Frau nicht mehr unterdrückt, sondern ihr mit Liebe und Respekt begegnet. Dabei werden ihr am Ende des Dramas alle Rechte eingeräumt, die sie braucht, um sich in Ehe und Familie voll entfalten zu können.

Die Prinzessin in KHM 16 wirkt durch ihr merkwürdiges Gelübde „sehr wunderlich" und erweist sich durch ihre Ausrichtung auf Tod und Sterben als „wahre" Vaterstochter, die auf autoritäre Werte fixiert ist, nur um sich kreist und es ablehnt, sich dem Leben und seinen Wandlungsgesetzen anzuvertrauen. Wenn sie nun mit den Heilkräften der Schlange in

Kontakt kommt, bleibt ihre grundsätzlich destruktive Charakterstruktur erhalten. Nur ihre Unterordnung unter die Prinzipien des Königs und seines Über-Ich ändert ihr Vorzeichen und wird zur Auflehnung gegen das Patriarchat. In Ihrer Neigung zum Schiffer und ihrer Bösartigkeit gegen den eigenen Gatten zeigt sich jetzt ein mörderischer Trotz gegen die väterliche Ordnung.

Subtiler äußert sich Ellidas Widerstand gegen die Gesetze der Familie und der Kleinstadt in Ibsens Drama. Hier entwickelt die weibliche Hauptfigur neurotische Symptome und macht so ihr Leiden an der verständnislosen Umgebung und ihre Distanz zu deren Insensibilität sichtbar. Im Märchen findet allerdings keine tiefgreifende Wandlung statt. Die Lebensenergie der Schlange bleibt hier ohne Wirkung. Die Prinzessin ändert sich nur negativ, ihr Mann bleibt auch nach der Auferstehung sich gleich.

Bei Ibsen wandeln sich beide Eheleute grundlegend in Richtung seelischer Tiefe unter dem Eindruck der Begegnung mit dem Seemann und seiner Dimension des Meeres. Ellida kämpft um ihre innere Selbstständigkeit und ergreift mutig die Initiative zum Gespräch über das Grundproblem ihrer Beziehung bezüglich der darin enthaltenen Lebenslüge. Wangel erkennt die Emotionalität seiner Liebe zu ihr und spürt ihre erotische Ausstrahlungskraft, die ihn abgrundtief anzieht. Von dieser seelischen Wandlungsdynamik angetrieben, bewegen sich beide aufeinander zu und gestalten die Einheit ihrer Ehe neu.

Nur der Seemann bleibt sich bezüglich seiner Unbezogenheit als Verkörperung der elementaren Naturenergie von Anfang bis Ende gleich. Ihn hat Ellida immer nur als Vertreterin des vitalen Triebbereichs und nicht als eigenständige Persönlichkeit interessiert. So geht er ungerührt ohne Bedauern ab, als sie sein Wesen wahrnimmt und ihn darauf wegschickt.

Der Schiffer im Märchen gehört der gleichen Sphäre des Lebens an wie Ibsens Matrose und erscheint meist nur im Zusammenhang mit dem Meer. Letztlich ist er im ganzen Handlungsverlauf nur eine Nebenfigur und bleibt immer passiv. Er ist das hörige „Liebesobjekt" der Prinzessin und ihrer „bösen Neigung", ordnet sich ihr willig in allem unter und macht bloß, was sie will. In KHM 16 gibt es am Ende nur gnadenlose Gerechtigkeit und „verdienten" Lohn, den die Königstochter und ihr Helfershelfer für versuchten Mord in Form der Todesstrafe erhalten. Doch in

„Die Frau vom Meer" existieren Freiheit und Selbstverantwortung als die wichtigsten Werte, die für die Lösung des Ehekonflikts und des Problems der Dreieckskonstellation notwendige Voraussetzungen bilden und in den beiden Hauptfiguren gereifte Einsichten zur Gestaltung ihrer Beziehung erzeugen.

KHM 16 ist das Endprodukt der Wanderung einer extrem patriarchalen Geschichte, die von Indien über Iran nach Arabien kommt und vor dort über die Türkei nach Europa bis nach Deutschland gelangt. Die Frau wird in den indischen und arabischen Vorläufern der Erzählung als bösartiges, nichtswürdiges, perverses Geschöpf dargestellt, das seinen Wohltaten vollbringenden Gatten mit einem oft verkrüppelten Liebhaber aus reiner Boshaftigkeit umbringen will und dafür am Ende mit dem Tod bestraft wird.

Die Brüder Grimm hatten sicher nicht diese Auffassung vom weiblichen Geschlecht, waren aber doch patriarchal genug, dass sie diese Geschichte mit dem Motiv des heilenden Schlangenkrauts verbanden und diese Synthese dann in ihre Märchensammlung aufnahmen.

Ibsen war hingegen ein Kritiker der patriarchalen Ordnung und der Frauenunterdrückung. Schon in „Die Stützen der Gesellschaft" deutete sich diese engagierte Tendenz in Verbindung mit dem Motiv der Lebenslüge an. Nora in „Ein Puppenheim" geht den Weg der Emanzipation konsequent bis zum Ausbruch aus ihrer Ehe. Ex negativo werden auch in „Gespenster" und „Rosmersholm" die patriarchalen Verhältnisse angeprangert, die Frauen wie Helene Alving und Rebekka West daran hindern, ihre erotischen und menschlichen Sehnsüchte zu realisieren.

In „Die Frau vom Meer" erhält das Patriarchat in Gestalt von Dr. Wangel ein so humanes, liberales Antlitz, dass es einer so sensiblen, sinnlichen weiblichen Hauptfigur wie Ellida ermöglicht, ihren Weg zu Beziehung und Gemeinschaft durch eine autonome, freie Wahl zu finden. Die Prinzessin in KHM 16 stirbt am Trotz und an der Auflehnung gegen eine Gesellschaft, die ihr eine erotische Selbstbestimmung nicht erlaubt. Ellida integriert sich letztlich, weil Dr. Wangel ihr die Entscheidung überlässt, die Ehe mit ihm fortzusetzen oder mit dem Seemann fortzugehen.

Wenn KHM 16 destruktiv endet, hat dies mit dem negativen Frauenbild zu tun, das Indien und Arabien jahrhundertelang entwickelt haben und bis heute aufrechterhalten. Insofern bricht die Dimension der Geschichte mit den darin enthaltenen Religionen verhängnisvoll in den Bereich des Märchens ein und stiftet dort Unheil.

In Ibsens Stück kommt der geheimnisvolle Seemann aus der mythischen Sphäre des Nordens und dringt in die scheinbar „heile" Welt der Kleinstadt ein. Hier bringt er alles durcheinander und richtet großen Schaden an. So bricht die Dimension des Mythos in den Bereich des Dramas ein und droht, diese Realität negativ zu verändern, scheitert aber letztendlich am „Licht" der Freiheit, das Dr. Wangel in seiner Frau auf deren Wunsch hin „entzündet". Nun muss der Matrose gehen, nachdem sich Ellida gegen ihn entschieden hat.

Im Märchen wagt der Schiffer auch alles wie sein dämonischer „Kollege" bei Ibsen, verliert aber nicht nur sein Spiel, sondern auch sein Leben zusammen mit seiner Geliebten, die ihren erbarmungslosen Vater vergeblich um Gnade bittet.

Die heilende Schlangenenergie in KHM 16 ist eine ähnlich elementare Naturkraft wie das Meer in Ibsens Schauspiel, hat aber auf das junge Ehepaar keine tiefer gehende Wirkung. Sie erweckt zwar beide wieder zum Leben, wandelt sie aber nicht im Sinne eines umfassenden Reifungsprozesses. Sie wird nach der Auferstehung bösartig, er bleibt auch danach, wie er vorher schon gewesen ist.

Im Werk des norwegischen Autors wird die Naturkraft durchaus differenziert dargestellt. Wenn sie wie in der Gestalt des Seemanns isoliert ohne Bezug zur Umgebung steht, erscheint sie destruktiv und gefährlich. Doch in der Figur Ellidas öffnet sie sich für die anderen und integriert sich in die Gemeinschaft. Damit übt sie eine heilende Wirkung auf die beiden Eheleute aus, die sich jetzt durch einen gemeinsamen Wandlungsprozess innerlich aufeinander zu bewegen. Hier knüpft das Drama an den Schluss von KHM 17 an, in dem die drei Aufgaben der Rätselprinzessin durch den barmherzigen Märchenhelden und seine Tiere gelöst und damit die vitalen Naturkräfte des kollektiven Unbewussten gebändigt werden sollen.

In „Die weiße Schlange" stellt die stolze Königstochter ein klassisches Beispiel für die Anima der männlichen Hauptfigur dar, die das Ich des Helden unablässig fordert und anspornt, sein Bestes zu geben und über seine Grenzen ständig hinauszugehen, bis er sein Selbst durch das Essen des goldenen Apfels vom Baum des Lebens in seine Ganzheit integrieren kann.

Dagegen findet in „Die drei Schlangenblätter" keine Entwicklung der Seelenbilder statt. Der Ehemann hat als Animus der Prinzessin keinen Einfluss auf ihre negative Veränderung von der „wunderlichen" Grundhaltung zur „bösen Neigung" nach der Wiedererweckung durch die Schlangenkraft und kann so die ermutigende Funktion in der Seele seiner Frau nicht ausüben. Die Königstochter als Anima ihres Gatten geht über alle sinnvollen Grenzen hinaus und wendet sich destruktiv gegen ihn. Sie will ihn nicht zur Steigerung seiner Liebesfähigkeit antreiben, sondern ihn ermorden. Dafür wird sie von ihrem eigenen Vater als der Verkörperung eines grausamen Über-Ich gnadenlos bestraft.

Das männliche Ich des Helden entwickelt keine eigene Autonomie, die sich gegen die Verurteilung seiner Frau hätte auflehnen können, sondern bleibt ohnmächtig der patriarchalen Herrschaft seiner autoritären Gewissensinstanz unterworfen. Der Schiffer ist zwar ein potenzieller Widersacher, aber kein ernst zu nehmender Gegner der vaterrechtlichen Ordnung, die ihn als Randfigur behandelt und so nebenbei mit seiner Geliebten zum Tod verurteilt.

Dagegen entfalten sich in Ibsens Drama die Seelenbilder auf inspirierende Weise. Ellida und Wangel überbieten sich schöpferisch als Anima und Animus und lassen sich vertrauensvoll auf den dadurch ausgelösten gegenseitigen Wandlungsprozess ein. Ihre Liebe wird dabei erneuert und erfährt eine vertiefte erotische Erfüllung. Bei dieser Dynamik der Konzentration auf das Wesentliche muss der Seemann als ein Element ausgeschieden werden, das im Kern unbezogen bleibt und sich in keine reale Form der Verbindung einordnen lässt.

Die Märchenwelt ist eindimensional. Die Handlung entfaltet sich entweder auf ein positives Ende oder einen negativen Schluss hin. Ein „Dazwischen" oder ein „Grau" der Zwischentöne gibt es nur in der menschlichen Wirklichkeit, aber nicht im Land der Phantasie, das schöne und schreckliche Wunder enthält. KHM 17 spielt in einem utopischen Paradies, das von der weißen Schlange aus dem Hintergrund beherrscht wird, und endet durch das ungehinderte Fließen der Lebenskraft folgerichtig im Glück der beiden Hauptfiguren.

Doch in KHM 16 wirken Faktoren der Geschichte auf das Geschehen ein, das von einer äußerst autoritären Gewissensinstanz gelenkt wird. Wer gegen dessen patriarchale Gebote verstößt, muss unbarmherzig bestraft werden. Daher schließt diese Erzählung durch die Härte des Über-Ich auch konsequent mit dem Tod der königlichen Gesetzesbrecherin und ihres Helfers.

Ibsens Dramenrealität erweist sich durch die kunstvolle Verschränkung von Symbolen, Motiven und Textbezügen als vielschichtig, hintergründig und doppelbödig. Der Dichter lässt auch in „Die Frau vom Meer" trotz des positiven Schlusses am Ende alles offen und die Gesamtaussage des Stückes in der Schwebe.

Die beiden Hauptfiguren des Schauspiels bleiben nach der Zuspitzung und Lösung ihres Beziehungskonflikts zusammen, weil sie sich einem Wandlungsprozess unterziehen, in dem sich ihre Seelenbilder entwickeln. In „Ein Puppenheim" scheitern sie, weil nur Nora die Veränderung will und Helmer an seinen autoritären patriarchalen Grundsätzen festhält. Die Liebenden aus „Rosmersholm" gehen gemeinsam in den Tod, weil hier letztlich die festgefügte Tradition des Über-Ich triumphiert und sich gegen den Anspruch des Einzelnen auf erotische Selbstbestimmung durchsetzt, was noch in „Gespenster" eine kritische Auseinandersetzung des Autors gegen diese innere Bevormundung der individuellen Selbstverwirklichung bedeutet, aber dann einer immer tieferen Skepsis bezüglich der grundlegenden Wandlungsfähigkeit des Menschen zu weichen beginnt.

Doch in „Die Frau vom Meer" finden Ellida und Wangel noch einmal durch die doppelbödige Realität hindurch einen Weg zur gemeinsam gestalteten Selbstwerdung, in deren Prozess die patriarchale Maske der autoritären Gewissensinstanz nach und nach abfällt. Die Persona der vaterrechtlichen Ordnung ist in KHM 16 den Figuren so stark übergestülpt und quasi so fest „angewachsen", dass es hier nicht den Hauch einer Chance für die Individuation des Einzelnen gibt.

Die beiden Schlangenmärchen der Gebrüder Grimm stellen extreme Pole bezüglich des Umgangs mit der Lebensenergie dar. In KHM 17 darf die Vitalkraft dem Menschen zufließen und ihm dienen, weil er hier für sie offen ist und sie für seine Wandlung und sein Wachstum konstruktiv nutzt. Doch in KHM 16 wirkt sie auf ihn nur negativ oder rein äußerlich, da er sich dort ihr gegenüber verschließt und ihren „Zauber" bloß auf die Wiedererweckung vom Tod reduziert, sonst aber sie für seine destruktiven Zwecke wie Mordversuch als Auflehnung gegen das Patriarchat oder Rachsucht im Zeichen des Über-Ich verwendet.

Ibsen thematisiert in seinem Drama einen mittleren Weg zwischen beiden Extremen, die er in seinen Lösungsversuch einzubeziehen sich bemüht. Bei ihm zeigt sich die Naturkraft in Gestalt des Seemanns negativ, wenn sie unbezogen bleibt und sich nicht in Abläufe der Zivilisation wie Ehe, Familie und Gemeinschaft einordnet. Hier stellt sie allerdings ihre Energie dem Menschen zur Verfügung, wenn er sich für sie anstrengt und sie in seinen Wandlungsprozess integriert. In diesem Sinne können dann Ellida und Wangel die Früchte der gemeinsamen Bemühung um ihre Ehe unter Einbeziehung der Naturkraft und ihres „Segens" genießen.

In „Die drei Schlangenblätter" gibt es nur die Zwangsläufigkeit des Geschehens, die für ein schweres Verbrechen bloß die Sühne in Form der Todesstrafe kennt. „Die Frau vom Meer" durchbricht die durchgehende Determinationskette der Handlung, indem hier Freiheit die entscheidende Dimension bildet, in der die Menschen ein selbstbestimmtes Leben in eigener Verantwortung führen können.

Zwischen den Erscheinungsjahren des grimmschen Märchens (1819) und des Dramas von Ibsen (1888) liegen fast 70 Jahre. Das erste Werk wurde fast zu Beginn des 19. Jahrhunderts, das zweite beinahe an seinem Ende veröffentlicht. Beide Publikationsdaten stehen allerdings für verschiedene historische Konstellationen.

1819 leitet nach Napoleons Niederlage und dem Wiener Kongress das konservative Zeitalter der Restauration und des Biedermeier ein, in dem die vaterrechtliche Ordnung der alten Kaiser- und Königreiche noch einmal über die neuen Kräfte der Revolution und Demokratie den Sieg errungen hat und sich nun gegen sie mit harten Maßnahmen zu behaupten versucht. In dieser Epoche empfindet man KHM 16 mit seinem extremen Patriarchat gar nicht so befremdlich, sondern kann die Frauenverachtung der indischen und arabischen Vorläufer des Märchens mit gewissen Tendenzen des eigenen Zeitgeistes vielleicht ganz gut in Einklang bringen.

1888 gelangt die naturalistische „Literatur des modernen Durchbruchs" mit ihren gesellschaftskritischen und emanzipatorischen Themen zu ihrem Höhepunkt, strebt aber schon ihrem Ende zu, das langsam in den Symbolismus übergeht. Ibsen hat mit seinen Frauendramen zwischen 1877 und 1886 die frühe feministische Bewegung inspiriert und ermutigt. Die Frage der Gleichberechtigung in Ehe und Partnerschaft wird darin auf den dramatischen „Punkt" gebracht, und das Thema der freien, selbstverantwortlichen Liebeswahl ergibt sich daraus quasi „wie von selbst". Das Schauspiel „Die Frau vom Meer" greift dieses Problem auf und löst es am Ende auf vielschichtige, hintergründige Weise scheinbar konventionell mit Ellidas Entscheidung für den Ehemann. Doch hat sich zwischen 1819 und 1888 das autoritäre Patriarchat des grimmschen Märchens mit seiner zynischen Frauenverachtung in die aufgeklärte, liberale vaterrechtliche Ordnung von Ibsens Drama gewandelt, die das weibliche Geschlecht liebt und respektiert.

Dies hat auch Folgen für die Entfaltung der Schlangen- und Naturkraft, die an sich den Menschen zu Wachstum und Heilung führen soll. Im Zeitalter der Restauration hat die Lebensenergie – jedenfalls in „Die drei Schlangenblätter" – keine Möglichkeit, die einzelnen Gestalten in ihrem seelischen Innenraum zu erreichen und von dorther positiv zu verändern.

Wohl aber vermag sie dies in der Epoche des Naturalismus unter der Voraussetzung von Freiheit und Selbstverantwortung. „Die Frau vom Meer" ist das beste Beispiel dafür, dass die Energie des kollektiven Unbewussten nicht nur die Frau, sondern auch den Mann von innen her heilen kann, wenn beide sich gemeinsam vertrauensvoll auf den Individuationsprozess einlassen.

Die Schlangenkraft der Seele hat bisher immer wieder in der Menschheitsgeschichte ihre Wandlungsfähigkeit gezeigt und diese in verschiedenen Epochen auf beeindruckende Weise auch verwirklicht. Die vorliegende Studie hat für diese Entwicklungstendenz der psychischen Tiefenschichten drei überzeugende Verkörperungen unter weiblichen Vorzeichen gefunden und an verschiedenen Stellen ihrer Ausführungen erörtert.

In Indien hat sich neben Kali als Repräsentantin des furchtbaren Aspekts der Großen Mutter, vor der die Männer große Angst haben und die daher das extreme Patriarchat als Abwehr gegen die Frauen nur bestätigt, vor allem Tara als sanfter Gegenpol und als lichtvolle Vertreterin des Sophia-Weiblichen religionsgeschichtlich durchgesetzt und bis heute erhalten. In Gestalt dieser Göttin hat die Lebensenergie des Unbewussten tiefenpsychologisch die höchste Form des Eros, des Geistes und der Weisheit in der Geschichte ihrer Wandlungen erreicht.

Ein anderes Beispiel für die Kraft der Libido zur ständigen Erneuerung entwickelt sich im arabisch-persischen Kulturraum. Hier ruht der Islam vom Koran bis zur mystischen Literatur des 15. Jahrhunderts nicht, die namenlose Ehefrau des ägyptischen Kämmerers Potiphar aus dem Alten Testament immer weiter zu verändern und die Verführerin und Verleumderin von Josef zur großen Liebenden zu machen, die das Streben der Seele nach göttlicher Schönheit ausdrückt. Nun heißt sie Zuleicha und wird zu Yusufs ebenbürtiger Partnerin und Anima, die sich von einer Verkörperung der alten orientalischen Liebesgöttin zu einer hingebungsvollen Gestaltung des Sophia-Weiblichen in der islamischen Mystik gewandelt hat.

Goethe nennt in seiner literarischen Auseinandersetzung mit dem Islam seine Muse Marianne von Willemer „Suleika" und lässt in einem Gedicht die Geliebte mit der Gottheit verschmelzen, die ein unverkennbar weibliches Vorzeichen besitzt. Damit setzt der Dichter den poetischen Schlusspunkt des Wandlungsprozesses der Schlangen- und Lebenskraft vom Alten Testament bis zum „West-östlichen Divan", der im gleichen Jahr wie „Die drei Schlangenblätter" erscheint.

Lou Andreas-Salomé als eine konkrete Verkörperung der Lebensenergie weist bereits in die Moderne. Bereits drei Jahre nach der Publikation und Uraufführung würdigt sie Ibsens Schauspiel „Die Frau vom Meer" literaturwissenschaftlich zum ersten Mal in Deutschland. Ellida Wangel ist der Interpretin darüber hinaus ein Vorbild für ihren eigenen Lebensentwurf.

Damit gibt die Autorin einen ganzheitlichen schöpferischen Impuls für die fruchtbare Beschäftigung mit dem Drama und seiner Hauptfigur bis heute. Sie hat sich als Mensch und Schriftstellerin im Sinne der Vitalkraft des Unbewussten immer wieder bis zu ihrem Tod produktiv gewandelt und dabei ihre genialen Fähigkeiten an ihre Umgebung weitergegeben.

Aus diesen Hinweisen auf drei Repräsentationen der Wachstumstendenz des Psychischen sei am Ende dieser Arbeit die gewagte Schlussfolgerung gezogen, dass die „Kundalini"-Energie des Menschen unter weiblichem Vorzeichen bisher lange vom Patriarchat unterdrückt werden konnte, aber an diesem Widerstand des Über-Ich und der Persona letztlich gewachsen ist und sich bisher immer auf irgendeine Weise durchgesetzt hat. Dies möge dann in Zukunft bis zum völligen „Triumph" der Schlangenkraft in uns auch so bleiben.

Anmerkungen

1.2 Literaturwissenschaftlich-volkskundliche Interpretation des Märchens

1. Siehe: KHM, Ausg. letzter Hand, Bd. 3, S. 38 u. 448f. - Paris, S. 137 Anm. 3 u. 142. - Uther, S. 37. - von der Leyen, S. 214. - Bolte/Polivka, Bd. 1, S. 126. - EM, Bd. 12, S. 50

2. Siehe: Zingsem, S. 16-20, 45-50 u. 65f. - EM, Bd. 8, S. 836 + Bd. 13, S. 24-27. - KNLL, Bd. 18, S. 792-95. - Eliade, Geschichte, Bd. 1, S. 69-72. - Göttner-Abendroth, S. 65-67. - Kast, Paare, S. 71-73. - KLL, 3. Aufl., Bd. 15, S. 753f

3. Siehe: EM, Bd. 5, S. 1244f u. 1247-50 + Bd. 8, S. 836f + Bd. 12, S. 41 u. 51 + Bd. 13, S. 1218f + Bd. 14, S. 42f. - KNLL, Bd. 18, S. 636 f, 639 u. 642f. - KLL, 3. Aufl. Bd. 6, S. 245f. - Eliade, Religionen, S. 196 u. 329f. - Eliade, Geschichte, Bd. 1, S. 81-83. - Kluger-Schärf, S. 194 u. 230f. - Maehly, S. 10 u. 33 Anm. 33 + 36. - Egli, S. 60f u. 130f. - Stamer/Zingsem, S. 140f. - Göttner-Abendroth, S. 67-69. - von Ranke-Graves, S. 278 Anm. 4. - Küster, S. 136 Anm. 2. - HdA, Bd. 7, S. 1121

4. Siehe: Ohlert, Rätsel, S. 87-90. - Ohlert, Schlangenkraut, S. 96. - von Ranke-Graves, S. 275-77. - Löffler, S. 52f. - Stamer/Zingsem, S. 147. - KHM, Ausg. letzter Hand, Bd. 3, S. 38. - Bolte/Polivka, Bd. 1, S. 128. - Röhrich, S. 15. - Egli, S. 61 u. 131. - EM, Bd. 12, S. 51f. - Uther, S. 38. - von Wilpert, Bd. 1, S. 68f + Bd. 2, S. 629. - Warnke/Köhler/Bolte/Kusel, S. CLXXV. - Hertz, S. 53 Anm. 2

5. Siehe: Küster, S. 61f, 85f, 121f u. 133-37. - Stamer/Zingsem, S. 144-47 u. 189f. - von Ranke-Graves, S. 155f, 157 Anm. 2, 158 Anm. 6 u. 278 Anm. 4. - Marx, S. 111f u. 112 Anm. 1. - Maehly, S. 6f, 9f u. 33 Anm. 28 + 30. - Egli, S. 61-63 u. 107. - HdA, Bd. 7, S. 1137, 1164 u. 1183. - EM, Bd. 12, S. 43f. - Ohlert, Schlangenkraut, S. 95f. - Eliade, Religionen, S. 197. - von der Leyen, S. 23

6. Siehe: von Hahn, Bd. 1, S. 56 + Bd. 2, S. 22, 202,204f, 259f, 267, 274 u. 277. - Warnke/Köhler/Bolte/Kusel, S. CLXXV-CLXXVII. - Ohlert, Schlangenkraut, S. 97. - Marx, S. 112 Anm. 1. - Boltke-Polivka, Bd. 1, S. 129. - EM, Bd. 8, S. 838

7. Siehe: Kretschmer, S. 1, 4f u. 324 Anm. 1. - Karlinger, Inselmärchen, S. 22, 26 u. 325 Anm. 6. - Karlinger, Märchen, S. 103, 106 u. 284 Anm. 22. - Egli, S. 132

8. Siehe: EM, Bd. 1, S. 1296f u. 1299 + Bd. 2, S. 913 u. 915 + Bd. 12, S. 52. - Basile, S. 67 u. 72f. - von Hahn, Bd. 2, S. 219f. - Warnke/Köhler/Bolte/ Kusel, S. CLXXVI. - KHM, Ausg. letzter Hand, Bd. 3, S. 117. - Uther, S. 38. - Bolte/Polivka, Bd. 1, S. 128. - von Wilpert, Bd. 1, S. 124

9. Siehe: KHM, Ausg. letzter Hand, Bd. 1, S. 320-22 u. 333f + Bd. 3, S. 115f u. 468f. - von Hahn, Bd. 1, S. 172 + Bd. 2, S. 214, 216-18 u. 220. - Uther, S. 38. - Schleicher, S. 55-59. - Ohlert, Schlangenkraut, S. 97. - Warnke/Köhler/Bolte/Kusel, S. CLXXVI

10. Siehe: Glock, S. 23f, 26, 44 u. 47. - Huffschmid, S. 393-95. - Liebig, S. 159f u. 164. - Kunstmann, S. 282 u. 287. - DS, S. 328-31 u. 615 Anm. 351. - Röhrich, S. 636f u. 641. - BBKL, Bd. 6, S. 1019. - EM, Bd. 10, S. 111. - Marx, S. 112 Anm. 1. - Küster, S. 137 Anm. 3

11. Siehe: Glock, S. 46f, 53f u. 61. - Huffschmid, S. 394 u. 397f. - Liebig, S. 160f u. 168f. - Kunstmann, S. 283, 290f u. 293. - DS, S. 330f. - Ohlert, Schlangenkraut, S. 97. - HdA, Bd. 6, S. 1138. - BBKL, Bd. 6, S. 1020

12. Siehe: HdA, Bd. 7, S. 1128, 1136 u. 1156 + Bd. 9, S. 579f, 582, 585-87, 589f u. 600. - EM, Bd. 12, S. 42, 52, 54 Anm. 12 u. 489f. - Bambeck, S. 45f u. 51-56. - Warnke/ Köhler/Bolte/Kusel, S. CLXXV, CLXXVIIf u. CLXXVII Anm. 1. - Schenda, S. 383f. - Egli, S. 105f u. 108. - Küster; S. 62f. - Stamer/ Zingsem, S. 191f. - Hertz, S. 53. - Ohlert, Schlangenkraut, S. 99. - Bolte/ Polivka, Bd. 1, S. 128f. - von Hahn, Bd. 1, S. 56. - von der Leyen, S. 215. - KHM, Ausg. letzter Hand, Bd. 3, S. 38. - D. Rieger, S. 438f.

13: Siehe: D. Rieger, S. 438-41 u. 444-47. - E. Köhler, S. 44-46, 63-65 u. 68-71. - Bambeck, S. 45-50. - Zahn, S. 80-85. - Schober, S. 113f u. 124f. - EM, Bd. 8, S. 727f + Bd. 9, S. 332-34. - Warnke/Köhler/Bolte/Kusel, S. CLXVIIIf. - Spitzer. S. 31f. - Schürr, S. 565f. - Hofer, S. 418. - KNLL, Bd. 11, S. 163f. - KLL, 3. Aufl. Bd. 10, S. 735. - von Wilpert, Bd. 3, S. 870. - Schenda, S. 384f. - HdA, Bd. 9, S. 590

14. Siehe: EM, Bd. 10, S. 6f + Bd. 11, S. 995, 998 u. 1007f. - KNLL, Bd. 19, S. 764f + Bd. 20, S. 111f u. 114. - KLL, 3. Aufl., Bd. 17, S. 68f, 93 u. 96. - Nordische Nibelungen, S. 21f, 245, 247f u. 250. - Isländische Vorzeitsagas, S. 11, 48f, 307f u. 310. - Teichert, Heldensage, S. 125f u. 149f. - Teichert, Peir Sigmundr, S. 288f u. 291. - Hertz, S. 52-54. - Ohlert, Schlangenkraut, S. 99. - Gottzmann, S. 82f. - Boklund-Schlagbauer, S. 159f. - Millet, S. 313f. - Hoffmann, S. 50f. - Uecker, S. 22f. - von Wilpert, Bd. 4, S. 1396f

15. Siehe: Teichert, Heldensage, S. 131f, 148, 150f u. 166-68. - Teichert, Peir Sigmundr, S. 294f. - Millet, S. 312f u. 324. - Uecker, S. 24f. - Gottzmann, S. 79f. - Boklund-Schlagbauer, S. 180f. - Hertz, S. 51f. - Isländische Vorzeitsagas, S. 308. - Warnke/ Köhler/Bolte/Kusel, S. LXIf. - KNLL, Bd. 11, S. 164. - KLL, 3. Aufl., Bd. 10, S. 735

16. Siehe: EM, Bd. 2, S. 780f + Bd. 5, S. 660f + Bd. 12, S. 51 u. 700-03 + Bd. 13, S. 288 u. 290. - Walther, Nacht, S. 28f., 39f, 45f, 134-36, 146f u. 155f. - Walther, Geschichte, S. 259 u. 263. - Littmann, Bd. 4, S. 150-61 + Bd. 6, S. 655f u. 715f. - Appelt, S. 10, 12f, 46, 49-51, u. 54f. - Scholz, S. 23, 27,57, 64f u. 69. - Alsdorf, S. 278-80, 285f u. 292f. - KNLL, Bd. 18, S. 98f u. 338f. - KLL, 3. Aufl., Bd. 3, S. 160, + Bd. 16, S. 120 u. 122f. - KHM, Ausg. letzter Hand, Bd. 3, S. 38f. - Bolte/Polivka, Bd. 1, S. 128. - von der Leyen, S. 215. - von Wilpert, Bd. 4, S. 1311

17. Siehe: EM, Bd. 12, S. 50. - Bolte/Polivka, Bd. 1, S. 126f. - Paris, S. 142f

18. Siehe: Paris, S. 2-4 u. 145. - Wesselski, Märchen, S. 188. - EM, Bd. 12, S. 53. - Winternitz, Bd. 2, S. 104

19. Siehe: Paris, S. 2f u. 5-7. - EM, Bd. 7, S. 500-02 + Bd. 12, S. 53 u. 865-67. - KNLL, Bd. 18, S. 338f u. 828f. - KLL, 3. Aufl., Bd. 3, S. 160 + Bd. 8, S. 294f. - von Wilpert, Bd. 2, S. 657 + Bd. 4, S. 1251

20. Siehe: EM, Bd. 8, S. 834 + Bd. 9, S. 27f u. 30 + Bd. 12, S. 52. - Winternitz, Bd. 1, S. 322f u. 332f. - Wesselski, Geschenk, S. 87-90. - Wesselski, Märchen, S. 191f. - Paris, S. 10 Anm. 1. - KNLL, Bd. 19, S. 61. - KLL, 3. Aufl., Bd. 10, S. 493f. - von Wilpert, Bd. 3, S. 852

21. Siehe: EM, Bd. 8, S. 834 + Bd. 10, S. 498 u. 502 + Bd. 12, S. 52f. - Paris, S. 9-12, 17-19 u. 21f. - Wesselski, Märchen, S. 12-15 u. 188. - Wesselski, Geschenk, S. 90f u. 96. - Bolte/Polivka, Bd. 1, S. 129f. - Verfasserlexikon, Bd. 10, S. 71f. - von der Leyen, S. 215. - Uther, S. 38. - KNLL, Bd. 19, S. 233. - KLL, 3. Aufl., Bd. 12, S. 518. - von Wilpert, Bd. 3, S. 1018

22. Siehe: Paris, S. 2, 9, 10 Anm. 3, 14, 24 u. 144-48. - EM, Bd. 2, S. 999f u. 1007 + Bd. 8, S. 833 + Bd. 12, S. 53. - Bolte/Polivka, Bd. 1, S. 130. - Verfasserlexikon, Bd. 10, S. 72. - Uther, S. 38. - von der Leyen, S. 215

23. Siehe: Behrnauer, S. IX, XIf, XIV, 80-83 u. 371f. - Paris, S. 24, 129f, 132f u. 135-37. - EM, Bd. 12, S. 53 + Bd. 14, S. 195 u. 197. - R. Köhler, S. 96f. - Koeppel, S. 136f u. 139. - Bolte/Polivka, Bd. 1, S. 130

24. Siehe: Habicht/von der Hagen/Schall, Bd. 13, S. 64-71. - Paris, S. 133-35. - Koeppel, S. 137f. - Walther, Nacht, S. 32f u. 41f. - EM, Bd. 13, S.291f + Bd. 14, S. 197. - Behrnauer, S. IX, u. 372. - R. Köhler, S. 96. - Appelt, S. 16. - Littmann, Bd. 6, S. 658

25. Siehe: Paris, S. 137f. u. 143f. - Bolte/Polivka, Bd. 1, S. 127 u. 130f. - Polivka, S. 399-410. - von der Leyen, S. 215. - EM, Bd. 12, S. 51. - Solms, S. 28. - KHM, Ausg. letzter Hand, Bd. 3, S. 39

26. Siehe: EM, Bd. 3, S. 1043f u. 1049f + Bd. 9, S. 146 u. 155f + Bd. 13, S. 907-09. - HdA, Bd. 8, S. 1503-05 u. 1510. - Solms, S. 29

27. Siehe: EM, Bd. 5, S. 121-29 + Bd. 9, S. 149f u. 152 + Bd. 10, S. 628f + Bd. 12, S. 53. - HdA, Bd. 2, S. 1738f, 1747-49 u. 1751f. - Solms, S. 28

1.3 Tiefenpsychologische Interpretation des Märchens

1. Siehe: KHM, Ausg. letzter Hand, Bd. 1, S. 108-12. - Paris, S. 137f. - Mindell, S. 124f. - Ohlert, Schlangenkraut, S. 96f. - Solms, S. 27f. - von der Leyen, S. 214. - Stamer/ Zingsem, S. 190f. - Egli, S. 132

2. Siehe: Kast, Mann, S. 60. - Kraft, S. 109 u. 113. - Mindell, S. 123. - Riedel, Liebe, S. 33 u. 36

3. Siehe: KHM, Ausg. letzter Hand, Bd. 1, S. 108f. - Kast, Mann, S. 60-62. - Riedel, Liebe, S. 36-38. - Kraft, S. 113f. - Mindell, S. 126

4. Siehe: KHM, Ausg. letzter Hand, Bd. 1, S. 109. - Riedel, Liebe, S. 38-40. - Kraft, S. 114f. - Kast, Mann, S. 62 u. 64f. - Schröder, Schlange, S. 68f u. 120 Anm. 58. - Mindell, S. 126f

5. Siehe: Kast, Mann, S. 63 u. 65-67. - Riedel, Liebe, S. 40f. - Kraft, S. 115f

6. Riedel, Liebe, S. 41f. - Kast, Mann, S. 65f. - Kraft, S. 115f. - Mindell, S. 130

7. Siehe Riedel: KHM, Ausg. letzter Hand, Bd. 1, S. 109f. - Kast, Mann, S. 66f u. 71f. - Riedel, Liebe, S. 42f. - Kraft, S. 116. - Mindell, S. 129. - von Bonin, S. 125f. - Cooper, S. 221f. - Schliephacke, S. 78

8. Siehe: Schröder, Schlange, S. 14-20, 107f, 113 Anm. 4-10 u. 125 Anm. 93-94. - Dieckmann, S. 448f. - von Franz, Weibliche, S. 200. - Riedel, Liebe, S. 44. - Mindell, S. 131 u. 135. - Cooper, S. 160 u. 164. - Schliephacke, S. 53. - von Bonin, S. 101

9. Siehe: KHM, Ausg. letzter Hand, Bd. 1, S. 110. - Kast, Mann, S. 69f. - Riedel, Liebe, S. 44f. - von Franz, Weibliche, S. 200f. - Kraft, S. 116f. - Mindell, S. 142

10. Siehe: KHM, Ausg. letzter Hand, Bd. 1, S. 110f. - Riedel, Liebe, S. 45-47. - Riedel, Farben, S. 107-10. - Kast, Mann, S. 70f. - Kraft, S. 119f. - Schröder, Schlange, S. 49 u. 117 Anm. 40. - Cooper, S. 219f. - Schliephacke, S. 78. - von Bonin, S. 30

11. Siehe: KHM, Ausg. letzter Hand, Bd. 1, S. 111. - Kraft, S. 117f. - Kast, Mann, S. 71f. - Riedel, Liebe, S. 49f

12. Siehe: Kraft, S. 118f. - Riedel, Liebe, S. 51f. - Kast, Mann, S. 73f. - Mindell, S. 145

13. Siehe: KHM, Ausg. letzter Hand, Bd. 1, S. 111f. - Kast, Mann, S. 73-75. - Riedel, Liebe, S. 53f. - Kraft, S. 118f. - Bolte/Polivka, Bd. 1, S. 127 Anm. 1

14. Siehe: KHM, Ausg. letzter Hand, Bd. 1, S. 112. - Mindell, S. 145f. - Riedel, Liebe, S. 55f. - Kast, Mann, S. 75f. - Kraft, S. 118-20. - Uther, S. 38f. - EM, Bd. 12, S. 53. - von der Leyen, S. 215. - Solms, S. 29f

2.1. Das Frauenbild in der indischen Religionsgeschichte

1. Siehe: Kinsley, S. 283-95. - Eliade, Geschichte, Bd. 1, S. 122-26. - Piano/ Hutter, S. 29 u. 214f. - Göttner-Abendroth, S. 85 u. 88. - Heiler, S. 29f u. 47. - Baudler, Gott, S. 227f u. 278f. - Lexikon, S. 614 u. 623. - Keilhauer, Hinduismus, S. 11f. - Keilhauer, Buddhismus, S. 13. - Hattstein, S. 7

2. Siehe: Eliade, Geschichte, Bd. 1, S. 177-81 u. 184f. - Lexikon, S. 88, 614 u. 621f. - Piano/ Hutter, S. 30 u. 215. - Keilhauer, Hinduismus, S. 13f. - Störig, S. 11f. - Stutley, S. 7f. - Hattstein, S. 7f

3. Siehe: Fromm, GA, Bd. 4, S. 36f u. 39f + Bd. 8, S. 372-74, 388f u. 397f + Bd. 9, S. 277f, 286f, 293f u. 478f + Bd. 11, S. 178f u. 190-92

4. Siehe: Stutley, S. 7-10 u. 13-17. - Keilhauer, Hinduismus, S. 13-15 u. 17-19. - Piano/Hutter, S. 28, 32-34 u. 215f. - KNLL, Bd. 19, S. 385-87 u. 721-25. - KLL, 3. Aufl., Bd. 13, S. 627-29 + Bd. 16, S. 716. - Eliade, Geschichte, Bd. 1, S. 184-87. - H. Weber, S. 230 u. 500-02. - Störig, S. 12-14. - Lexikon, S. 614f u. 1261. - Hattstein, S. 9f. - Golob, S. 25f

5. Siehe: Keilhauer, Hinduismus, S. 15f, 19-22, 30 u. 36-43. - Piano/Hutter, S. 34-36, 39f u. 43-49. - Stutley, S. 25-34. - Eliade, Geschichte, Bd. 1, S. 212-17 u. 222-29. - Baudler, Gewalt, S. 55f u. 89-91. - Baudler, Gott, S. 284f. - KNLL, Bd. 18, S. 332-35 + Bd. 19, S. 708-11 u. 725-27. - KLL, 3. Aufl., Bd. 3, S. 52-54 + Bd. 16, S. 568-70. - Störig, S. 16-21. - Lexikon, S. 181f u. 615. - H. Weber, S. 230 u. 500. - Hattstein, S. 10f

6. Siehe: Keilhauer, Hinduismus, S. 44-48. - Keilhauer, Buddhismus, S. 13f. - Eliade, Geschichte, Bd. 1, S. 182f u. 186f. - Lexikon, S. 181f, 587, 615 u. 621. - Störig, S. 15f. - Baudler, Gott, S. 284f. - Piano/Hutter, S. 30f. - Hattstein, S. 11f. - Golob, S. 26f. - Schwikart, S. 151. - H. Weber, S. 230

187

7. Siehe: Baudler, Gewalt, S. 55-57 u. 105-07. - Baudler, Gott, S. 288-90. - Keilhauer, Buddhismus, S. 13-15. - Keilhauer, Hinduismus, S. 16 u. 37f. - Eliade, Geschichte, Bd. 2, S. 77-83. - Golob, S. 43-46. - Störig, S. 21f u. 24f. - Lexikon, S. 616 u. 646f. - H. Weber, S. 230f. - Schwikart, S. 170f

8. Siehe: Eliade, Geschichte, Bd. 2, S. 73f, 87f, 91f u. 97f. - Keilhauer, Buddhismus, S. 16-18 u. 26-28. - Baudler, Gewalt, S. 58f u. 107f. - Störig, S. 26-31. - Hattstein, S. 22-26. - Schwikart, S. 177-79. - Golob, S. 47-49. - Wetzel, S. 40-42. - H. Weber, S. 104f. - Lexikon, S. 196f. - Müller, S. 72

9. Siehe: Keilhauer, Buddhismus, S. 18f, 28-33 u. 35-43. - Eliade, Geschichte, Bd. 2, S. 183-90. - Golob, S. 49, 59f u. 246-51. - Hattstein, S. 26-31. - EM, Bd. 2, S. 998f u. 1001f + Bd. 13, S. 933-35. - KNLL, Bd. 19, S. 371-74 u. 672-75. - KLL, 3. Aufl., Bd. 16, S. 427-29. - Baudler, Gewalt, S. 110-12. - Lexikon, S. 96, 197 u. 616. - Wetzel, S. 42f u. 223f. - H. Weber, S. 103 u. 105f. - Störig, S. 31f. - Schwikart, S. 179f

10. Siehe: Keilhauer, Buddhismus, S. 43-54 u. 174f. - Keilhauer, Hinduismus, S. 175f. - Eliade, Geschichte, Bd. 2, S. 190-96. - Hattstein, S. 31-35. - Störig, S. 32-35. - Baudler, Gewalt, S. 108-10. - Lexikon, S. 197f u. 617. - H. Weber, S. 106f. - Wetzel, S. 233f

11. Siehe: Keilhauer, Hinduismus, S. 16, 49-52 u. 77-79. - Stutley, S. 8-10 u. 45-47. - Piano/Hutter, S. 14-16 u. 100f. - Hattstein, S. 6f u. 12f. - Schwikart, S. 148-50. - Lexikon, S. 587, 615 u. 617. - H. Weber, S. 229f. - Störig, S. 47f. - Müller, S. 171

12. Siehe: Keilhauer, Hinduismus, S. 52-56, 169-72 u. 176-78. - Stutley, S. 11f, 35f u. 41f. - Piano/Hutter, S. 52f, 58-61 u. 219-23. - Baudler, Gewalt, S. 94f, 100f u. 104f. - Hattstein, S. 8f, 10f u. 21. - Störig, S. 37f u. 46f. - Lexikon, S. 617-20. - Eliade, Geschichte, Bd. 2, S. 206-10. - KNLL, Bd. 18, S. 192f. - KLL, 3. Aufl., Bd. 2, S. 445f

13. Siehe: Keilhauer, Hinduismus, S. 35, 77-79, 87, 96f u. 147-50. - Piano/Hutter, S. 49f, 70-72, 75-80, 111f u. 114-18. - Stutley, S. 48, 50f, 104-10, 114-16 u. 118-27. - Eliade, Geschichte, Bd. 1, S. 199f + Bd. 2, S. 204f u. 212. - Baudler, Gott, S. 280f u. 286. - Baudler, Gewalt, S. 92. - Hattstein, S. 15-17. - H. Weber, S. 230f u. 501. - Lexikon, S. 587

14. Siehe: Kinsley, S. 35-56. - Zingsem, S. 416-35. - Zimmer, Mythen, S. 69f, 89f, 99f, 108f u. 122f. - Zimmer, Weltmutter, S. 186f u. 195f. - Stutley, S. 50, 57f u. 120. - Keilhauer, Hinduismus, S. 85f u. 128f. - Göttner-Abendroth, S. 94-97. - Piano/ Hutter, S. 125f. - Baudler, Gott, S. 286f. - Grabner-Haider, S. 51f. - Herrmann-Pfandt, S. 96f. - Hattstein, S. 19

15. Siehe: Stutley, S. 21, 48f u. 137-51. - Keilhauer, Hinduismus, S. 31, 100-07, 112-14 u. 151f. - Piano/Hutter, S. 80-83 u. 118-23. - Eliade, Geschichte, Bd. 1, S. 200f + Bd. 2, S. 205. - Zimmer, Mythen, S. 138-41. - Baudler, Gott, S. 280f. - Baudler, Gewalt, S. 92f. - H. Weber, S. 231 u. 501f. - Hattstein, S. 17f. - Lexikon, S. 587. - Göttner-Abendroth, S. 92

16. Siehe: Kinsley, S. 57-82. - Zingsem, S. 401-15. - Kast, Paare, S. 26-35 u. 43-49. - Keilhauer, Hinduismus, S. 107-09, 114-17 u. 119-21. - Zimmer, Mythen, S. 153-56 u. 219-21. - Syed, S. 192-98. - Göttner-Abendroth, S. 91-94. - Piano/Hutter, S. 119f. - Stutley, S. 141f. - Herrmann-Pfandt, S. 96

17. Siehe: Kinsley, S. 181-205. - Zimmer, Weltmutter, S. 187f, 204f u. 210f. - Zimmer, Mythen, S. 234f. - Stutley, S. 54-56 u. 157-61. - Piano/Hutter, S. 83-85 u. 123-25. - Keilhauer, Hinduismus, S. 118f u. 155. - Zingsem, S. 442-47. - Göttner-Abendroth, S. 88-91. - Heller, S. 35-38. - Bötsch, S. 16-18. - Grabner-Haider, S. 48-50. - Kast, Paare, S. 25f.

18. Siehe: Kinsley, S. 133-59. - Zimmer, Mythen, S. 210-19. - Zimmer, Weltmutter, S. 184f. - Zingsem, S. 391-95. - Keilhauer, Hinduismus, S. 121-24. - Stutley, S. 56f. - Piano/Hutter, S. 126f. - Herrmann-Pfandt, S. 97f. - Göttner-Abendroth, S. 92. - Grabner-Haider, S. 51

19. Siehe: Kinsley, S. 160-80. - Zimmer, Weltmutter, S. 179-83, 188-90 u. 208-10. - Zimmer, Mythen, S. 235-40. - Baudler, Gott, S. 204, 209 u. 287. - Baudler, Gewalt, S. 93. - Zingsem, S. 447-54. - Herrmann-Pfandt, S. 99-104. - Bötsch, S. 19-21. - Keilhauer, Hinduismus, S. 124-27. - Stutley, S. 57 u. 160f. - Grabner-Haider, S. 50f. - Syed, S. 207f. - Piano/Hutter, S. 127

20. Siehe: Fromm, GA, Bd. 2, S. 227-34 + Bd. 4, S. 32-35 + Bd. 7, S. 327-30. - Jung, GW, Bd. 9, Hbbd. 1, S. 96f u. 118f

21. Siehe: Neumann, Große Mutter, S. 39f, 78f u. 147-52. - Neumann, Ursprungsgeschichte, S. 67-72, 75-78 u. 88f. - Neumann, Angst, S. 77-80. - Herrmann-Pfandt, S. 98f

22. Siehe: Syed, S. 185f, 188-92 u. 201-03. - Eliade, Geschichte, Bd. 2, S. 52-58. - Störig, S. 39-42. - Stutley, S. 67-70. - Keilhauer, Hinduismus, S. 69-71. - Piano/ Hutter, S. 109f u. 123. - Baudler, Gott, S. 295f

23. Siehe: Heiler, S. 7-9 u. 47-49. - Golob, S. 27-31. - Keller, S. 181-83. - Heller, S. 47f. - Eliade, Geschichte, Bd. 1, S. 204f. - Baudler, Gott, S. 282. - Wörterbuch, S. 111

24. Siehe: Golob, S. 32-43. - Syed, S. 198-201 u. 204-06. - Keller, S. 183-87. - Heiler, S. 49-51. - Heller, S. 36f u. 48f. - Wörterbuch, S. 111f. - Baudler, Gott, S. 282f

25. Siehe: Heiler, S. 52f u. 55-59. - Heller, S. 39-43 u. 49f. - Keller, S. 187f u. 191-93. - Syed, S. 206f u. 212-14. - Wörterbuch, S. 112f. - Piano/Hutter, S. 173f. - Schwikart, S. 157f. - Baudler, Gott, S. 283. - Baudler, Gewalt, S. 93

26. Siehe: Kinsley, S. 95-114. - EM, Bd. 11, S. 176-86. - KLL, 3. Aufl., Bd. 13, S. 470-77. - KNLL, Bd. 19, S. 360-63. - Stutley, S. 37-39 u. 114. - Keilhauer, Hinduismus, S. 56 u. 95f. - Piano/Hutter, S. 62f. - Keller, S. 198f. - Hattstein, S. 10

27. Siehe: Jung, GW, Bd. 5, S. 308f, 398 u. 408-11 + Bd. 10, S. 568f u. 575f. - Jung, Erinnerungen, S. 282-84. - Müller, S. 72f. - Neumann, Ursprungsgeschichte, S. 149-54. –Golob, S. 83-92. - Keilhauer, Buddhismus, S. 162-66. - EM, Bd. 2, S. 988-90. - Eliade, Geschichte, Bd. 2, S. 69f. - Zimmer, Weltmutter, S. 193f. - Hattstein, S. 25. - Schwikart, S. 182. - Wetzel, S. 221

28. Siehe: Golob, S. 55-57, 60-79, 218-25, 235-43, 317-28, 342-47, 394-98, 423-25, 441-43 u. 472-78. - Gerlitz, S. 152-62. - Heiler, S. 64-69. - Keilhauer, Buddhismus, S. 29, 31 u. 33. - Baudler, Gott, S. 292f. - Baudler, Gewalt, S. 111f. - Wetzel, S. 169f. - Wörterbuch, S. 115f. - Schwikart, S. 187f. - KNLL, Bd. 19, S. 649f

29. Siehe: Golob, S. 50-53, 352-54, 398-400 u. 443-45. - Lüders, S. 390-92. - Mehlig, S. 21-23. - Heiler, S. 62-64. - Gerlitz, S. 149-51. - Baudler, Gott, S. 291f. - Schwikart, S. 185f. - EM, Bd. 2, S. 999f

30. Siehe: Golob, S. 80-82, 331-36, 348-51, 357-64, 400-04 u. 470-72. - Lüders, S. 381-83. - Mehlig, S. 14-16. - EM, Bd. 7, S. 500-02. - KNLL, Bd. 18, S. 828f. - KLL, 3. Aufl., Bd. 8, S. 294f

31. Siehe: Keilhauer, Buddhismus, S. 138 u. 147f. - Wetzel, S. 43 u. 227f. - Gerlitz, S. 162f. - Heiler, S. 69f. - Loseries, S. 139f. - Wörterbuch, S. 116. - Baudler, Gott, S. 291. - Zingsem, S. 468

32. Siehe: Zingsem, S. 456-66. - Kinsley, 223-32. - Zimmer, Weltmutter, S. 194-98. - Wetzel, S. 229, 231 u. 254 Anm. 37. - Loseries, S. 145f. - Keilhauer, Buddhismus, S. 157f. - Riedel, Farben, S. 187

33. Siehe: Neumann, Große Mutter, S. 310-13. - Wetzel, S. 227f, 230f, 232f u. 255f Anm. 43. - Keilhauer, Buddhismus, S. 158f. - Loseries, S. 146. - Zimmer, Weltmutter, S. 197. - Riedel, Farben, S. 111

34. Siehe: Neumann, Große Mutter, S. 305 u. 313f. - Jung, GW, Bd. 11, S. 414f + Bd. 16, S. 185f. - Riedel, weise Frau, S. 129 u. 150f. - Müller, S. 24. - Gerlitz, S. 163

2.2 Das Frauenbild in der arabischen Religionsgeschichte

1. Siehe: Halm, Araber, S. 7-10 u. 15-18. - Schlicht, S. 16-19 u. 23-25. - Bobzin, S. 50f. - Baudler, Gewalt, S. 165f. - Lexikon, S. 82f. - Mandel/Orlandi, S. 7f. - Rieplhuber, S. 140. - Wörterbuch, S. 122

2. Siehe: Halm, Islam, S. 9f u. 18f. - Halm, Araber, S. 21-24. - Heine, Islam, S. 21-23. - Heine, Märchen, S. 10-12. - Bobzin, S. 52-55 u. 64f. - Schlicht, S. 25-28. - Mandel/ Orlandi, S. 11-13. - Eliade, Geschichte, Bd. 3, Hbbd. 1, S. 70f. - Heller/Mosbahi, S. 17f. - Rieplhuber, S. 140f. - Roellenbleck, S. 15f

3. Siehe: Mernissi, S. 60-66 u. 71-79. - Saadawi, S. 89-91 u. 112-14. - Rieplhuber, S. 142-47. - Gost, S. 48-51. - Bobzin, S. 61-63. - Heine, Islam, S. 18-20. - Müller, S. 275f u. 312f. - Buonaventura, S. 31f

4. Siehe: Bobzin, S. 32-49 u. 66-73. - Heine, Islam, S. 25-28. - Roellenbleck, S. 18-20. - Mandel/Orlandi, S. 14-17. - Eliade, Geschichte, Bd. 3, Hbbd. 1, S. 69f. - Rieplhuber, S. 154f. - Heller/Mosbahi, S. 18f. - EM, Bd. 9, S. 756f. - Halm, Islam, S. 17f

5. Siehe: Bobzin, S. 73-87. - Eliade, Geschichte, Bd. 3, Hbbd. 1, S. 71-76. - Schlicht, S. 30-35. - Heine, Islam, S. 28-32. - Heine, Märchen, S. 13f. - Mandel/Orlandi, S. 18-22. - Roellenbleck, S. 20f. - Rieplhuber, S. 155f. - Halm, Araber, S. 24f. - Walther, Frau, S. 17f. - Hattstein, S. 94. - H. Weber, S. 250

6. Siehe: Bobzin, S. 90-96 u. 103-08. - Schlicht, S. 35-37 u. 39-41. - Heine, Islam, S. 32-35. - Heine, Märchen, S. 14. - Mandel/Orlandi, S. 22-25. - Baudler, Gewalt, S. 161-63 u. 169. - Eliade, Geschichte, Bd. 3, Hbbd. 1, S. 78-80. - Rieplhuber, S. 156f. - Walther, Frau, S. 18f. - Halm, Islam, S. 19f. - Halm, Araber, S. 25. - Roellenbleck, S. 22f. - Hattstein, S. 94f

7. Siehe: Bobzin, S. 96-103 u. 108-15. - Mandel/Orlandi, S. 26-34 u. 39f. - Schlicht, S. 37-39, 41f u. 47f. - Eliade, Geschichte, Bd. 3, Hbbd. 1, S. 80-84. - Lexikon, S. 634f u. 891f. - Heine, Märchen, S. 14-17. - Heine, Islam, S. 35f. - Halm, Islam, S. 20f. - Halm, Araber, S. 25f. - Hattstein, S. 95f. - Rieplhuber, S. 157f. - Schwikart, S. 112f. - Walther, Frau, S. 19f. - Baudler, Gewalt, S. 168f. - EM, Bd. 9, S. 757f. - Wörterbuch, S. 123

8. Siehe: Halm, Islam, S. 21-26. - Halm, Araber, S. 26-30. - Schlicht, S. 48-52 u. 58-60. - Mandel/Orlandi, S. 42-45. - Eliade, Geschichte, Bd. 3, Hbbd. 1, S. 86f. - Störig, S. 166f. - Hattstein, S. 106f. - Heine, Märchen, S. 17f. - H. Weber, S. 252f. - Walther, Frau, S. 20f. - Lexikon, S. 20 u. 954

9. Siehe: Schlicht, S. 46 u. 60f. - Hattstein, S. 97 u. 107. - Mandel/ Orlandi, S. 46 u. 56. - Lexikon, S. 747 u. 969. - Rieplhuber, S. 159f. - Halm, Islam, S. 13f. - KNLL, Bd. 19, S. 348f. - Eliade, Geschichte, Bd. 3, Hbbd. 1, S. 87. - H. Weber, S. 317

10. Siehe: Heine, Islam, S. 114-17. - Schlicht, S. 62-64. - Mandel/Orlandi, S. 46-49. - Massignon, S. 164f. - Eliade, Geschichte, Bd. 3, Hbbd. 1, S. 87f. - Lexikon, S. 39 u. 55. - Hattstein, S. 107. - Halm, Islam, S. 23

11. Siehe: Heine, Märchen, S. 32-38. - Heine, Islam, S. 117-21. - Eliade, Geschichte, Bd. 3, Hbbd. 1, S. 115-20. - Hattstein, S. 103f u. 110f. - Halm, Islam, S. 46-49. - Schlicht, S. 64f. - Lexikon, S. 1133 u. 1208. - Wörterbuch, S. 122f. - Walther, Frau, S. 21. - H. Weber, S. 253. - EM, Bd. 9, S. 764. - Rieplhuber, S. 192 Anm. 283

12. Siehe: Schlicht, S. 65-70. - Halm, Araber, S. 30-34. - Halm, Islam, S. 23f. - Eliade, Geschichte, Bd. 3, Hbbd. 1, S. 88. - Walther, Frau, S. 21f. - Lexikon, S. 954. - EM, Bd. 9, S. 763

13. Siehe: Schlicht, S. 70-74 u. 93-101. - Halm, Araber, S. 35-38 u. 59-62. - Halm, Islam, S. 32f u. 49-51. - Mandel/Orlandi, S. 51-55. - Lexikon, S. 14f, 561, 635, 681 u. 878. - Hattstein, S. 107-09. - Eliade, Geschichte, Bd. 3, Hbbd. 1, S. 88f. - Walther, Frau, S. 22f. - Störig, S. 167

14. Siehe: Mernissi, S. 8-10, 15f, 20f, 23-25, 30f u. 53. - Heller/Mosbahi, S. 37-48, 79, 82, 106f u. 118f. - Knieps, S. 262-67. - Kelek, S. 141-43 u. 165-69. - Eliade, Geschichte, Bd. 3, Hbbd. 1, S. 132f u. 137. - Saadawi, S. 121-23. - Walther, Frau, S. 24f u. 134f. - Störig, S. 168f. - Hattstein, S. 105f. - von Wilpert, Bd. 2, S. 475 u. 632. - Lexikon, S. 113f. - Tworuschka, S. 129. - Schwikart, S. 129

15. Siehe: Rotter, S. 106-08. - Göttner-Abendroth, S. 5f, 15, 17 u. 20. - Riedel, Bilder, S. 188f. - Riedel, Formen, S. 73. - Riedel, Wandlungen, S. 114. - Schröder, Schlange, S. 49 u. 117 Anm. 40. - Buonaventura, S. 29f. - Roellenbleck, S. 15f. - Kast, Paare, S. 73f. - Heller/Mosbahi, S. 22. - Bobzin, S. 54. - Halm, Araber, S. 22. - von Ranke-Graves, S. 13

16. Siehe: Knieps, S. 272, 285, 299, 304, 307f, 310f u. 347. - Göttner-Abendroth, S. 6f, 20f, 27f, 66f, 69f u. 81f. - Zingsem, S. 19-21, 100f u. 104f. - Riedel, Wandlungen, S. 112-15. - Riedel, Farben, S. 158f u. 162f. - Kast, Paare, S. 71-73. - Petriconi, S. 55f u. 60f. - Buonaventura, S. 32f. - Rotter, S. 107f. - Heller/Mosbahi, S. 25f. - Bobzin, S. 54f. - Halm, Araber, S. 22f. - E. Köhler, S. 54. - Neumann, Große Mutter, S. 246

17. Siehe: Rotter, S. 109-14. - Heller/Mosbahi, S. 20-24. - Knieps, S. 292f u. 346f. - Mandel/Orlandi, S. 11 u. 30. - Bobzin, S. 55 u. 112. - Halm, Araber, S. 23. - Halm, Islam, S. 9. - Heine, Islam, S. 34f. - Heine, Märchen, S. 12. - Eliade, Geschichte, Bd. 3, Hbbd. 1, S. 75 + Anm. 15. - Roellenbleck, S. 16. - Göttner-Abendroth, S. 126

18. Siehe: Mernissi, S. 11f, 14f, 18-20, 22f u. 29f. - Freud, GW, Bd. 13, S. 251-53, 283f u. 289 + Bd. 15, S. 80-83. - Saadawi, S. 119f u. 131f. - Schimmel, S. 18 u. 67f. - Kelek, S. 137-139. - Müller, S. 110f

19. Siehe: Mernissi, S. 12f, 24, 26f, 50-53 u. 84f. - Saadawi, S. 120f, 124-26 u. 132f. - Heller/Mosbahi, S. 24f u. 35-37. - Kelek, S. 140f u. 143f. - Schimmel, S. 19 u. 68f. - Rotter, S. 114f. - Baudler, Gott, S. 270f. - Buonaventura, S. 35f

20. Siehe: Neumann, Angst, S. 92-95. - Neumann, Große Mutter, S. 40-42. - Jung, GW, Bd. 9, Hbbd. 1, S. 96f u. 115f. - Müller, S. 284-86. - Laiblin, S. 139f

21. Siehe: Neumann, Angst, S. 88-91 u. 97-99. - Neumann, Große Mutter, S. 46-49. - Jung, GW, Bd. 9, Hbbd. 1, S. 34-42. - E. Jung, S. 78f, 83f, 88f, 92f, 97f, 100f, 104f, 110f u. 114f. - Müller, S. 22-25

22. Siehe: Freud, GW, Bd. 13, S. 262-65 u. 277-80 + Bd. 15, S. 65-73. - Fromm, GA, Bd. 2, S. 93-97 u. 101f. - Neumann, Tiefenpsychologie, S. 20f. - Neumann, Ursprungsgeschichte, S. 191f. - Müller, S. 434-36

23. Siehe: Roellenbleck, S. 17f u. 23f. - Schlicht, S. 37f u. 40f. - Baudler, Gewalt, S. 167-70. - Bobzin, S. 104-07. - Heine, Islam, S. 34f. - EM, Bd. 9, S. 757f. - Rieplhuber, S. 157, 190f u. 205-08. - Heller/Mosbahi, S. 39-41, 44f u. 104-06. - Gost, S. 52-56. - Schwikart, S. 116-18. - Rotter, S. 116f. - Mernissi, S. 52f. - Saadawi, S. 121f. - Tworuschka, S. 124f. - Wörterbuch, S. 123f

24. Siehe: Rieplhuber, S. 235-39, 246-48 u. 251-53. - Mernissi, S. 44f u. 80f. - Heiler, S. 78f u. 81f. - Heller/Mosbahi, S. 52-54. - Baudler, Gewalt, S. 166f. - Baudler, Gott, S. 267f. - Roellenbleck, S. 23 u. 25. - Rotter, S. 177f. - Tworuschka, S. 121f. - Schwikart, S. 118f

25. Siehe: Rieplhuber, S. 154f, 241f u. 248f. - Roellenbleck, S. 20-22. - Heller/Mosbahi, S. 50-52. - Mernissi, S. 39f. - Walther, Frau, S. 91f. - Bobzin, S. 72f. - Eliade, Geschichte, Bd. 3, Hbbd. 1, S. 69f. - Heiler, S. 77f. - Schimmel, S. 23. - Saadawi, S. 112. - Lexikon, S. 231

26. Siehe: Heller/Mosbahi, S. 54-65. - Knieps, S. 218-26. - Walther, Frau, S. 46, 50f, 56 u. 92-95. Rieplhuber, S. 242-45 u. 249f. - Mernissi, S. 46f u. 49f. - Bobzin, S. 25f u. 115. - Heiler, S. 78 u. 80. - Saadawi, S. 113 u. 115. –Tworuschka, S. 131 u. 143. Schimmel, S. 24f. - Lexikon, S. 39. - Massignon, S. 172.

27. Siehe: Rotter, S. 139-42, 144-47, u. 150-52. - Massignon, S. 162-64, 166-71 u. 173. - Schimmel, S. 26-29. - Walther, Frau, S.95-97. - Heiler, S. 80f. - Rieplhuber, S. 250f. - Tworuschka, S. 142f. - Lexikon, S. 415f. - EM, Bd. 9, S. 764

28. Siehe: Rieplhuber, S. 245-47 u. 251-54. - Heller/Mosbahi, S. 112-15 u. 118-21. - Mernissi, S. 41-44. - Gost, S. 56-59. - Walther, Frau, S. 60, 90 u. 103f. - Walther, Bild, S. 73f. - Saadawi, S. 114 u. 126f. - Heiler, S. 84f. - Wörterbuch, S. 124f. - Tworuschka, S. 131f. - Baudler, Gott, S. 268

29. Siehe: EM, Bd. 1, S. 87-92 u. 94-97 + Bd. 8, S. 274. - Rieplhuber, S. 166-75. - Schimmel, S. 20 u. 52-54. - Saadawi, S. 89 u. 124f. - Rotter, S. 138f. - Göttner-Abendroth, S. 82f. - Heller/Mosbahi, S. 98f. - Walther, Frau, S. 39. - Tworuschka, S. 122. - KNLL, Bd. 19, S. 348. - KLL, 3. Aufl., Bd. 9, S. 311. - von Wilpert, Bd. 2, S. 735

30. Siehe: Rieplhuber, S. 254-59. - EM, Bd. 14, S. 1745-49. - Rotter, S. 138 u. 143f. - Göttner-Abendroth, S. 129-31. - Schimmel, S. 20f u. 52. - Walther, Frau, S. 38f. - Heiler, S. 81. - Roellenbleck, S. 24

31. Siehe: EM, Bd. 1, S. 698f + Bd. 4, S. 251f + Bd. 11, S. 169f u. 1302f + Bd. 13, S. 288-90. - Walther, Nacht, S. 12-16, 81f u. 86-90. - Walther, Bild, S. 70f. - Walther, Geschichte, S. 260. - Littmann, Bd. 6, S. 665-68 u. 672-75. - Appelt, S. 10-12, 14 u. 20-22. - KNLL, Bd. 18, S. 97f u. 100f. - KLL, 3. Aufl., Bd. 16, S. 120. - Heller/Mosbahi, S. 81. - Scholz, S. 35. - von Wilpert, Bd. 4, S. 1311

32. Siehe: Walther, Nacht, S. 90-94. - Walther, Bild, S. 74f u. 87f. - Walther, Geschichte, S. 261f. - Appelt, S. 22-25. - EM, Bd. 11, S. 1303-05. - Littmann, Bd. 6, S. 668f. - KLL, 3. Aufl., Bd. 16, S. 121 u. 123. - Heller/Mosbahi, S. 82. - Scholz, S. 127

33. Siehe: Petriconi, S. 53-57, 60f u. 75-84. - Heller/Mosbahi, S. 66-71. - Schimmel, S. 20, 55f u. 67. - EM, Bd. 7, S. 640-43. - E. Köhler, S. 52-54. - Göttner-Abendroth, S. 67-69. - Mommsen, 3. Aufl., S. 542f. - Mommsen/von Arnim, S. 401f. - Walther, Frau, S. 158. - von Wilpert, Bd. 2, S. 481

34. Siehe: Schimmel, S. 56-66. - Heller/Mosbahi, S. 71-77. - Petriconi, S. 84-88. - Walther, Frau, S. 158-61. - EM, Bd. 7, S. 643-45. - Neumann, Große Mutter, S. 309f u. 313f. - Mommsen, 3. Aufl., S. 543f. - Mommsen/von Arnim, S. 402-04. - KNLL, Bd. 6, S. 70 u. 73. - KLL, 3. Aufl., Bd. 6, S. 70f. - von Wilpert, Bd. 1, S. 344f. - Riedel, weise Frau, S. 151

35. Siehe: Mommsen, 3. Aufl., S. 305-25 u. 362-69. - Mommsen/von Arnim, S. 193-206 u. 478-81. - Tebbe, S. 83-89 u. 216-18. - Kast, Paare, S. 122-31. -KNLL, Bd. 6, S. 524-26. - KLL, 3. Aufl., Bd. 6, S. 310f. - von Wilpert, Bd. 2, S. 492

3.2 Henrik Ibsen als literarischer Vorläufer der modernen Tiefenpsychologie

1. Siehe: Lexikon, S. 155, 283f, 636, 682, 846f, 944 u. 1147-49. - KLL, 1. Aufl., Bd. 1, S. 242f. - Bien, S. 26f. - Keel, S. 16f. - Woerner, Ibsen, Bd. 1, S. 1f. - KNLL, Bd. 20, S. 139. - Skandinavische Literaturgeschichte, S. 173

2. Siehe: EM, Bd. 1, S. 853f + Bd. 9, S. 753-55 + Bd. 10, S. 101f u. 104. - von Wilpert, Bd. 1, S. 14 u. 85f. + Bd. 3, S. 921. - Norwegische Volksmärchen, S. 305-08. - KLL, 1. Aufl., Bd. 1, S. 241f u. 245f. - KNLL, Bd. 20, S. 139f u. 142f. - Woerner, Ibsen, Bd. 1, S. 15f u. 18f. - Keel, S. 17 u. 19. - Skandinavische Literaturgeschichte, S. 176f. - Grundzüge, S. 122f. - Bien, S. 68f

3. Siehe: Skandinavische Literaturgeschichte, S. 141f, 152f u. 174. - Woerner, Ibsen, Bd. 1, S. 9-12. - Uecker/Trinkwitz, S. 253-57. - Grundzüge, S. 118-21. - KNLL, Bd. 20, S. 140 u. 142. –Bien, S. 60-62. - Keel, S. 20. - von Wilpert, Bd. 4, S. 1422

4. Siehe: Uecker/Trinkwitz, S. 66-69 u. 245-52. - von Wilpert, Bd. 1, S. 285f + Bd. 4, S. 1391 u. 1419. - Woerner, Ibsen, Bd. 1, S. 12-17 u 19f. - Grundzüge, S. 119, 121 u. 123f. - Bien, S. 66-68. - KNLL, Bd. 20, S. 141f. - Skandinavische Literaturgeschichte, S. 159f u. 170

5. Siehe: Grundzüge, S. 147-54, 176-78 u. 183-85. - Bien, S. 33f, 69f, 90f, 98f u. 126f. - Skandinavische Literaturgeschichte, S. 183-85, 189f, 191f u. 215-17. - Keel, S. 20-22 u. 27-29. - Uecker/Trinkwitz, S. 42-47 u. 58-62. - Hemmer, S. 210-14. - Schumann, S. 183-87. - von Wilpert, Bd. 1, S. 168f u. 200. - KLL, 1. Aufl., Bd. 1, S. 246 u. 248. - KNLL, Bd. 20, S. 143f

6. Siehe: Uecker/Trinkwitz, S. 136-40, 166-70 u. 203-07. - Grundzüge, S. 185-89 u. 192-94. - von Wilpert, Bd. 2, S. 708 + Bd. 3, S. 809f + Bd. 4, S. 1240. - Skandinavische Literaturgeschichte, S. 191, 195 u. 202f. - KNLL, Bd. 20, S. 144

7. Siehe: Bien, S. 34-36 u. 43f. - Koht, S. 116-19. - G. E. Rieger, S. 11-14. - R. Ferguson, S. 15-19. - Keel, S. 10-12. - Stuyver, S. 1-3. - Danzer, S. 59f. - Glas, S. 11f. - Oberholzer, S. 753. - Meyer, S. 7

8. Siehe: Stuyver, S. 4-8 u. 10f. - G. E. Rieger, S. 9f u. 14f. - Danzer, S. 60f. - Carlsson, Ibsen, S. 7f. - R. Ferguson, S. 20f. - Glas, S. 13f

9. Siehe: R. Ferguson, S. 23-31. - Stuyver, S. 11-13. - G. E. Rieger, S. 15-17. - Glas, S. 14f. - Oberholzer, S. 753f. - Keel, S. 12f. - Meyer, S. 7f

10. Siehe: G. E. Rieger, S. 17-23. - Bien, S. 36-38 u. 44-48. - R. Ferguson, S. 40-45 u. 49f. - Stuyver, S. 13f u. 16f. - Oberholzer, S. 754-56. - Glas, S. 15-17. - Danzer, S. 61f. - Carlsson, Ibsen, S. 8f. - Keel, S. 13f. - Kaiser, S. 12f. - Rattner, Ibsen, S. 203

11. Siehe: Bien, S. 48-52 u. 62-65. - R. Ferguson, S. 51-56 u. 61-64. - Oberholzer, S. 756-58. - Danzer, S. 62f. - G. E. Rieger, S. 24f. - Keel, S. 14f. - Meyer, S. 8

12. Siehe: R. Ferguson, S. 65-68, 74-77, 87-98, 112-15 u. 131-33. - G. E. Rieger, S. 26-31, 33-37 u. 39-43. - Oberholzer, S. 758-60 u. 764f. - Bien, S. 71f u. 78f. - Keel, S. 15f u 22f. - Meyer, S. 8f. - Danzer, S. 64f. - Kaiser, S. 13f. - Koht, S. 119f. - Rattner, Ibsen, S. 203f. - Uecker/Trinkwitz, S. 114f

13. Siehe: Hemmer, S. 18f u. 229f. - Woerner, Ibsen, Bd. 2, S. 13-15. - Oberholzer, S. 768f. - Koht, S. 120f. - Keel, S. 23f. - G. E. Rieger, S. 45f. - R. Ferguson, S. 134f. - Danzer, S. 65f. - Meyer, S. 9f. - Uecker/Trinkwitz, S. 115. - Stekel, S. 552

14. Siehe: Hemmer, S. 19f, 55-57 u. 230f. - Woerner, Ibsen, Bd. 2, S. 16-19. - R. Ferguson, S. 150-52 u. 157. - Keel, S. 24-26. - Oberholzer, S. 769f. - G. E. Rieger, S. 47f. - Bien, S. 80f. - Grundzüge, S. 173f. - Bolz, S. 12f. - Danzer, S. 66. - KNLL, Bd. 8, S. 304. - Glas, S. 12

15. Siehe: Bolz, S. 51f, 63f u. 66f. - R. Ferguson, S. 157-61. - Oberholzer, S. 770-72. - G. E. Rieger, S. 48-50. - Danzer, S. 66f. - KNLL, Bd. 8, S. 304f. - Kaiser, S. 14f. - Keel, S. 26f. - Bien, S. 81. - Skandinavische Literaturgeschichte, S. 165. - Woerner, Ibsen, Bd. 2, S. 8. - Ystad/Büchten, S. 9. - KLL, 3. Aufl., Bd. 8, S. 50

16. Siehe: Bolz, S. 16-19, 22-26 u. 29-31. - Norwegische Volksmärchen, S. 5-10 u. 315f Anm. 1. - Danzer, S. 67f u. 101f. - Bien, S. 81f. - Oberholzer, S. 772f. - Kaiser, S. 9f. - KLL, 3. Aufl., Bd. 8, S. 50f. - Groddeck, S. 182f. - Meyer, S. 16f. - von Wilpert, Bd. 2, S. 633. - KNLL, Bd. 8, S. 327. - Grundzüge, S. 174. - Carlsson, Ibsen, S. 27

17. Siehe: Bien, S. 82-85. - Groddeck, S. 173f u. 176. - Rattner, Ibsen, S. 220f. - Danzer, S. 105f. - Stekel, S. 553f. - Müller, S. 315f. - Oberholzer, S. 773f. - KNLL, Bd. 8, S. 326f. - Schumann, S. 173f. - KLL, 3. Aufl., Bd. 8, S. 51. - Carlsson, Ibsen, S. 27f. - Uecker/Trinkwitz, S. 115f

18. Siehe: Danzer, S. 106-10. - Groddeck, S. 186-90. - Rattner, Ibsen, S. 221f. - Stekel, S. 554f. - Müller, S. 110f. - Bien, S. 85f. - Oberholzer, S. 774f. - KNLL, Bd. 8, S. 327f. - Skandinavische Literaturgeschichte, S. 165f. - Schumann, S. 174. - Carlsson, Ibsen, S. 13

19. Siehe: Groddeck, S. 164-71, 174-76, 179-81 u. 190f. - Müller, S. 22-24 u. 284-86. - Ystad/Büchten, S. 9f u. 25f. - Rank, S. 182 + Anm. 29 u. 597f. - Danzer, S. 110-12. - Weininger, S. 87-89. - Stekel, S. 552f. - Rattner, Ibsen, S. 222. - Bien, S. 87. - Oberholzer, S. 775. - KNLL, Bd. 8, S. 328

20. Siehe: Hemmer, S. 51f, 54f u. 519-21. - Biörnstad-Herzog, S. 15-18. - Oberholzer, S. 775f u. 795f. –KNLL, Bd. 8, S. 319 u. 328f. - KLL, 3. Aufl., Bd. 8, S. 49-52. - Müller, S. 376-78. - Binswanger, S. 6-8. - Groddeck, S. 184-86. - Jacobi, S. 197f. - Rattner, Ibsen, S. 222f. - Danzer, S. 71f. - Bien, S. 104f. - Meyer, S. 20f. - Hiebel, S. 23f. - Koht, S. 122. - Glas, S. 17

21. Siehe: Hiebel, S. 20f, 221f u. 230f. - Bien, S. 87f, 91f u. 95f. - Meyer, S. 17-20. - Biörnstad-Herzog, S. 122-25. - von Wilpert, Bd. 2, S. 633f. - Woerner, Sophokles, S. 107f. - Woerner, Ibsen, Bd. 2, S. 99f. - Danzer, S. 80f. - Rattner, Ibsen, S. 223f. –Brandell, S. 35f. - Bolz, S. 3. - KNLL, Bd. 20, S. 143. - Rank, S. 596

22. Siehe: Biörnstad-Herzog, S. 132-34. - Brynhildsvoll, S. 43-45. - Bien, S. 102f u. 107. - G. E. Rieger, S. 69 u.71. - Hemmer, S. 23f. - Hiebel, S. 222f. - Schumann, S. 174f. - Binswanger, S. 9. - Danzer, S. 69. - Oberholzer, S. 780. - KNLL, Bd. 8, S. 331. - KLL, 3. Aufl., Bd. 8, S. 52. - Grundzüge, S. 175. - Brandell, S. 36

23. Siehe: Hiebel, S. 71-74. - Brynhildsvoll, S. 45-48. - Keel, S. 54-56. - Bien, S. 108-10. - Biörnstad-Herzog, S. 132-34. - Rank, S. 600 + Anm. 7. - KNLL, Bd. 8, S. 331f. - KLL, 3. Aufl., Bd. 8, S. 52f. - G. E. Rieger, S. 69f. –Grundzüge, S. 175f. - Hemmer, S. 213f. - Schumann, S. 175f. - Brandell, S. 36f. - Rattner, Ibsen, S. 205

24. Siehe: Neumann, Große Mutter, S. 305, 309f u. 313f. - Fromm, GA, Bd. 2, S. 93f u. 101f. - Bien, S. 116-18 u. 121-23. - Brynhildsvoll, S. 48-51. - Keel, S. 57-59. - Hiebel, S. 86-88. - Biörnstad-Herzog, S. 134-36. - Brandell, S. 37f. - Kaiser, S. 17. - KNLL, Bd. 8, S. 332. - G. E. Rieger, S. 70. - Schumann, S. 176

25. Siehe: Groddeck, S. 76-80 u. 86-89. - Hemmer, S. 24f u. 227f. - Ystad/Büchten, S. 4f u. 7f. - Höst, S. 180-82 u. 193f. - G. E. Rieger, S. 74-79. - Danzer, S. 85-87 u. 90. - Rattner, Ibsen, S. 206-08. - Haakonsen, S. 197f. - KNLL, Bd. 8, S. 307f. - Meyer, S. 10f. - KLL, 3. Aufl., Bd. 8, S. 53. - Kott, S. 36. - Schumann, S. 177. - Bolz, S. 44. - Beyer, S. 385

26. Siehe: Hemmer, S. 38f, 217 u. 231f. - Höst, S. 184-86 u. 189-92. - Groddeck, S. 82-84 u. 89-91. - Bolz, S. 43f u. 46-48. - Haakonsen, S. 198-201 u. 210 + Anm. 2. - Danzer, S. 87f. - Ystad/Büchten, S. 5f. - Rattner, Ibsen, S. 208f. - Grundzüge, S. 178f. - Kaiser, S. 16f. - Oberholzer, S. 782. - Kott, S. 35. - KNLL, Bd. 8, S. 308

27. Siehe: Haakonsen, S. 201-07, 205 Anm. 1 u. 209-11. - Höst, S. 192f u. 194f. - Groddeck, S. 92-95. - Kott, S. 35f. - Danzer, S. 88f. - Ystad/Büchten, S. 21f. - Bolz, S. 48f. - KNLL, Bd. 8, S. 308f. - KLL, 3. Aufl. S. 53f. - Skandinavische Literaturgeschichte, S. 199. - Rattner, Ibsen, S. 209. - Müller, S. 136-38 u. 194-97. - Die Musik in Geschichte und Gegenwart, Sachteil, Bd. 9, S. 408-14 u. 418-20. - O. Schneider, S. 536f u. 538f. - von Beit, Bd. 1, S. 125-27. - Cooper, S. 179f u. 191f. - Schliephacke, S. 57 u. 60f. - Neumann, Große Mutter, S. 281f u. 311

28. Siehe: E. Jung, S. 114f u. 119f. - Höst, S. 187-89 u. 195f. - Haakonsen, S. 208f u. 211. - Groddeck, S. 96-101. - Hemmer, S. 42 u. 232. - Gravier, S. 356f u. 364. - Danzer, S. 89f. - Rattner, Ibsen, S. 210f. - Skandinavische Literaturgeschichte, S. 199f. - Weininger, S. 89f. - Oberholzer, S. 782f. - Bolz, S. 49f. - Schumann, S. 177f. - Ystad/Büchten, S. 7. - Beyer, S. 386

29. Siehe: G. E. Rieger, S. 81f u. 85. - Ystad/Büchten, S. 6f. - Brandell, S. 32f. - Danzer, S. 81f. - Hiebel, S. 21f. - Kott, S. 36f. - KNLL, Bd. 8, S. 311 u. 313. - Oberholzer, S. 783. - Grundzüge, S. 179. - Kaiser, S. 18. - Hemmer, S. 25. - Meyer, S. 11. - Woerner, Ibsen, Bd. 2, S. 93

30. Siehe: Woerner, Sophokles, S. 108-13. - Woerner, Ibsen, Bd. 2, S. 100-06. - Schumann, S. 12f. - von Wilpert, Bd. 4, S. 1251f. - Rank, S. 599f. - G. E. Rieger, S. 84f. - Kott, S. 39. - Hemmer, S. 225. - Hiebel, S. 107. - Biörnstad-Herzog, S. 81

31. Siehe: Ystad/Büchten, S. 6 u. 26f. - Gravier, S. 364f + Anm. 16. - Danzer, S. 82f. - Rühling, S. 278f. - KNLL, Bd. 8, S. 311f. - G. E. Rieger, S. 83f. - Kott, S. 38f. - Oberholzer, S. 783f. - Kaiser, S. 18f. - Rattner, Ibsen, S. 210. - KLL, 3. Aufl., Bd. 8, S. 54. - Brandell, S. 33. - Schumann, S. 178

32. Siehe: Hiebel, S. 106-09 u. 226-28. - Biörnstad-Herzog, S. 137-40. - Bolz, S. 8-11. - Rank, S. 182 u. 600. - Rühling, S. 277 u. 279. - G. E. Rieger, S. 82 u. 84. - Danzer, S. 83f. - Brandell, S. 33f. - Kaiser, S. 17f. - KLL, 3. Aufl., Bd. 8, S. 54f. - KNLL, Bd. 8, S. 312. - Kott, S. 39. - Gravier, S. 365. - Uecker/ Trinkwitz, S. 116

33. Siehe: Biörnstad-Herzog, S. 104f u. 109f. - Danzer, S. 84f. - Rühling, S. 279f. - KNLL, Bd. 8, S. 312f. - Kott, S. 39f. - Hemmer, S. 232f. - Brandell, S. 34f. - Grundzüge, S. 179f. - Schumann, S. 178f. - G. E. Rieger, S. 85f. - Oberholzer, S. 784. - Hiebel, S. 105

34. Siehe: Keel, S. 120-26. - R. Ferguson, S. 396-400. - Pietzcker S. 226-28 u. 231-33. - Hiebel, S. 128f u. 132f. - Bien, S. 256f u. 261. - Gravier, S. 365f + Anm. 17. - G. E. Rieger, S. 106 u. 108. - Rühling, S. 280f. - Grundzüge, S. 181f. - KNLL, Bd. 8, S. 330f. - Oberholzer, S. 785f. - Brandell, S. 40f. - Groddeck, S. 106f. - Meyer, S. 13f. - KLL, 3. Aufl. Bd. 8, S. 56

35. Siehe: Freud, GW, Bd. 10, S. 380-89. - Freud, Rosmersholm, S. 126-33. - Lorenzer, S. 34-37, 53f, 57f, 65 u. 67. - Hiebel, S. 22f, 129-31, 133-36 u. 139-47. - Pietzcker, S. 48-52, 63-65 u. 236-40. - von Raffay, S. 127-34. - Groddeck, S. 116f u. 119-21. - Rank, S. 374f u. 600 Anm. 7. - Müller, S. 304-06. - Keel, S. 127-31. - R. Ferguson, S. 400-03. - G. E. Rieger, S. 107f. - Rühling, S. 282f. - Gravier, S. 366f. - Oberholzer, S. 786f. - KNLL, Bd. 8, S. 329f. - KLL, 3. Aufl., Bd. 8, S. 56f

36. Siehe: Hiebel, S. 131-33 u. 136-39. - Pietzcker, S. 233-36 u. 241-43. - Groddeck, S. 108-12 u. 115f. - von Raffay, S. 134-41. - Bolz, S. 33-35. - Carlsson, Ibsen, S. 11-13. - R. Ferguson, S. 402 u. 404. - G. E. Rieger, S. 106f. - Keel, S. 131f. - Rühling, S. 281f. - Brandell, S. 41. - Oberholzer, S. 786. - Grundzüge, S. 182. - Weininger, S. 90. - Freud, GW, Bd. 10, S. 381. - Freud, Rosmersholm, S. 126

37. Siehe: Groddeck, S. 114f u. 121-23. - Pietzcker, S. 243-48. - von Raffay, S. 141-44. - Hiebel, S. 147-49. - Bolz, S. 35-37. - Rattner, Ibsen, S. 210f u. 223f. - Ystad/ Büchten, S. 12 u. 14. - Rühling, S. 283f. - Gravier, S. 367f. - Bien, S. 261f. - G. E. Rieger, S. 108f. - Keel, S. 132f. - KNLL, Bd. 8, S. 330. - Hemmer, S. 515. - Oberholzer, S. 787. - Kaiser, S. 21

38. Siehe: Bien, S. 254-59 u. 263f. - Uecker/Trinkwitz, S. 36-38 u. 116f. - Carlsson, Ibsen, S. 21-26. - Beyer, S. 375f u. 384f. - Hiebel, S. 202f u. 231f. - Woerner, Ibsen, Bd. 2, S. 324-26. - Oberholzer, S. 791 u. 794. - Keel, S. 192f. - R. Ferguson, S. 523f. - Meyer, S. 12f. - Hemmer, S. 521f. - Kaiser, S. 25. - G. E. Rieger, S. 137. - KNLL, Bd. 8, S. 326. - KLL, 3. Aufl., Bd. 8, S. 60. - von Wilpert, Bd. 1, S. 28

39. Siehe: von Raffay, S. 165-68, 170-72 u. 175-78. - Keel, S. 193f u. 196f. - Woerner, Ibsen, Bd. 2, S. 330f u. 336f. - Beyer, S. 376f u. 383f. - Rank, S. 27 u. 599 Anm. 6. - Bolz, S. 62-65. - Binswanger, S. 36f + Anm. 2. - Hiebel, S. 203-05. - G. E. Rieger, S. 137f. - R. Ferguson, S. 524f. - Oberholzer, S. 794f. - Rattner, Ibsen, S. 224. - Danzer, S.79. - Raphael, S. 274. - Bien, S. 264. - Carlsson, Ibsen, S. 14. - Skandinavische Literaturgeschichte, S. 201. - KNLL, Bd. 8, S. 325. - KLL, 3. Aufl., Bd. 8, S. 59

40. Siehe: Woerner, Ibsen, Bd. 2, S. 332-35 u. 341-48. - von Raffay, S. 168-70 u. 172-74. - Beyer, S. 380-83 u. 387f. - R. Ferguson, S. 525-27 u. 530f. - Hiebel, S. 207-09. - Bolz, S. 66-68. - Keel, S. 197-99. - Rattner, Ibsen, S. 224f. - Raphael, S. 273f. - KNLL, Bd. 8, S. 325f. - KLL, 3. Aufl., Bd. 8, S. 59f. - Kaiser, S. 25f. - Oberholzer, S. 795. - Ystad/Büchten, S. 26

41. Siehe: Beyer, S. 377-80 u. 388f. - Woerner, Ibsen, Bd. 2, S. 348-53. - Hiebel, S. 209f u. 232. - von Raffay, S. 178-80. - Bolz, S. 68-70. - Raphael, S. 274-76. - Keel, S. 200-02. - R. Ferguson, S. 531-33. - von Wilpert, Bd. 4, S. 633f. - Bien, S. 264. - Müller, S. 184f. - Uecker/Trinkwitz, S. 117. - G. E. Rieger, S. 138. - Kott, S. 49. - Kaiser, S. 26. - Meyer, S. 22

42. Siehe: R. Ferguson, S. 425-37, 456-60, 527-29 u. 535-43. - G. E. Rieger, S. 113-15 u. 123-28. - Danzer, S. 70f, 74f u. 79f. - Glas, S. 82-85 u. 94. - Woerner, Ibsen, Bd. 2, S. 335f u. 353f. - Keel, S. 205-07. - Stuyver, S. 545f. - Oberholzer, S. 790. - Meyer, S. 13

43. Siehe: Danzer, S. 72f, 78f u. 80. - Pietzcker, S. 219-22 u. 248f. - von Beit, Bd. 1, S. 21 u. 297f. - Jung, GW, Bd. 14, Hbbd. 3, S. 189 u. 220. - Rattner, Ibsen, S. 225f. - G. E. Rieger, S. 138f. - Hemmer, S. 39f. - Mann, S. 163. - Bolz, S. 70. - Kott, S. 43. - Groddeck, S. 163

3.3 Tiefenpsychologische Interpretation des Dramas „Die Frau vom Meer"

1. Siehe: Andreas-Salomé, S. 186, 189f u. 203. - Woerner, Ibsen, Bd. 2, S. 200f u. 215. - Reich, S. 337 u. 343. - von Wilpert, Bd. 2, S. 633f. - KNLL, Bd. 8, S. 311. - KLL, 3. Aufl., Bd. 8, S. 57. - Stuyver, S. 408. - G. E. Rieger, S. 110. - Oberholzer, S. 787

2. Siehe: R. Ferguson, S. 418-21. - Reich, S. 334-36. - G. E. Rieger, S. 110-12. - Stuyver, S. 408f. - Woerner, Ibsen, Bd. 2, S. 204f. - Werner, S. 4f. - Andreas-Salomé, S. 203f. - Brandell, S. 42f. - Glas, S. 80f. - KNLL, Bd. 8, S. 310. - Keel, S. 134

3. Siehe: Ibsen, Bd. 2, S. 332. - KNLL, Bd. 8, S. 310f. - KLL, 3. Aufl., Bd. 8, S. 56f. - Fechter, S. 450f. - Reclams Schauspielführer, S. 405f. - Reclams neuer Schauspielführer, S. 283f

4. Siehe: von Beit, Bd. 1, S. 39f, 132, 173 u. 345. - Gutter, S. 213-16. - EM, Bd. 9, S. 472-74. - Jung, GW, Bd. 5, S. 276-78. - Schröder, Schlange, S. 75f u. 120 Anm. 64. - Neumann, Große Mutter, S. 58f. - von Bonin, S. 77f. - Schliephacke, S. 42. - Cooper, S. 133

5. Siehe: Schröder, Nixe, S. 17f, 20-22 u. 83 Anm: 2 + 5-6. - E. Jung, Anima, S. 92f, 97 u. 100f. - Jung, GW, Bd. 9, Hbbd. 1, S. 34-36. - EM, Bd. 9, S. 45f u. 48f + Bd. 14, S. 519f. - Stamer, S. 9-12. - Lecouteux, S. 59-62. - Laistner, S. 108f. - von Bonin, S. 83f. - Schliephacke, S. 47

6. Siehe: EM, Bd. 1, S. 491f + Bd. 4, S. 1300 u. 1302f + Bd. 5, S. 19f + Bd. 9, S. 49f + Bd. 13, S. 1167-70 + Bd. 14, S. 405f u. 523f. - KNLL, Bd. 1, S. 434f + Bd. 5, S. 732f + Bd. 17, S. 330f. - KLL, 3. Aufl., Bd. 1, S. 378f + Bd. 5, S. 662f + Bd. 17, S. 140. - von Wilpert, Bd. 1, S. 55 + Bd. 2, S. 435 + Bd. 4, S. 1404. - Wolthens, S. 135-37 u. 275-77. - Frenzel, Stoffe, S. 330f u. 771-73. - Schröder, Nixe, S. 27-29 u. 85 Anm. 11-12. - E. Jung, Anima, S. 102-04 u. 104f Anm. 47. - Dettmering, S. 155-57. - Mayer, Richard Wagner, S. 23-25. - Stamer, S. 27f. - Perlet, S. 107f. - Andersen, Märchen und Geschichten, S. 470

7. Siehe: von Beit, Bd. 1, S. 117, 276f u. 366. - Neumann, Große Mutter, S. 242-45. - Gutter, S. 205-08. - EM, Bd. 11, S. 1416-18. - Cooper, S. 15f. - Jung, GW, Bd. 2, S. 314f. - Simek, S. 364f. - Ninck, S. 210f. - Krause, S. 243. - Ibsen, Bd. 2, S. 343

8. Siehe: von Beit, Bd. 1, S. 272 u. 376 + Bd. 2, S. 33 u. 258f. - Ninck, S. 180-83 u. 227-31. - Mudrak, S. 276-80 u. 323. - Tegnér, S. 69-77 u. 180 Anm. 6. - Krause, S. 113, 238 u. 300f. - Simek, S. 167 u. 483f. - Schröder, Schlange, S. 69f u. 120 Anm. 59. - Ystad/Büchten, S. 10-12. - Neumann, Große Mutter, S. 286f. - Simek/Pálsson, S. 102f. - EM, Bd. 12, S. 273f. - E. Jung, Anima, S. 84. - Stuyver, S. 390. - Andreas-Salomé, S. 204. - Hemmer, S. 343. - KNLL, Bd. 16, S. 407. - KLL, 3. Aufl., Bd. 16, S. 139

9. Siehe: Ibsen, Bd. 2, S. 334 u. 341f. - Werner, S. 26f. - Oberholzer, S. 787f. - Nies, S. 202f. - Woerner, Ibsen, Bd. 2, S. 223. - Stuyver, S. 407. - Gravier, S. 368. - Wyller, S. 102. - Hemmer, S. 350. - Benz, S. 127. - Bühler-Dietrich, S. 136

10. Siehe: Ibsen, Bd. 2, S. 348 u. 350. - Andreas-Salomé, S. 138f. - Reich, S. 353f. - Woerner, Ibsen, Bd. 2, S. 223f. - Stuyver, S. 404f. - Hamburger, S. 122f. - Hemmer, S. 350f. - Bühler-Dietrich, S. 132f. - Werner, S. 27. - F. Fergusson, S. 300. - Keel, S. 137. - Benz, S. 125

11. Siehe: Ibsen, Bd. 2, S. 332, 357, 360, 362 u. 410. - Stuyver, S. 391-93 u. 402f. - Keel, S. 134 u. 137f. - Hemmer, S. 345f u. 360f. - Reich, S. 344f. - Werner, S. 14f. - Paul, Symbol, S. 109f. - Benz, S. 132f. - Gravier, S. 371. - Rühling, S. 286

12. Siehe: Gravier, S. 352-55 u. 363-68. - EM, Bd. 1, S. 1153f u. 1157-59. - Jung, GW, Bd. 9, Hbbd. 1, S. 40-42 u. 45-47. - E. Jung, Anima, S. 112-14. - Müller, S. 460f. - Greenfield, S. 48f. - Wolthens, S. 135f. - Frenzel, Stoffe, S. 772. - KNLL, Bd. 5, S. 732

13. Siehe: Rank, S. 569, 600 Anm. 7 u. 613. - Müller, S. 184f u. 434f. - Freud, GW, Bd. 13, S. 262-65. - Gutjahr, S. 71f u. 76f. - R. Schneider, S. 27f u. 31f. - Dettmering, S. 160f. - Wolthens, S. 276f. - Drewermann, S. 32-34, 37-39, 56-59, 77-79 u. 87-92. - Barié, S. 17-21, 25-28, 30-33, 41-44, 79-82 u. 84-86. - Schmitz, S. 70f. - Engel, S. 374f

14. Siehe: Müller, S. 110f, 389 u. 441f. - Ibsen, Bd. 2, S. 361. - Andreas-Salomé, S. 108f. - Reich, S. 345f. - Werner, S. 12f. - Woerner, Ibsen, Bd. 2, S. 212f. - Carlsson, Nachwort, S. 108f. - Brynhildsvoll, S. 40f. - Ebel, S. 65f. - Nies, S. 203f. - Hemmer, S. 347f. - Benz, S. 123f. - Paul, Symbol, S. 110

15. Siehe: Ibsen, Bd. 2, S. 363f, 379 u. 394f. - Schröder, Hänsel, S. 131-35 u. 165 Anm. 72-74. - Müller, S. 24-2, 91f, 137f, 161f u. 376f. - Jung, GW, Bd. 5, S. 463f u. 476f. - von Beit, Bd. 1, S. 335-37. - Freud, GW, Bd. 12, S. 251. - Pietzcker, S. 246. - Andreas-Salomé, S. 110 u. 112. - Nies, S. 204 u. 206. - Rühling, S. 285f. - Hemmer, S. 359f. - Ystad/Büchten, S. 23f. - Brandell, S. 46. - Wyller, S. 104. - Keel, S. 136. - Benz, S. 124

16. Siehe: Ibsen, Bd. 2, S. 365f. - Keel, S. 138-40. - Rühling, S. 284 u. 286f. - Andreas-Salomé, S. 111 u. 123. - Stuyver, S. 392 u. 394. - Reich, S. 347f. - Werner, S. 17f. - Paul, Symbol, S. 111f. - Brandell, S. 45f. - Hemmer, S. 346f. - Benz, S. 125 u. Anm. 348. - Wyller, S. 103

17. Siehe: Ibsen, Bd. 2, S. 365. - Bolz, S. 39f u. 42. - Bühler-Dietrich, S. 131f u. 135. - Woerner, Ibsen, Bd. 2, S. 210, 212 u. 215. - Freud, GW, Bd. 12, S. 258. - Brandell, S. 43 u.47. - Gravier, S. 371f. - Carlsson, Nachwort, S. 109. - F. Fergusson, S. 302. - Hemmer, S. 358. - Benz, S. 133

18. Siehe: Ibsen, Bd. 2, S. 371f u. 385f. - Andreas-Salomé, S.107f u. 120f. - Brandell, S. 45 u. 48. - Woerner, Ibsen, Bd. 2, S. 207f. - Carlsson, Nachwort, S. 109f. - Brynhildsvoll, S. 39f. - Nies, S. 204f. - Hemmer, S. 358f. - Bühler-Dietrich, S. 134f. - Benz, S. 129f. - F. Fergusson, S. 294. - Gravier, S. 368

19. Siehe: Müller, S. 194-200. - Jacobi, S. 198-202. - von Franz, Individuationsprozess, S. 160-164. - Woerner, Ibsen, Bd. 2, S. 198-202. - Rühling, S. 284f u. 290f. - Paul, Symbol, S. 70f u. 111. - Bolz, S. 38f. - Brandell, S. 45f. - Hemmer, S. 349f. - Oberholzer, S. 788. - F. Fergusson, S. 296. - Gravier, S. 373

20. Siehe: Greenfield, S. 39-41. - Andreas-Salomé, S. 109-11. - Stuyver, S. 402-04. - Hemmer, S. 361-63. - Reich, S. 345f. - Werner, S. 15f. - Gravier, S. 370f. - R. Ferguson, S. 422f. - Nies, S. 205f. - Benz, S. 134f. - Woerner, Ibsen, Bd. 2, S. 213. - F. Fergusson, S. 299. - Brynhildsvoll, S. 41. - Rühling, S. 287

21. Siehe: Ibsen, Bd. 2, S. 373-76. - Benz, S. 135-37. - Andreas-Salomé, S. 112f. - Reich, S. 346f. - Stuyver, S. 394f. - Wyller, S. 103f. - Nies, S. 206f. - Hemmer, S. 362f. - Bühler-Dietrich, S. 133f. - Werner, S. 20. - Woerner, Ibsen, Bd. 2, S. 214

22. Siehe: Ibsen, Bd. 2, S. 356, 376f u. 379. - Werner, S. 11f u. 17. - Andreas-Salomé, S. 118-20. - Reich, S. 347-49. - Woerner, Ibsen, Bd. 2, S. 220f. - Stuyver, S. 401f. - Nies, S. 207f. - Hemmer, S. 363f. - Benz, S. 137f. - Ystad/Büchten, S. 23

23. Siehe: Ibsen, Bd. 2, S. 391f. - Fromm, GA, Bd. 2, S. 284-306 u. 320-46 + Bd. 9, S. 444-62. - Reich, S. 338-42. - Andreas-Salomé, S. 114-16. - Werner, S. 19f. - Gravier, S. 369f. - Ebel, S. 61f. - Hemmer, S. 364f. - Benz, S. 138f. - Stuyver, S. 395. - Hamburger, S. 124. - Nies, S. 208

24. Siehe: Ibsen, Bd. 2, S. 392-96. - Müller, S. 39f, 41f, 136f, 180f u. 377f. - Andreas-Salomé, S. 117f u. 121f. - Reich, S. 349f. - Werner, S. 23f. - Hemmer, S. 365f. - Paul, Symbol, S. 72. - Wyller, S. 104. - Bühler-Dietrich, S. 134. - Benz, S. 139

25. Siehe: Ibsen, Bd. 2, S. 409-11. - Kierkegaard, S. 5-8. - Rohde, S. 88-90. - Werner, S. 20-22. - Ebel, S. 66 u. 81. - Reich, S. 350f. - Woerner, Ibsen, Bd. 2, S. 218f. - Stuyver, S. 369f. - Paul, Symbol, S. 72f. - Hamburger, S. 123f. - Wyller, S. 104f. - Keel, S. 141f. - Hemmer, S. 366f. - Glas, S. 81. - KNLL, Bd. 8, S. 311. - KLL, 3. Aufl., Bd. 8, S. 57

26. Siehe: Ibsen, Bd. 2, S. 410f. - Müller, S. 264f u. 315f. - Fromm, GA, Bd. 2, S. 93-97. - Ebel, S. 62 u. 66f. - Hemmer, S. 362 u. 367f. - Stuyver, S. 397 u. 404. - Andreas-Salomé, S. 129f. - Werner, S. 22f. - F. Fergusson, S. 300f. - Nies, S. 208f. - Benz, S. 139f. - Reich, S. 351. - Woerner, Ibsen, Bd. 2, S. 220. - Paul, Symbol, S. 112

27. Siehe: Ibsen, Bd. 2, S. 411-13. - Andreas-Salomé, S. 125-27. - Bühler-Dietrich, S. 133-35. - Werner, S. 26 u. 28. - Carlsson, Nachwort, S. 110f. - Paul, Symbol, S. 112f. - Brandell, S. 46f. - Gravier, S. 372f. - Ebel, S. 69f. - Nies, S. 209f. - Hemmer, S. 368f. - Stuyver, S. 398. - F. Fergusson, S. 302. - Rühling, S. 285

28. Siehe: Ibsen, Bd. 2, S. 413. - Hemmer, S. 353-55 u. 371f. - Ebel, S. 59 u. 70f. - Andreas-Salomé, S. 141-44. - Rühling, S. 288-90. - Werner, S. 24f. - Woerner, Ibsen, Bd. 2, S. 220f. - Keel, S. 142f. - Bühler-Dietrich, S. 135f. - Brynhildsvoll, S. 43

29. Siehe: von Franz, Individuationsprozess, S. 177-95. - Jacobi, S. 173-87. - Müller, S. 22-25 u. 396f. - E. Jung, Anima, S. 114f u. 119f. - Andreas-Salomé, S. 130-35. - Ebel, S. 67f u. 77-79. - Reich, S. 337f u. 356f. - Wyller, S. 101f u. 105. - Paul, Symbol, S. 55f. - Höst, S. 187f. - R. Ferguson, S. 421f. - Nies, S. 210f. - Hemmer, S. 372f. - Ystad/ Büchten, S. 14f. - Weininger, S. 90. - Hamburger, S. 122

30. Siehe: Freud, GW, Bd. 8, S. 67f u. 71f. - Graf, Richard Wagner, S. 4-11, 20-27, 35-40 u. 43-46. - Graf, Wagner-Probleme, S. 42-50 u. 53-55. - Rank, S. 587-95. - Schickling, S. 138-50. - Rattner, Wagner, S. 778-84 u. 788-91. - Dettmering, S. 157-60. - Gutjahr, S. 72-76. - E. Rieger, S. 42-55. - Mayer/ Hofer, S. 76-81. - Wapnewski, S. 242-46. - Weininger, S. 93-95. - Mann, S. 162f. - Carlsson, Nachwort, S. 111

31. Siehe: Drewermann, S. 8, 29f, 36f, 41-43, 49-51, 54-56, 59f, 70-72, 79-81, 86f, 92-94, 100f, 107-13, 117f, 124-28, 132f, 138-40 u. 157 Anm. 143. - Barié, S. 35-41, 46-49, 61f, 77-79 u. 82-84. - Perlet, S. 35-37, 43f, 51f, 54f u. 63-65. - Rattner/Danzer, S. 15-18, 20f u. 29f. - Detering, S. 175-87 u. 210-18. - M. Jung, S. 71f u. 74-78. - Helweg, S. 783-88. - Engel, S. 375-78. - Maar, S. 328-30. - Dunsby, S. 66f u. 69f. - Mayer, Außenseiter, S. 226f

32. Siehe: Mudrak, S. 286-93 u. 323f. - G. W. Weber, Irreligiosität, S. 483f u. 504f. - G. W. Weber, Romantik, S. 405-08. - Christensen, S. 137-48. - Düwel, S. 130-37. - de Vries, S. 490-93. - Tegnér, S. VII-IX. - KNLL, Bd. 16, S. 407f. - KLL, 3. Aufl., Bd. 16, S. 139f. - Simek/Pálsson, S. 103. - Grundzüge, S. 135. - Frenzel, Motive, S. 480

33. Siehe: Pechota, S. 209-13, 218-20 u. 224f. - Andreas-Salomé, S. 186f u. 189-93. - Paul, sechs Antworten, S. 99-104 u. 106-08. - Paul, Legende, S. 215f u. 225f. - Koepcke, S. 145-47 u. 156f. - Wurmser/Gidion, S. 136f u. 150-52. - Salber, S. 47-50. - Peters, S. 211f. - von Wilpert, Bd. 1, S. 58

34. Siehe: Pechota, S. 213-18, 220f, 239-44 u. 251-53. - Peters, S. 204-06, 210 u. 213-16. - Salber, S. 43-46 u. 50-52. - Paul, sechs Antworten, S. 104-06 u. 108f. - Paul, Legende, S. 223f u. 226f. - Koepcke, S. 147-52. - Wurmser/ Gidion, S. 156-61

Literaturverzeichnis

Alsdorf, Ludwig: Zwei neue Belege zur „indischen Herkunft" von „1001 Nacht". In: Zeitschrift der Deutschen Morgenländischen Gesellschaft, Bd. 89 (1935), S. 275-314

Andersen, Hans Christian: Märchen und Geschichten. Aus dem Dänischen übersetzt, kommentiert und herausgegeben von Heinrich Detering. Stuttgart: Reclam, 2012

Andreas-Salomé, Lou: Henrik Ibsens Frauen-Gestalten. Psychologische Bilder nach seinen sechs Familiendramen. Ungekürz. Ausg. nach der Erstpublik. 1892. Herausgegeben und mit einem Nachwort versehen von Cornelia Pechota. Taching am See: Medien Edition Welsch, 2012

Appelt, Hedwig: Die sagenhafte Welt von „Tausendundeine Nacht". Stuttgart: Theiss, 2010

Bambeck, Manfred: Wiesel und Werwolf. Typologische Streifzüge durch das romanische Mittelalter und die Renaissance. Herausgegeben von Friedrich Wolfzettel und Hans-Joachim Lotz. Stuttgart: Steiner, 1990

Barié, Paul: Hans Christian Andersen: „Die kleine Seejungfrau". Deutung-Imagination-Gegenbild. Annweiler: Sonnenberg, 2012

Basile, Giambattista: Das Pentameron oder das Märchen aller Märchen. Mit 50 farbigen Pinselzeichnungen von Josef Hegenbarth. Übertragen von Felix Liebrecht. München: Beck, 1985

Baudler, Georg: Gewalt in den Weltregionen. Darmstadt: Wissenschaftliche Buchgesellschaft, 2005

Baudler, Georg: Gott und die Frau. Die Geschichte von Gewalt, Sexualität und Religion. München: Kösel, 1991

BBKL: siehe Biographisch-Bibliographisches Kirchenlexikon

Behrnauer, Walter F. A.: siehe Die vierzig Vezire oder weisen Meister

Beit, Hedwig von: Symbolik des Märchens. 3 Bde. Bern: Francke, 1952-1957

Benz, Nadine: Erzählte Zeit des Wartens. Semantiken und Narrative eines temporalen Phänomens. Göttingen: V & R unipress, 2013

Beyer, Edvard: „Wenn wir Toten erwachen". Beobachtungen zu Struktur, Bildhaftigkeit und Bedeutung des „Epilogs". In: Henrik Ibsen, hrsg. v. F. Paul, S. 374-90

Bien, Horst: Henrik Ibsens Realismus. Zur Genesis und Methode des klassischen kritisch-realistischen Dramas. Berlin: Rütten & Loening, 1970

Binswanger, Ludwig: Henrik Ibsen und das Problem der Selbstrealisation in der Kunst. Heidelberg: Schneider, 1949

Biörnstad-Herzog, Annelise: Henrik Ibsens Bühnenkunst. Studien zu seinem Dramenbau. Zürich: Juris, 1974, Phil. Diss.

Biographisch-Bibliographisches Kirchenlexikon. Begründet und herausgegeben von Friedrich Wilhelm Bautz. Fortgeführt von Traugott Bautz. 34 Bde. Herzberg: Bautz, 1975-2013

Bobzin, Hartmut: Mohammed. München: Beck, 2000

Bötsch, Barbara: Kali in den Alpen: Die Rezeption indischer Göttinvorstellungen durch Anhängerinnen der „Religion der Großen Göttin" im deutschsprachigen Raum. In: Die Rolle des Weiblichen in der indischen und buddhistischen Kulturgeschichte, S. 10-23

Boklund-Schlagbauer, Ragnhild: Vergleichende Studien zu Erzählstrukturen im „Nibelungenlied" und in nordischen Fassungen des Nibelungenstoffes. Göppingen: Kümmerle, 1996

Bolte, Johannes / Polivka, Georg: Anmerkungen zu den Kinder- und Hausmärchen der Brüder Grimm. 5 Bde. Leipzig: Dieterich, 1913-1932

Bolz, Klaus-Dieter: Die Bühnengestalten Henrik Ibsens im Licht der Psychiatrie. Eine kritische Untersuchung der psychiatrischen Kommentare zu Ibsens abnormen Charakteren. Würzburg 1970, Med. Diss.

Bonin, Felix von: Kleines Handlexikon der Märchensymbolik. Stuttgart: Kreuz, 2001

Brandell, Gunnar: Sigmund Freud-Kind seiner Zeit. Übersetzung aus dem Schwedischen von Detlef Brenneke. München: Kindler, 1976 (Kindler-Taschenbücher 2163: Geist und Psyche)

Brynhildsvoll, Knut: Studien zum Werk und Werkeinfluss Henrik Ibsens. Leverkusen: Rheinhardt, 1988

Buddhistische Märchen. Herausgegeben, aus dem Pali übertragen und kommentiert von Johannes Mehlig. Frankfurt. a. M. - Leipzig: Insel, 1992

Buddhistische Märchen aus dem alten Indien. Ausgewählt und übertragen von Else Lüders. Nachwort von Heinrich Lüders. Düsseldorf-Köln: Diederichs, 1979

Bühler-Dietrich, Annette: Drama, Theater und Psychiatrie im 19. Jahrhundert. Tübingen: Narr, 2012

Buonaventura, Wendy: Die Schlange vom Nil. Frauen und Tanz im Orient. Aus dem Englischen von Eva und Thomas Pampuch. Hamburg: Rogner & Bernhard, 1990

Carlsson, Anni: Ibsen-Strindberg-Hamsun. Essays zur skandinavischen Literatur. Kronberg/Taunus: Athenäum, 1978

Carlsson, Anni: Nachwort. In Henrik Ibsen: Die Frau vom Meer. Schauspiel in fünf Akten. Aus dem Norwegischen übertragen von Hans Egon Gerlach. Mit einem Nachwort von Anni Carlsson. Stuttgart: Reclam, 1967, S. 107-11

Christensen, Jens: Esaias Tegnér, der Sänger der Frithiofsage. Eine literaturhistorische Studie. Mit 2 Portraits Tegnérs in Stahlstich. Leipzig: Senf, 1883

Cooper, Jean C.: Illustriertes Lexikon der traditionellen Symbole. Übersetzung aus dem Englischen von Gudrun und Mathias Middell. Wiesbaden: Drei Lilien, 1986

Danzer, Gerhard: Henrik Ibsen oder die Revolte des Individuums. In: Dichtung ist ein Akt der Revolte. Literaturpsychologische Essays über Heine, Ibsen, Shaw, Brecht und Camus. Herausgegeben von Gerhard Danzer. Würzburg: Königshausen & Neumann, 1996, S. 59-112

Detering, Heinrich: Das offene Geheimnis. Zur literarischen Produktivität eines Tabus von Winckelmann bis zu Thomas Mann. Durchgeseh. u. mit einer Nachbemerk. verseh. Studienausgabe. Göttingen: Wallstein, 2013, 2. Aufl.

Dettmering, Peter: Dichtung und Psychoanalyse. Thomas Mann-Rainer Maria Rilke-Richard Wagner. Frankfurt a. M.: Fachbuchhandlung für Psychologie, 1976, 2. Aufl.

Deutsche Sagen. Herausgegeben von den Brüdern Grimm. Zwei Bände in einem Band. Vollständige Ausgabe nach dem Text der dritten Auflage von 1891. Mit einem Nachwort von Lutz Röhrich. München: Winkler, 1965

Dieckmann, Hans: Die symbolische Sprache des Märchens. In: Märchenforschung und Tiefenpsychologie, S. 442-70

Die deutsche Literatur des Mittelalters. Verfasserlexikon. 13 Bde. Begründet von Wolfgang Stammler und fortgeführt von Karl Langosch. Herausgegeben von Burghart Wachinger. 2. völlig neu bearbeit. Aufl. Berlin-New York: de Gruyter, 1978-2007

Die Erzählungen aus den tausendundein Nächten. Vollständige deutsche Ausgabe in sechs Bänden zum ersten Mal nach dem arabischen Urtext der Calcuttaer Ausgabe aus dem Jahre 1830. Übertragen von Enno Littmann. Frankfurt a. M.: Insel, 1968

Die Lais der Marie de France. Herausgegeben von Karl Warnke. Mit vergleichenden Anmerkungen von Reinhold Köhler nebst Ergänzungen von Johannes Bolte und einem Anhang „Der Lai von Guingamor" herausgegeben von Peter Kusel. Halle/Saale: Niemeyer, 1925, 3. verbess. Aufl.

Die Musik in Geschichte und Gegenwart. Allgemeine Enzyklopädie der Musik. Begründet von Friedrich Blume. Herausgegeben von Ludwig Finscher. 2. neubearbeit. Ausg. 29 Bde. in 2 Teilen: Sachteil in 9 Bden., Personenteil in 17 Bden. und Register in 3 Bden. Kassel-Weimar: Bärenreiter-Metzler, 1994-2008

Die Rolle des Weiblichen in der indischen und buddhistischen Kulturgeschichte. Akten des religionswissenschaftlichen Symposiums „Frau und Göttin" in Graz (15. - 16. Juni 1997). Herausgegeben von Manfred Hutter. Graz: Leykam, 1998

Die vierzig Veziere oder weisen Meister. Ein altmorgenländischer Sittenroman. Zum ersten Mal vollständig aus dem Türkischen übertragen und mit Anmerkungen versehen von Walter F. A. Behrnauer. Leipzig: Teubner, 1851

Drewermann, Eugen: „Und gäbe dir eine Seele…". Hans Christian Andersens „Kleine Meerjungfrau" tiefenpsychologisch gedeutet. Freiburg i. Br. - Basel-Wien: Herder, 1997

DS: siehe Deutsche Sagen

dtv-Lexikon der Weltliteratur. Herausgegeben von Gero von Wilpert. 4 Bde. München: Deutscher Taschenbuch Verlag, 1971

Düwel, Klaus: Die „Frithiofs Saga" von Esaias Tegnér. Ein Kapitel aus der schwedischen Romantik. In: Grenzerfahrung-Grenzüberschreitung. Studien zu den Literaturen Skandinaviens und Deutschlands. Festschrift für Philipp M. Mitchell. Herausgegeben von Leonie Marx und Herbert Knust. Heidelberg: Winter, 1989, S. 127-37

Dunsby, Maren: „… ob sie nun mit dem Fischschwanz kam, oder mit Beinen." Thomas Manns Werk und Andersens Märchen „Die kleine Meerjungfrau". In: Anderseniana, Reihe 3, Bd. 3, Heft 1-2 (1978/79), S. 61-65

Ebel, Uwe: Katachrese und Ironie. Überlegungen zum theoriegeschichtlichen Ort der Argumentationsstruktur in Ibsens „Die Frau vom Meer". In: Uwe Ebel/ Christine Magerski: Gesammelte Studien zur skandinavischen Literatur. Teil 5: Henrik Ibsen-Beiträge zum Werk eines Autors der europäischen Moderne. Metelen/Steinfurt: DEV, 2007, S. 55-81

Egli, Hans: Das Schlangensymbol. Geschichte-Märchen-Mythos. Olten-Freiburg i.Br.: Walter, 1982

Eliade, Mircea: Die Religionen und das Heilige. Elemente der Religionsgeschichte. Aus dem Französischen ins Deutsche übertragen von Mohammed H. Rassem und Inge Köck. Salzburg: Müller, 1954

Eliade, Mircea: Geschichte der religiösen Ideen. 4 Bde. Aus dem Französischen übersetzt von Elisabeth Darlap, Adelheid Müller-Lissner, Werner Müller und Clemens Lanczkowski. Freiburg i.Br. - Basel-Wien: Herder, 1978-1991

EM: siehe Enzyklopädie des Märchens

Engel, Brigitte: Wandlungssymbolik in Andersens Märchen „Die kleine Meerjungfrau". In: Praxis der Kinderpsychologie und Kinderpsychiatrie, 37. Jg. (1988), S. 374-78

Enzyklopädie des Märchens. Handwörterbuch zur historischen und vergleichenden Erzählforschung. 14 Bde. Begründet von Kurt Ranke. Herausgegeben von Rolf Wilhelm Brednich. Berlin-New York: de Gruyter, 1977-2014

Eranos-Jahrbuch 1938. Bd. 6: Gestalt und Kult der „Großen Mutter". Mit 20 Kunstdrucktafeln. Herausgegeben von Olga Fröbe-Kapteyn. Zürich: Rhein, 1939

Fechter, Paul: Das europäische Drama. Geist und Kultur im Spiegel des Theaters. Bd. 1: Vom Barock zum Naturalismus. Mannheim: Bibliographisches Institut, 1956

Ferguson, Robert: Henrik Ibsen. Eine Biographie. Aus dem Englischen von Michael Schmidt. Skandinavische Originaltexte von Uwe Englert. München: Kindler, 1998

Fergusson, Francis: „Die Frau vom Meer". In: Henrik Ibsen, hrsg. v. F. Paul, S. 294-304

Franz, Marie-Louise von: Das Weibliche im Märchen. Stuttgart: Bonz, 1977 („psychologisch gesehen" 32)

Franz, Marie-Louise von: Der Individuationsprozess. In: C. G. Jung [u. a.]: Der Mensch und seine Symbole. Herausgegeben von C. G. Jung, Marie-Louise von Franz und John Freeman. Olten-Freiburg i.Br.: Walter, 1968, S. 158-229

Frau in den Religionen. Herausgegeben von Michael Klöcker und Monika Tworuschka. Weimar-Jena: Wartburg, 1995

Frenzel, Elisabeth: Motive der Weltliteratur. Ein Lexikon dichtungsgeschichtlicher Längsschnitte. Stuttgart: Kröner, 1988, 3. überarbeit. u. erweit. Aufl.

Frenzel, Elisabeth: Stoffe der Weltliteratur. Ein Lexikon dichtungsgeschichtlicher Längsschnitte. Stuttgart: Kröner, 1988, 7. verbess. u. erweit. Aufl.

Freud, Sigmund: Gesammelte Werke. 18 Bde. Chronologisch geordnet. Unter Mitwirkung von Marie Bonaparte herausgegeben von Anna Freud. London-Frankfurt a. M.: Imago-Fischer, 1940-1968

Freud, Sigmund: Über „Rosmersholm". In: Henrik Ibsen, hrsg. v. F. Paul, S. 126-33

Fromm, Erich: Gesamtausgabe in zwölf Bänden, Herausgegeben von Rainer Funk. Stuttgart: Deutsche Verlags-Anstalt / Deutscher Taschenbuch Verlag, 1980-1999

Gerlitz, Peter: Frau im Buddhismus. In: Frau in den Religionen, S. 149-79

Glas, Norbert: Schicksalsmotive im dramatischen Schaffen Ibsens. Dornach: Philosophisch-Anthroposophischer Verlag, 1981

Glock, Wilhelm: Notburga, ein Bild aus Badens Sagenwelt. Karlsruhe: Reiff, 1883

Göttner-Abendroth, Heide: Die Göttin und ihr Heros. Die matriarchalen Religionen in Mythos, Märchen und Dichtung. München: Frauenoffensive, 1980

Golob, André: Buddha und die Frauen. Nonnen und Laienfrauen in den Darstellungen der Pali-Literatur. Altenberge: Oros, 1998

Gost, Roswitha: Der Harem. Köln: DuMont, 1993

Gottzmann, Carola L.: Heldendichtung des 13. Jahrhunderts. Siegfried-Dietrich-Ortnit. Frankfurt a. M. - Bern-New York-Paris: Lang, 1987

Grabner-Haider, Anton: „Matriarchale" Daseinsdeutungen in der indischen Mythologie. In: Die Rolle des Weiblichen in der indischen und buddhistischen Kulturgeschichte, S. 47-55

Graf, Max: Richard Wagner im „Fliegenden Holländer". Ein Beitrag zur Psychologie künstlerischen Schaffens. Nachdr. d. Ausg. Leipzig-Wien 1911. Nendeln/Liechtenstein: Kraus, 1970

Graf, Max: Wagner-Probleme und andere Studien. Wien: Wiener Verlag, 1900

Gravier, Maurice: Ibsens Drama und die Zauberballade. In: Henrik Ibsen, hrsg. v. F. Paul, S. 352-73

Greenfield, Barbara: The Archetypal Masculine. Its Manifestation in Myth and its Significance for Women. In: Journal of Analytical Psychology, vol. 28 (1983), S. 33-50

Griechische und albanische Märchen. Gesammelt, übersetzt und erläutert von Johann Georg von Hahn. 2 Bde. Leipzig: Engelmann, 1864

Groddeck, Georg: Psychoanalytische Schriften zur Literatur und Kunst. Ausgewählt und herausgegeben von Egenolf Roeder von Diersberg. Wiesbaden: Limes, 1964

Grundzüge der neueren skandinavischen Literaturen. Herausgegeben von Fritz Paul. Mit Beiträgen von Alken Bruns [u.a.]. Darmstadt: Wissenschaftliche Buchgesellschaft, 1991, 2. Aufl.

Gutjahr, Ortrud: Sentas erkennbarer Schrei und Kundrys kastrierendes Gelächter. Die hysterische Stimme des Erlösungsopfers in Richard Wagners „Der fliegende Holländer" und „Parsifal". In: Kundry, Elektra und ihre leidenden Schwestern. Schizophrenie und Hysterie — Frauenfiguren im Musik-Theater. Herausgegeben von Silvia Kronberger und Ulrich Müller. Anif/Salzburg: Mueller-Speiser, 2003, S. 64-92

Gutter, Agnes: Märchen und Märe. Psychologische Deutung und pädagogische Wertung. Solothurn: Antonius, 1968

Haakonsen, Daniel: Das Tarantella-Motiv in „Ein Puppenheim" („Nora"). In: Henrik Ibsen, hrsg. v. F. Paul, S. 197-211

Habicht / von der Hagen / Schall: siehe Tausend und eine Nacht

Hahn, Johann Georg von: siehe Griechische und albanesische Märchen

Halm, Heinz: Der Islam. Geschichte und Gegenwart. München: Beck, 2000

Halm, Heinz: Die Araber. Von der vorislamischen Zeit bis zur Gegenwart. München: Beck, 2004

Hamburger, Käte: Ibsens Drama in seiner Zeit. Stuttgart: Klett-Cotta, 1989

Handwörterbuch des deutschen Aberglaubens. 10 Bde. Unveränd. photomech. Nachdr. der Ausg. Berlin-Leipzig 1927-1942. Herausgegeben von Hanns Bächtold-Stäubli unter Mitwirkung von Eduard Hoffmann-Krayer mit einem Vorwort von Christoph Daxelmüller. Berlin-New York: de Gruyter, 1987

Hattstein, Markus: Weltreligionen. Mit Textbeiträgen von Li Deman [u.a.]. Köln: Könemann, 1997

HdA: siehe Handwörterbuch des deutschen Aberglaubens

Heiler, Friedrich: Die Frau in den Religionen der Menschheit. Berlin-New York: de Gruyter, 1977

Heine, Peter: Islam zur Einführung. Hamburg: Junius, 2003

Heine, Peter: Märchen, Miniaturen, Minarette. Eine Kulturgeschichte der islamischen Welt. Darmstadt: Primus, 2011

Heller, Birgit: Heilige Mutter und Gottesbraut. Frauenemanzipation im modernen Hinduismus. Reihe Frauenforschung Bd. 39. Wien: Milena, 1999

Heller, Erdmute / Mosbahi, Hassouna: Hinter den Schleiern des Islam. Erotik und Sexualität in der arabischen Kultur. München: Beck, 1994, 2. Aufl.

Helweg, Hjalmar: H. C. Andersen und die Behauptung seiner Homosexualität. In: Zeitschrift für die gesamte Neurologie und Psychiatrie, Bd. 118 (1929), S. 777-88

Hemmer, Björn: Ibsen-Handbuch. Autorisierte Übersetzung aus dem Norwegischen von Sylvia Kall. München: Fink, 2009

Henrik Ibsen. Herausgegeben von Fritz Paul. Darmstadt: Wissenschaftliche Buchgesellschaft, 1977 (Wege der Forschung Bd. 487)

Herrmann-Pfand, Adelheid: Wo sind die Töchter der Kali? Auswirkungen von Göttinbildern auf dem religiösen Status von Frauen im Christentum, Hinduismus und Buddhismus. In: Die Rolle des Weiblichen in der indischen und buddhistischen Kulturgeschichte, S. 86-119

Hertz, Wilhelm: Der Werwolf. Beitrag zur Sagengeschichte. Stuttgart: Kröner, 1862

Hiebel. Hans H.: Henrik Ibsens psychoanalytische Dramen. Die Wiederkehr der Vergangenheit. München: Fink, 1990

Höst, Else: „Nora". In: Henrik Ibsen, hrsg. v. F. Paul, S. 180 -196

Hofer, Stefan: Zur Beurteilung der Lais der Marie de France. In: Zeitschrift für Romanische Philologie, Bd. 66 (1950), S. 409-421

Hoffmann, Werner: Nibelungenlied. 6. überarb. u. erweit. Aufl. des Bandes von Gottfried Weber und Werner Hoffmann. Stuttgart-Weimar: Metzler, 1992

Huffschmid, Maximilian: Hochhausen am Neckar und die heilige Notburga. In: Zeitschrift für die Geschichte des Oberrheins, N. F., Bd. 1 (1886), S. 385-401

Ibsen, Henrik: Dramen. 2 Bde. In den vom Dichter autoris. Übersetzungen von Christian Morgenstern [u. a.]. Nach der Ausg. der „Sämtlichen Werke in deutscher Sprache", 1898-1904, hrsg. von Georg Brandes [u. a.]. Mit einem Nachwort von Otto Oberholzer. München: Winkler, 1973

Inselmärchen des Mittelmeeres. Herausgegeben von Felix Karlinger. Düsseldorf-Köln: Diederichs, 1960

Isländische Vorzeitsagas. Bd. 1: Die Saga von Asmund Kappabani. Die Saga von den Völsungen [u. a.]. Herausgegeben und aus dem Altisländischen übersetzt von Ulrike Strerath-Bolz. München: Diederichs, 1997

Jacobi, Jolande: Die Psychologie von C. G. Jung. Eine Einführung in das Gesamtwerk. Mit 8 farbigen und 9 einfarbigen Illustrationen und 18 Diagrammen. Zürich-Stuttgart: Rascher, 1959, 4. erweit. u. neubearbeit. Aufl.

Jung, Carl Gustav: Erinnerungen, Träume, Gedanken. Aufgezeichnet und herausgegeben von Aniela Jaffé. Mit 25 Tafeln. Zürich-Stuttgart: Rascher, 1962.

Jung, Carl Gustav: Gesammelte Werke. 20 Bde. Herausgegeben von Marianne Niehus-Jung. Zürich-Stuttgart: Rascher, 1958 -1970. Später herausgegeben von Lily Jung-Merker. Olten-Freiburg i.Br.: Walter, 1971-1994

Jung, Emma: Die Anima als Naturwesen. In: Studien zur Analytischen Psychologie C. G. Jungs. Bd. 2: Beiträge zur Kulturgeschichte. Festschrift zum 80. Geburtstag von C. G. Jung. Herausgegeben vom C. G. Jung-Institut Zürich. Zürich: Rascher, S. 78-120

Jung, Mathias: Das hässliche Entlein. Erlösung vom Minderwertigkeitskomplex. Lahnstein: emu, 2001

Kaiser, Joachim: Vorwort. In: Henrik Ibsen: Schauspiele in einem Band. Übertragen von Hans Egon Gerlach. Mit einem Vorwort von Joachim Kaiser. Hamburg: Hoffmann & Campe, 1977, 3. Aufl., S. 7-26

Karlinger, Inselmärchen: siehe Inselmärchen des Mittelmeeres

Karlinger, Märchen: siehe Märchen griechischer Inseln und Märchen aus Malta

Kast, Verena: Mann und Frau im Märchen. Eine tiefenpsychologische Deutung. Olten-Freiburg i.Br.: Walter, 1983

Kast, Verena: Paare. Beziehungsphantasien oder wie Götter sich in Menschen spiegeln. Stuttgart: Kreuz, 1985, 3. Aufl.

Keel, Aldo: Ibsen für Eilige. Berlin: Aufbau Taschenbuch Verlag, 2006

Keilhauer, Anneliese: Buddhismus. Die Religionen Indiens Bd. 2. Stuttgart: Indoculture, 1980

Keilhauer, Anneliese: Hinduismus. Einführung in die Welt des Hinduismus. Die Religionen Indiens Bd. 1. Stuttgart: Indoculture, 1979

Kelec, Necla: Himmelsreise. Mein Streit mit den Wächtern des Islam. Köln: Kiepenheuer & Witsch, 2010, 2. Aufl.

Keller, Carl. A.: Frau im Hinduismus. In: Frau in den Religionen, S. 181-207

KHM: siehe Kinder- und Hausmärchen

Kierkegaard, Sören: Entweder-Oder. Unter Mitwirkung von Niels Thulstrup und der Kopenhagener Kierkegaard-Gesellschaft herausgegeben von Hermann Diem und Walter Rest. Deutsche Übersetzung von Heinrich Fauteck. München: Deutscher Taschenbuch Verlag, 1975

Kinder- und Hausmärchen der Brüder Grimm. Ausgabe letzter Hand mit den Originalanmerkungen der Brüder Grimm. 3 Bde. Mit einem Anhang sämtlicher Märchen und Herkunftsnachweisen herausgegeben von Heinz Rölleke. Stuttgart: Reclam, 2008

Kindlers Literatur-Lexikon im dtv. 25 Bde. Begründet von Wolfgang von Einsiedel. München: Deutscher Taschenbuch Verlag, 1974

Kindlers Literatur-Lexikon. 18 Bde. Herausgegeben von Heinz Ludwig Arnold. 3. völlig neu bearbeit. Aufl. Stuttgart: Metzler, 2009

Kindlers neues Literaturlexikon. 22 Bde. Herausgegeben von Walter Jens. München: Kindler, 1988-1998

Kinsley, David: Indische Göttinnen. Weibliche Gottheiten im Hinduismus. Aus dem Amerikanischen von Rainer Grafenhorst. Frankfurt a.M.: Insel, 1990

KLL, 1. Aufl.: siehe Kindlers Literatur-Lexikon im dtv

KLL, 3. Aufl.: siehe Kindlers Literatur-Lexikon, 3. Aufl.

Kluger-Schärf, Rivkah: Einige Psychologische Aspekte des Gilgamesch-Epos. In: Aspekte Analytischer Psychologie. Zum 100. Geburtstag von C. G. Jung. Herausgegeben von Hans Dieckmann, Carl Alfred Meier und Hans-Joachim Wilke. Basel-München-Paris [u. a.]: Karger, 1975, S. 194-235

Knieps, Claudia: Geschichte der Verschleierung der Frau im Islam. Würzburg: Ergon, 1993

KNLL: siehe Kindlers neues Literaturlexikon

Köhler, Erich: Vorlesungen zur Geschichte der Französischen Literatur. Mittelalter II. Herausgegeben von Dietmar Rieger. Stuttgart-Berlin-Köln-Mainz: Kohlhammer, 1985

Köhler, Reinhold: Kleinere Schriften zur neueren Literaturgeschichte, Volkskunde und Wortforschung. Herausgegeben von Johannes Bolte. Mit drei Abbildungen. Berlin: Felber, 1900

Koepcke, Cordula: Lou Andreas-Salomé. Leben-Persönlichkeit-Werk. Eine Biographie. Frankfurt a. M.: Insel, 1986

Koeppel, Emil: Mathew Gregory Lewis's Gedicht „The Taylor's Wife" und Bulwer's „Wife of Miletus". In: Germanistische Abhandlungen. Festschrift: Hermann Paul zum 17. März 1902 dargebracht von Andreas Heusler [u. a.]. Strasbourg: Trübner, 1902, S. 135-42

Koht, Halvdan: Ibsen als Norweger. In: Henrik Ibsen, hrsg. v. F. Paul, S. 114-25

Kott, Jan: Der Freud des Nordens. Ibsen-neu gelesen. In: Theater heute: die Theaterzeitschrift, Bd. 20, Heft 12 (1979), S. 35-49

Kraft, Maria: Märchenhaft und mörderisch. Ehealltag im Märchen. Göttingen: Vandenhoeck & Ruprecht, 2010

Krause, Arnulf: Reclams Lexikon der germanischen Mythologie und Heldensage. Mit 64 Abbildungen. Stuttgart: Reclam, 2010

Kretschmer, Paul: siehe Neugriechische Märchen

Küster, Erich: Die Schlange in der griechischen Kunst und Religion. Mit 32 Textabbildungen und 1 Tafel. Gießen: Töpelmann, 1913

Kunstmann, Heinrich: Dagobert I. und Samo in der Sage. In: Zeitschrift für slavische Philologie, Bd. 38 (1975), S. 279-302

214

Laiblin, Wilhelm: Das Urbild der Mutter. In: Märchenforschung und Tiefenpsychologie, S. 100-50

Laistner, Ludwig: Das Rätsel der Sphinx. Grundzüge einer Mythengeschichte. Bd. 1. Berlin: Hertz, 1889

Lecouteux, Claude: Das Motiv der gestörten Mahrtenehe als Widerspiegelung der menschlichen Psyche. In: Vom Menschenbild im Märchen. Im Auftrag der Europäischen Märchengesellschaft herausgegeben von Jürgen Janning, Heino Gehrts und Herbert Ossowski. Kassel: Röth, 1981, 2. Aufl., S. 59-71 u. 147-51

Lexikon der Weltgeschichte. Von der Vorzeit bis zur Gegenwart. Herausgegeben von Hans-Dieter Grospietsch, Ansgar Häfner, Gert Keller und Lothar Maier. Bindlach: Gondrom, 1985

Leyen, Friedrich von der: Das deutsche Märchen und die Brüder Grimm. Düsseldorf-Köln: Diederichs, 1964

Liebig, Fritz: Die Notburgasage, geschichtlich gesehen. In: Badische Heimat-Mein Heimatland, 38. Jg. (1958), S. 159-70

Litauische Märchen, Sprichworte, Rätsel und Lieder. Gesammelt und übersetzt von August Schleicher. Nachdr. der Ausg. Weimar 1857. Hildesheim-New York: Olms, 1975

Littmann, Enno: siehe Die Erzählungen aus den tausendundein Nächten

Löffler, Ingrid: Die Melampodie. Versuch einer Rekonstruktion des Inhalts. Meisenheim am Glan: Hain, 1963

Lorenzer, Alfred: Tiefenhermeneutische Kulturanalyse. In: Kultur-Analysen. Mit Beiträgen von Hans-Dieter König [u. a.]. Psychoanalytische Studien zur Kultur. Herausgegeben von Alfred Lorenzer. Frankfurt a. M.: Fischer Taschenbuch, 1986, S. 11-98

Loseries, Andrea: Die „Große Mutter" im Buddhismus. In: Die Rolle des Weiblichen in der indischen und buddhistischen Kulturgeschichte, S. 137-55

Lüders, Else und Heinrich: siehe Buddhistische Märchen aus dem alten Indien

Maar, Michael: Andersens Nachleben. In: Hans-Christian Andersen: Schräge Märchen. Ausgesucht und aus dem Dänischen übertragen von Heinrich Detering. Mit einem Essay von Michael Maar. Frankfurt a. M.: Eichborn, 1996, S. 319-34

Maehly, Jacob: Die Schlange im Mythos und Cultus der classischen Völker. Der Naturforschenden Gesellschaft von Basel zur Feier ihres fünfzigjährigen Bestehens gewidmet. Basel: Schultze, 1867

215

Märchenforschung und Tiefenpsychologie. Herausgegeben von Wilhelm Laiblin. Darmstadt: Wissenschaftliche Buchgesellschaft, 1969 (Wege der Forschung Bd. 102)

Märchen griechischer Inseln und Märchen aus Malta. Herausgegeben und übersetzt von Felix Karlinger. München: Diederichs, 1979

Märchen von Nixen und Wasserfrauen. Herausgegebenen von Barbara Stamer. Mit Originalscherenschnitten von Hedwig Goller. Frankfurt a. M.: Fischer Taschenbuch, 1987

Mandel / Orlandi: siehe Mohammed und seine Zeit

Mann, Thomas: Ibsen und Wagner. In: Henrik Ibsen, hrsg. v. F. Paul, S. 161-63

Marie de France: Die Lais. Übersetzt, mit einer Einleitung, einer Bibliographie sowie Anmerkungen versehen von Dietmar Rieger unter Mitarbeit von Renate Kroll. München: Fink, 1980

Marx, August: Griechische Märchen von dankbaren Tieren und Verwandtes. Stuttgart: Kohlhammer, 1889

Massignon, Louis: Der gnostische Kult der Fatima im schiitischen Islam. In: Eranos-Jahrbuch 1938, S. 161-73

Mayer, Hans: Außenseiter. Frankfurt a. M.: Suhrkamp, 1975

Mayer, Hans: Richard Wagner. Herausgegeben von Wolfgang Hofer. Frankfurt a. M.: Suhrkamp, 1998

Mayer, Hans: Richard Wagner in Selbstzeugnissen und Bilddokumenten. Hamburg: Rowohlt Taschenbuch, 1959

Mehlig, Johannes: siehe Buddhistische Märchen

Mernissi, Fatima: Geschlecht-Ideologie-Islam. Aus dem Französischen von Marie Luise Knott und Brunhilde Wehinger. München: Kunstmann, 1991, 4. Aufl.

Meyer, Hans Georg: Henrik Ibsen. Velber bei Hannover: Friedrich, 1970, 2. Aufl.

Millet, Victor: Germanische Heldendichtung im Mittelalter. Eine Einführung. Berlin-New York: de Gruyter, 2008

Mindell, Arnold: The Dreambody-Krankheit und Individuation. Über die Beziehungen zwischen Traum- und Körperprozessen. Übersetzung aus dem Amerikanischen von Gisela und Jean-Claude Audergon-Oehlke. Fellbach-Oeffingen: Bonz, 1985 („psychologisch gesehen": Wissenschaft)

Mohammed und seine Zeit. Text von Gabriele Mandel [Sugana]. Herausgegeben von Enzo Orlandi. Übertragung aus dem Italienischen von Erika Schindel. Wiesbaden: Vollmer, 1967

Mommsen, Katharina: Goethe und der Islam. Herausgegeben und mit einem Nachwort versehen von Peter Anton von Arnim. Frankfurt a. M.: Insel, 2001

Mommsen, Katharina: Goethe und die arabische Welt. Frankfurt a. M.: Insel, 2001, 3. Aufl.

Mudrak, Edmund: siehe Nordische Götter- und Heldensagen

Müller, Lutz und Anette: siehe Wörterbuch der Analytischen Psychologie

Neugriechische Märchen. Herausgegeben von Paul Kretschmer. Jena: Diederichs, 1919

Neumann, Erich: Die Angst vor dem Weiblichen. In: Die Angst. Mit Beiträgen von Gaetano Benedetti [u. a.]. Studien aus dem C. G. Jung-Institut Zürich Bd. 10. Vortragszyklus des Winters 1958-1959. Zürich-Stuttgart: Rascher, 1959, S. 67-112

Neumann, Erich: Die Große Mutter. Der Archetyp des Großen Weiblichen. Mit 243 Kunstdruckbildern und 77 Textillustrationen. Zürich: Rhein, 1956

Neumann, Erich: Tiefenpsychologie und neue Ethik. Zürich: Rascher, 1949

Neumann, Erich: Ursprungsgeschichte des Bewusstseins. Mit einem Vorwort von C. G. Jung. Zürich: Rascher, 1949

Nies, Martin: Der Norden und das Fremde. Kulturkrisen und ihre Lösung in den skandinavischen Literaturen der Frühen Moderne. Kiel: Ludwig, 2008

Ninck, Martin: Wodan und germanischer Schicksalsglaube. Jena: Diederichs, 1935

Nordischen Götter- und Heldensagen. Herausgegeben von Edmund Mudrak. Eningen-Würzburg: Ensslin-Arena, 2004, 25. Aufl.

Nordische Nibelungen. Die Sagas von den Völsungen, von Ragnar Lodbrok und Hrolf Kraki. Aus dem Altnordischen übertragen von Paul Herrmann. Herausgegeben und mit einem Nachwort versehen von Ulf Diederichs. Köln: Diederichs, 1995

Norwegische Volksmärchen. Herausgegeben und übertragen von Klara Stroebe und Reidar Th. Christiansen. Düsseldorf-Köln: Diederichs, 1967

Oberholzer, Otto: Nachwort. In: Henrik Ibsen: Dramen. Zweiter Band, S. 753-96 Ohlert, Konrad: Das wundertätige Schlangenkraut in Mythen, Sagen und Märchen. In: Die Grenzboten. Zeitschrift für Politik, Literatur und Kunst, 62. Jg. (1903), S. 95-100

Ohlert, Konrad: Rätsel und Rätselspiele der alten Griechen. Nachdr. der 2. umgearbeit. Aufl. Berlin 1912. Hildesheim-New York: Olms, 1979

Paris, Gaston: Die undankbare Gattin. In: Zeitschrift des Vereins für Volkskunde, 13. Jg. (1903), S. 1-24 u. 129-50

Paul, Fritz: Die Legende von der „Femme fatale". Lou Andreas-Salomé in ihren Beziehungen zu skandinavischen Schriftstellern und zur skandinavischen Literatur. In: Der nahe Norden. Otto Oberholzer zum 65. Geburtstag. Eine Festschrift. Herausgegeben von Wolfgang Butt und Bernhard Glienke. Frankfurt a. M. [u. a.]: Lang, 1985, S. 215-34

Paul, Fritz: „Sechs Antworten und sechs Geschichten". Lou Andreas-Salomé interpretiert Ibsen. In: Contemporary Approaches to Ibsen. Vol. 5. Reports from the Fifth International Ibsen Seminar, Munich 1983. Edited by Daniel Haakonsen. Oslo [u. a.]: Universitetsforlaget, 1985, S. 99-112

Paul, Fritz: Symbol und Mythos. Studien zum Spätwerk Henrik Ibsens. München: Fink, 1969

Pechota, Cornelia: Befreiung im Spiegel der Anderen – Lou Andreas-Salomé und Ibsens Frauen-Gestalten. In: Lou Andreas-Salomé, S. 209-54

Perlet, Gisela: Hans Christian Andersen. Suhrkamp Basis Biographie 3. Frankfurt a. M.: Suhrkamp, 2005

Peters, Heinz F.: Lou Andreas-Salomé-Das Leben einer außergewöhnlichen Frau. München: Heyne, 1994, 14. Aufl.

Petriconi, Hellmuth: Metamorphosen der Träume. Fünf Beispiele zu einer Literaturgeschichte als Themengeschichte. Mit einem Nachwort von Margot Kruse. Frankfurt a. M.: Athenäum, 1971

Piano, Stefano: Religion und Kultur Indiens. Mit Ergänzungen von Manfred Hutter. Aus dem Italienischen von Christa Fellicetti. Wien-Köln-Weimar: Böhlau, 2004

Pietzcker, Carl: Psychoanalytische Studien zur Literatur. Würzburg: Königshausen & Neumann, 2011

Polivka, Georg: Zu der Erzählung von der undankbaren Gattin. Nachträge. In: Zeitschrift des Vereins für Volkskunde, 13. Jg. (1903), S. 399-412

Raffay, Anita von: Die Macht der Liebe-die Liebe zur Macht. Psychoanalytische Studien zu Liebe/Macht-Verhältnissen in Dramen Wagners und Ibsens. Mit einem Vorwort von Bernd Nitzschke. Frankfurt a. M. [u. a.]: Lang, 1995

Rank, Otto: Das Inzest-Motiv in Dichtung und Sage. Grundzüge einer Psychologie des dichterischen Schaffens. Leipzig-Wien: Deuticke, 1926, 2. vermehr. u. verbess. Aufl.

Ranke-Graves, Robert von: Griechische Mythologie. Quellen und Deutung. Autorisierte deutsche Übersetzung von Hugo Seinfeld unter Mitwirkung von Boris v. Borresholm. Reinbek bei Hamburg: Rowohlt Taschenbuch, 1984

Raphael, Robert: Von „Hedda Gabler" bis „Wenn wir Toten erwachen". Das Streben nach Selbstverwirklichung. In: Henrik Ibsen, hrsg. v. F. Paul, S. 262-76

Rattner, Josef: Henrik Ibsen. In: Vorläufer der Tiefenpsychologie. Herausgegeben von Josef Rattner. Wien-München-Zürich: Europaverlag, 1983, S. 203-26

Rattner, Josef: Richard Wagner im Lichte der Tiefenpsychologie. In: Richard-Wagner-Handbuch, S. 777-91

Rattner, Josef / Danzer, Gerhard: Weltliteratur aus Dänemark. Studienausgabe. Berlin: Verlag für Tiefenpsychologie, 2015

Reclams neuer Schauspielführer. Herausgegeben von Marion Siems. Stuttgart: Reclam, 2005

Reclams Schauspielführer. Herausgegeben von Siegfried Kienzle und Otto. C. A. zur Nedden. Mit 32 Bildtafeln. Stuttgart: Reclam, 1996, 20. Aufl.

Reich, Emil: Henrik Ibsens Dramen. Zwanzig Vorlesungen gehalten an der Universität Wien. Dresden: Pierson, 1906, 5. vermehr. Aufl.

Richard-Wagner-Handbuch. Unter Mitarbeit zahlreicher Fachwissenschaftler herausgegeben von Ulrich Müller und Peter Wapnewski. Mit 11 Abbildungen, 1 Stammbaum und 30 Notenbeispielen. Stuttgart: Kröner, 1986

Riedel, Ingrid: Bilder in Religion, Kunst und Psychotherapie. Wege zur Interpretation. Stuttgart: Kreuz, 1988

Riedel, Ingrid: Die weise Frau in uralt-neuen Erfahrungen. Der Archetyp der alten Weisen im Märchen und seinem religionsgeschichtlichen Hintergrund. Olten-Freiburg i. Br.: Walter, 1989

Riedel, Ingrid: Farben-In Religion, Gesellschaft, Kunst und Psychotherapie. Stuttgart: Kreuz, 1988

Riedel, Ingrid: Formen-Kreis, Kreuz, Dreieck, Quadrat, Spirale. Stuttgart: Kreuz, 1985

Riedel, Ingrid: Liebe, die verwandelt. Die Weisheit der Märchen über Liebe, Tod und Neugeburt. Freiburg i. Br. - Basel-Wien: Herder, 2005

Riedel, Ingrid: Wandlungen der Schwarzen Frau. In: Wendepunkte Erde-Frau-Gott. Am Anfang eines neuen Zeitalters. Herausgegeben von Peter Michael Pflüger. Olten-Freiburg i. Br.: Walter, 1988, 2. Aufl., S. 108-27

Rieger, Dietmar: siehe Marie de France: Die Lais

Rieger, Eva: „Leuchtende Liebe, lachender Tod". Richard Wagners Bild der Frau im Spiegel seiner Musik. Düsseldorf: Artemis & Winkler, 2009

Rieger, Gerd Enno: Henrik Ibsen mit Selbstzeugnissen und Bilddokumenten. Reinbek bei Hamburg: Rowohlt Taschenbuch, 1981

Rieplhuber, Rita: Die Stellung der Frau in den neutestamentlichen Schriften und im Koran. Altenberge: Christlich-Islamisches Schrifttum (CIS), 1986

Röhrich, Lutz: Märchen-Mythos-Sage. In: Antiker Mythos in unseren Märchen. Im Auftrag der Europäischen Märchengesellschaft herausgegeben von Wolfdietrich Siegmund. Kassel: Röth, 1984, S. 11-35 und 187-89

Roellenbleck, Ewald: Magna Mater im Alten Testament. Eine psychoanalytische Untersuchung. Unveränd. reprograf. Nachdr. der 1. Aufl. Darmstadt: Claassen & Roether 1949. Darmstadt: Wissenschaftliche Buchgesellschaft, 1974

Rohde, Peter P.: Sören Kirkegaard in Selbstzeugnissen und Bilddokumenten. Hamburg: Rowohlt Taschenbuch, 1959

Rotter, Ekkehart und Gernot: Venus, Maria, Fatima. Wie die Lust zum Teufel ging. Zürich-Düsseldorf: Artemis & Winkler, 1996

Rühling, Lutz: Ibsen und das Unheimliche. In: Ibsen im europäischen Spannungsfeld zwischen Naturalismus und Symbolismus. Kongressakten der 8. Internationalen Ibsen-Konferenz, Gossensaß, 23. - 28.6.1997. Herausgegeben von Maria Deppermann [u. a.]. Frankfurt a. M. [u. a.]: Lang, 1998, S. 275-92

Saadawi, Nawal el: Tschador. Frauen im Islam. Ins Deutsche übertragen von Edgar Peinelt unter Mitarbeit von Suleman Taufiq. Bremen: Con, 1980

Salber, Linde: Lou Andreas-Salomé mit Selbstzeugnissen und Bilddokumenten. Reinbek bei Hamburg: Rowohlt Taschenbuch, 1990

Schenda, Rudolf: Das ABC der Tiere. Märchen, Mythen und Geschichten. München: Beck, 1995

Schickling, Dieter: Abschied von Walhall. Richard Wagners erotische Gesellschaft. Stuttgart: Deutsche Verlags-Anstalt, 1983

Schimmel, Annemarie: Meine Seele ist eine Frau. Das Weibliche im Islam. München: Kösel, 1995

Schleicher, August: siehe Litauische Märchen, Sprichworte, Rätsel und Lieder

Schlicht, Alfred: Geschichte der arabischen Welt. Stuttgart: Reclam, 2013

Schliephacke, Bruno P.: Bildersprache der Seele. Lexikon zur Symbolpsychologie. Das zeitlose Wesen symbolischer Gestalten in Märchen, Mythen, Sitten, Gebräuchen und Träumen. Berlin: Telos, 1970

Schmitz, Victor A.: H. C. Andersens Märchendichtung. Ein Beitrag zur Geschichte der dänischen Spätromantik. Mit Ausblicken auf das deutsche romantische Kunstmärchen. Greifswald: Bamberg, 1925

Schneider, Otto: Tanzlexikon. Der Gesellschafts-, Volks- und Kunsttanz von den Anfängen bis zur Gegenwart mit Bibliographien und Notenbeispielen. Unter Mitarbeit von Riki Schwab. Wien-Mainz: Hollinek-Schott, 1985

Schneider, Rolf: Wagner für Eilige. Berlin: Aufbau Taschenbuch, 2002

Schober, Rita: Von der wirklichen Welt in der Dichtung. Aufsätze zur Theorie und Praxis des Realismus in der französischen Literatur. Berlin-Weimar: Aufbau, 1970

Scholz, Piotr O.: Die Sehnsucht nach tausendundeiner Nacht. Begegnung von Orient und Okzident. Stuttgart: Thorbecke, 2002

Schröder, Friedrich: Die Nixe im Teich. Erotische Faszination und Wandlung. Stuttgart: opus magnum, 2009

Schröder, Friedrich: Die weiße Schlange. Annäherung an ein Ursymbol in einem Märchen der Gebrüder Grimm. Eine tiefenpsychologische Interpretation. Stuttgart: opus magnum, 2013

Schröder, Friedrich: Hänsel und Gretel. Die Verzauberung durch die Große Mutter. Stuttgart: opus magnum, 2009

Schürr, Friedrich: Komposition und Symbolik in den Lais der Marie de France. In: Zeitschrift für Romanische Philologie, Bd. 50 (1930), S. 556-82

Schumann, Otto: Schauspielführer. Wien: Tosa, 1968

Schwikart, Georg: Sexualität in den Weltreligionen. Gütersloh: Gütersloher Verlagshaus, 2001

Simek, Rudolf: Lexikon der germanischen Mythologie. Stuttgart: Kröner, 2006, 3. völlig überarbeit. Aufl.

Simek, Rudolf / Pálsson, Hermann: Lexikon der altnordischen Literatur. Die mittelalterliche Literatur Norwegens und Islands. Stuttgart: Kröner, 2007, 2. wesentl. vermehr. u. überarbeit. Aufl. von R. Simek

Skandinavische Literaturgeschichte. Herausgegeben von Jürg Glauser. Unter Mitarbeit von Annegret Heitmann [u. a.]. Mit 280 Abbildungen. Stuttgart-Weimar: Metzler, 2006

Solms, Wilhelm: Die Moral von Grimms Märchen. Darmstadt: Wissenschaftliche Buchgesellschaft, 1999

Spitzer, Leo: Marie de France-Dichterin von Problem-Märchen. In: Zeitschrift für Romanische Philologie, Bd. 50 (1930), S. 29-67

Stamer, Barbara: siehe Märchen von Nixen und Wasserfrauen

Stamer, Barbara / Zingsem, Vera: Schlangenfrau und Chaosdrache in Märchen, Mythos und Kunst. Schlangen- und Drachensymbolik im Kulturvergleich. Stuttgart-Zürich: Kreuz, 2001

Stekel, Wilhelm: Zwang und Zweifel-für Ärzte und Mediziner dargestellt. Erster Teil. Leipzig-Wien-Bern: Verlag der psychotherapeutischen Praxis, 1927

Störig, Hans Joachim: Kleine Weltgeschichte der Philosophie. Stuttgart-Berlin-Köln-Mainz: Kohlhammer, 1968, 10. überarbeit. Aufl.

Stutley, Margaret: Was ist Hinduismus? Eine Einführung in die große Weltreligion. Übersetzung aus dem Englischen von Klaus Dahme. Bern-München-Wien: Barth, 1994

Stuyver, Clara: Ibsens dramatische Gestalten. Psychologie und Symbolik. Amsterdam: North-Holland Publishing Company, 1952

Syed, Renate: Materie, Göttin, Frau: Zur Vorstellung des Weiblichen im indischen Denken, dargestellt anhand ausgewählter sivaitischer Puranas. In: Die Rolle des Weiblichen in der indischen und buddhistischen Kulturgeschichte, S. 185-220

Tausend und eine Nacht. Arabische Erzählungen. 15 Bde. Zum erstenmal aus einer tunesischen Handschrift ergänzt und vollständig übersetzt von Maximilian Habicht, Friedrich Heinrich von der Hagen und Karl Schall. Breslau: Max, 1825

Tebbe, Felix: „Augenblick" und Dichtung. Goethes „Elegien II", das „Buch Suleika" und die „Chinesisch-Deutschen Jahres- und Tageszeiten". St. Ingbert: Röhrig, 1999

Tegnér, Esaias: Die Frithiofs-Sage. Aus dem Schwedischen übersetzt von Amalie von Helwig. Stuttgart: Cotta, 1861

Teichert, Matthias: „Peir Sigmundr Foru i Hamina". Die Werwolf-Erzählung in Kap. 8 der „Völsunga-Saga". In: Zeitschrift für deutsches Altertum und deutsche Literatur, Bd. 138 (2009), S. 281-95

Teichert, Matthias: Von der Heldensage zum Heroenmythos. Vergleichende Studien zur Mythisierung der nordischen Nibelungensage im 13. und 19./20. Jahrhundert. Heidelberg: Winter, 2008

Tworuschka, Monika: Frau im Islam. In: Frau in den Religionen, S. 121-47

Uecker, Heiko: Die Klassiker der skandinavischen Literatur. Die großen Autoren vom 18. Jahrhundert bis zur Gegenwart. Unter Mitarbeit von Joachim Trinkwitz. Düsseldorf: Eon Taschenbuch Verlag, 1990

Uecker, Heiko: Germanische Heldensage. Stuttgart: Metzler, 1972

Uther, Hans-Jörg: Handbuch zu den „Kinder- und Hausmärchen" der Brüder Grimm. Entstehung-Wirkung-Interpretation. Berlin-New York: de Gruyter, 2008

Verfasserlexikon: siehe Die deutsche Literatur des Mittelalters

Vries, Jan: Altnordische Literaturgeschichte. Bd. 2: Die Literatur von etwa 1150 bis 1300. Die Spätzeit nach 1300. Berlin: de Gruyter, 1967, 2. völlig neubearbeit. Aufl.

Walther, Wiebke: Das Bild der Frau in „Tausendundeiner Nacht". In: Hallesche Beiträge zur Orientwissenschaft, Bd. 4 (1982), S. 69-91

Walther, Wiebke: Die Frau im Islam. Leipzig: Edition Leipzig, 1997, 3. überarbeit. u. neugestalt. Aufl.

Walther, Wiebke: Kleine Geschichte der arabischen Literatur. Von der vorislamischen Zeit bis zur Gegenwart. München: Beck, 2004

Walther, Wiebke: Tausendundeine Nacht. Eine Einführung. München-Zürich: Artemis, 1987

Wapnewski, Peter: Die Oper Richard Wagners als Dichtung. In: Richard-Wagner-Handbuch, S. 223-352

Warnke / Köhler / Bolte / Kusel: siehe Die Lais der Marie de France

Weber, Gerd Wolfgang: Die schwedische Romantik (1810-1830). In: Neues Handbuch der Literaturwissenschaft. Herausgegeben von Klaus von See in Verbindung mit den Bandherausgebern Norbert Altenhofer [u. a.] und den Autoren Peter Aley [u. a.]. Wiesbaden: Aula, 1985, S. 387-412 (Bd. 16. Europäische Romantik III)

Weber, Gerd Wolfgang: Irreligiosität und Heldenzeitalter. Zum Mythencharakter der altisländischen Literatur. In: Speculum Norrenum. Norse Studies in Memory of Gabriel Turville-Petre. Edited by Ursula Dronke [u. a.]. Odense: Odense University Press, 1981, S. 474-506

Weber, Hartwig: Religion-Lexikon der Grundbegriffe in Christentum und anderen Religionen. Reinbek bei Hamburg: Rowohlt Taschenbuch, 1992

Weininger, Otto: Über Henrik Ibsen und seine Dichtung „Peer Gynt". In: Henrik Ibsen, hrsg. v. F. Paul, S. 87-96

Werner, Rudolf: Ibsens „Frau vom Meer". Hamburg: Kloß, 1910

Wesselski, Albert: Das Geschenk der Lebensjahre. In: Archiv orientalni, Bd. 10 (1938), S. 79-114

Wesselski, Albert: Märchen des Mittelalters. Berlin: Stubenrauch, 1925

Wetzel, Sylvia: Das Herz des Lotos. Frauen und Buddhismus. Berlin: Steinrich, 2010, Neuausg.

Wilpert, Gero von: siehe dtv-Lexikon der Weltliteratur

Winternitz, Moriz: Geschichte der indischen Literatur. 3 Bde. Unveränd. Nachdr. der Ausg. 1908-1920. Stuttgart: Koehler, 1968

Woerner, Roman: Henrik Ibsen. 2 Bde. München: Beck, 1923, 3. Aufl.

Woerner, Roman: Ibsen und Sophokles. In: Henrik Ibsen, hrsg. v. F. Paul, S. 106-115

Wörterbuch der Analytischen Psychologie. Herausgegeben von Lutz und Anette Müller. Düsseldorf-Zürich: Walter-Patmos, 2003

Wörterbuch der feministischen Theologie. Herausgegeben von Elisabeth Gössmann [u. a.]. Gütersloh: Mohn, 1991

Wolthens, Clemens: Oper und Operette. Wien: Tosca, 1970

Wurmser, Léon / Gidion, Heidi: Die eigenen verborgensten Dunkelgänge. Narrative, psychische und historische Wahrheit in der Weltliteratur. Göttingen: Vandenhoeck & Ruprecht, 1999

Wyller, Egil A.: Ibsen I: Der Cherub. Von „Brand" bis „Wenn wir Toten erwachen". Würzburg: Königshausen & Neumann, 1999

Ystad, Vigdis / Büchten, Daniela: Ibsens Frauen. Nina Sundbyes Skulpturen und Ibsens Manuskripte. Deutsche Übersetzung von Ulrich Linnemann. Oslo: Norwegische Nationalbibliothek, 2006

Zahn, Ulrike: Liebeskonzeption und Erzählverfahren in den Lais der Marie de France. Bochum 1987, Phil. Diss.

Zimmer, Heinrich: Die indische Weltmutter. In: Eranos-Jahrbuch 1938, S. 175-220

Zimmer, Heinrich: Mythen und Symbole in indischer Kunst und Kultur. Mit 71 Illustrationen. Zürich: Rascher, 1951

Zingsem, Vera: „Der Himmel ist mein, die Erde ist mein". Göttinnen großer Kulturen im Wandel der Zeiten. Tübingen: Klöpfer & Meyer, 1995